서양의 세습가산제

서양의 세습가산제

이 철 우

景仁文化社

서 문

이 책은 필자의 박사학위논문인 「서양의 세습가산제에 관한 연구」를 약간 손질한 것이다. 내용상으로 특별히 달라진 것은 없고 읽기 편하게 체제를 조금 바꾸었을 뿐이다.

필자는 한 때 서양에서의 근대적 토지소유권의 성립과 발전, 그리고 제한에 관하여 관심을 가지게 되었고, 1986년 석사학위 논문으로 우리나라 현행법령상 토지소유권이 제한되는 여러 가지 모습을 사용·수익·처분 권능별로 정리한 「토지소유권의 제한에 관한 연구」를 수행한 바 있다. 그 후 1997년에는 日本 東北大學에서 「영국에서의 家族繼承財産設定에 관한 法理論의 史的 전개」라는 주제의 석사학위논문을 썼다. 동 논문에서 필자는 영국의 귀족들이 자신들의 재산을 가문 내에 묶어놓기 위해서 限嗣不動産權(entail)을 기본적 요소로 하여 국왕재판소와의 긴장관계 속에서 집요하게 고안해내는 여러 가지 법적 수단들을 17세기말의 嚴格繼承財産 設定制度에 이르기까지 정리해 보았다. 그 과정에서 그러한 구속적 세습가산제도가 영국에만 있었던 것이 아니라 유럽대륙에 보편적으로 존재한 현상이라는 것을 알게 되었고 기회가 되면 유럽의 다른 나라에서의 세습가산 설정제도를 연구해보고 싶은 생각을 갖게 되었다.

본 연구의 1차적 목적은 근세 독일의 세습가산제의 생성과정과 제도의 일반적 법리를 탐구하는 데 있다. 세습가산제도, 즉 가족계승재산 설정제도는 사회의 기본적인 법제도, 예를 들면 가족제도, 상속제도, 소유권 제도와 이들 제도에 대한 사회의 인식과 밀접하게 관련되어 있다고 볼 수 있다. 본 연구에서는 독일 세습가산제의 형성과정과 법리를 검토하는 과정에서 동 제도가 그것에 영향을 미친 로마법의 家繼信託遺贈, 그리고 중세 독일법상의 구속적 가족재산제도와 비교하여 어떠한 특징을 가진 제도로 구현되었는지, 그러한 특징을 지니게 된 요인은 무엇인지, 특히 가족제도, 상속제도 등 기본적인 법제도와 사회적 인식에 있어서의 차이가 반영된 것은 아닌지 밝혀 보고자 하였다.

또한 세습가산제도는 본질적으로 재산에 대한 후대의 가족구성원들의 자유로운 처분권을 제한한다는 점에서 근대적 소유권 개념과 모순되는 속성을 지녔으며, 따라서 근대 자유주의적 私法체계의 확립과 더불어 소멸되어야 할 운명을 지니고 있었다고 볼 수 있다. 그러나 제도가 폐지되어가는 과정 역시 각 나라의 정치 경제적 사정과 문화적 배경에 따라 달라지는 것이 현실로서, 독일의 세습가산제의 폐지과정에서 발견할 수 있는 정치 경제적 함의를 분석해 보고자 하였다.

그러나 여러 가지 사정으로 근세 독일의 세습가산제가 성립하게 되는 과정에서 영향을 미친 각각의 연원으로부터의 기여와 공헌의 면면을 상세하고 정확하게 짚어내는 데에는 한계가 있었다. 특히, 스페인의 마요라트(Majorat)의 성립과정과 그것이 독일의 세습가산제의 성립에 이르기까지 전달되고 영향을 미친 과정에 관한 연구는 극히 피상적인 수준에 머물고 말았고, 로마법과 게르만법의 본질적인 법문화의 차이가 세습가산제에 어떻게 투영되었는지에 대해서도 깊이 있게 검토하지 못하였다. 앞으로 보다 심도 있게 연구할 수 있는 기회를 갖게 되길 바란다.

2009년 9월

이 철 우

略語 일러두기

1. 사료 및 사료집

C., CI., CJ   Codex Iustinianus 유스티니아누스 황제의 「칙법휘찬」
C.Th., CTh.   Codex Theodosianus 테오도시우스 황제의 「칙법집」
D., Dig.   Digesta 유스티니아누스 황제의 「학설휘찬」
FIRA   Fontes Iuris Romani Anteiustiani 「유스티니아누스전의 로마
                   法源集」(Riccobono 등 편) 또는 Fontes Iuris Romani Antiqui
                   「古로마法源集」(Bruns 편)
G. (Inst.)   Gai Institutiones 가이우스 「법학제요」
I., Inst.   Institutiones Iustiniani 유스티니아누스 황제의 「법학제요」
N., Nov.   Novellae 유스티니아누스 황제의 「신칙법집」
PS   Pauli Sententiae 「파울루스 견해록」
UE   Ulpiani Epitome 「울피아누스 초록」

2. 주요 인용 단행본 및 사전

Bayer, SF   B. Bayer, Sukzession und Freiheit, 1999
Beckert, UV   J. Beckert, Unverdientes Vermögen : Soziologie des Erbrechts,
                   2004
Beseler, Erbverträge   G.v. Beseler, Die Lehre von den Erbverträgen, 1837/1840
Beseler, SGDP,   G.v. Beseler, System des gemeinen deutschen Privatrechts, 4.
                   Aufl., 1885
Buckland, TRL   W.W.Buckland, A Textbook of Roman Law, 1990(reprint)
Eckert, KFD   J. Eckert, Der Kampf um die Familienfideikommisse in
                   Deutschland, 1992
EDRL   Encyclopedic Dictionary of Roman Law(A.Berger, 1953)
HRG   Handwörterbuch zur deutschen Rechtsgeschichte
HwbStw.   Handwörterbuch der Staatswissenschaften
Johnston, RLT   D. Johnston, Roman Law of Trusts, 1988

Kaser, RP Ⅰ	M. Kaser, Das römische Privatrecht Ⅰ, 1971
Kaser, RP Ⅱ	M. Kaser, Das römische Privatrecht Ⅱ, 1975
Kaser/Hackl, RZ	M..Kaser/K.Hackl, Das Römische Zivilprozessrecht, 1996
Lewis, RF	W. Lewis, Das Recht des Fideikommmisses, 1868
Thomas, TRL	J.A.C. Thomas, Textbook of Roman Law, 1976

※ 그 밖의 각주인용은 '저자, (출간년도), 해당면수'의 형태를 원칙으로 한다.
(예) Coing, (1985), 385 → H. Coing, Europäisches Privatrecht Bd. Ⅰ(1985), 385

3. 주요 잡지명

BIDR	Bulletino dell'istituto di diritto romano
JbNatök	Jahrbücher für Nationalökonomie und Statistik
JherJb	Jherings Jahrbücher für Dogmatik des Bürgerlichen Rechts
RH	Revue historique de droit français et étranger
RIDA	Revue internationale de droits de l'antiquité
ZSS	Zeitschrift der Savigny - Stiftung für Rechtsgeschichte
	···(GA)(Germanistische Abteilung)
	···(RA)(Romanistische Abteilung)
TR	Tijdschrift voor Rechtsgeschiedenis
PCPS	Proceedings of the Cambridge Philological Society
ZPE	Zeitschrift für Papyrologie und Epigraphik

4. 법령 및 법령집

BGB	Bürgerliches Gesetzbuch v. 18.8.1896
BGBl.	Bundesgesetzblatt
EGBGB	Einführungsgesetz zum Bürgerlichen Gesetzbuche v. 18.8.1896
GG	Grundgesetz für die Bundesrepublik Deutschland v. 23.5.1949
GVOBl.	Gesetz - und Verordnungsblatt
GVOS.	Gesetz - und Verordnungssammlung
LRS.	Landrechtssatz(Bad. L.R.)

목 차

제5장 근세 독일법상의 세습가산제
(Familienfideikommiss)。195

제6장 독일에서의 世襲家産制의 폐지。219

제1장

서

제1절 연구의 내용과 범위

가족의 경제생활의 토대가 될 가족재산을 생전처분 또는 사인처분에
의하여 상속인 또는 가족구성원에게 이전하면서 그 재산이 일정한 범위
의 가족구성원으로부터 벗어나지 않도록 처분과 상속을 제한하는 장치를
해놓는 世襲家産制度는 중세와 근세의 유럽의 귀족계층에서 보편적으로
발견된다. 영국에서는 이것을 entail(限嗣不動産權)이라고 불렀는데, 특히
17세기에는 트러스트(trust)를 법적 수단으로 사용하여 엄격계승재산설정제
도(strict settlement)라는 세습가산 설정제도가 완성되었다. 로마법이 포괄적
으로 계수된 독일에서는 로마법상 관련된 제도인 신탁유증(fideicommissum)
의 명칭을 받아들여 Familienfideikommiss로 불려졌고, 프랑스에서는 로마
법상의 substitutio(상속인의 대체지정)에서 유래하는 substitution이라는 명
칭으로 불려졌다.

독일 근세법상의 세습가산제(Familienfideikommiss)의 형성과 발전, 소
멸과정은 통상 다음과 같이 설명된다.

구속적 가족재산에 관한 고대 게르만적 형식들이 스스로 또는 로마상속
법의 영향 아래 퇴색되어간 반면, 귀족들은 가문의 영광(splendor familiae)
을 위하여 구속적 家襲財産(Hausgut)의 원리에 집착했다. 상급 귀족들은
이 목표를 자치입법권을 통해서 달성할 수 있었으나, 이러한 입법권력을
확보할 수 없었던 하급귀족들은 이 목표를 법률행위에 의한 처분을 통해
서 실현하려고 하였다. 이러한 출연행위는 30년전쟁(1618~1648) 이후에
특히 확산되었는데, 하급귀족들은 로마법 계수 후에는 로마법적 형식에
입각하여 그러한 출연행위를 할 수 밖에 없었다.

결국, 그들은 그 자체로서는 별개의 성격을 지녔던 로마법상의 家繼信

託遺贈(fideicommissum quod familiae relinquitur, 신칙법 159)을 모범으로 채택해서 그것을 외형적으로 레-엔법의 고유관념, 즉 父祖의 協約과 규정에 기한 계승(successio ex pacto et providentia maiorum)이라는 관념과 결합하였다. 독일에서의 世襲家産制(Familienfideikommiss)를 로마법적 관념에 의해서 이론적으로 체계화한 데는 누구보다도 크닙쉴트(Philipp Knipschildt)가 1654년 논문 'De fideicommissis familiarum nobilium'을 통해서 기여하였다[1]. 또한 이 과정에서 스페인의 Majorat(長者상속제도)가 상당한 영향을 미쳤다고 설명된다[2].

이렇게 보통법체계 내에서 이론적으로 정립된 世襲家産制(Familienfideikommiss)에 관한 教義는 프로이센 일반란트법(ALR)을 비롯한 18세기와 19세기 대법전들에 반영되었고, 실제로 독일의 귀족계층들이 이 제도를 폭넓게 이용하였다. 그러나 일찍부터 Familienfideikommiss, 즉 세습가산제가 후손들의 자유로운 처분권을 제한하고 해당 재산을 일반 시장에서의 거래로부터 퇴장시켜서 경제의 침체를 가져올 우려가 있다는 비판이 제기되었다. 인간의 자유와 평등을 기치로 내건 프랑스혁명의 성공에 따라 혁명의 이념은 전 유럽으로 확산되고, 특히 독일은 일부지역이 프랑스의 지배를 받는 등 보다 직접적인 영향을 받게 되면서, 독일의 세습가산제를 개혁 또는 폐지하려는 움직임이 거세어 졌다. 그러나 세습가산제의 개혁을 추진할 자유개혁 및 사회민주세력의 결집이 효과적으로 이루어지지 못하여 세습가산제의 개혁은 20세기 바이마르공화국에 들어가서야 첫 결실을 보게 되고, 실제로 세습가산제의 청산은 나치시대에 와서 확실하게 법적 매듭을 짓게 되지만 세계대전의 발발로 미처 다하지 못한 후속 청산작업은 전후까지도 이어졌다.

로마법은 계수를 통하여 독일법에 포괄적인 영향을 미쳤다. 이러한 일반적 사정으로 인해 독일법상의 世襲家産制(Familienfideikommiss)에도

---

1) HRG에서 A. Erler의 설명. 상세한 것은 후술 .
2) Coing, (1985), 385; 후술 Ⅳ 참조.

로마법이 상당한 영향을 미쳤을 것이라는 추정을 하게 되기 쉽고, 우선 제도의 명칭이 로마법에서 차용되었다는 사실은 이러한 추정을 더욱 강하게 만든다. 앞에서 언급하였듯이 世襲家産制는 유럽에서 보편적으로 발견되는 제도이고, 특히 대륙법계 국가에서의 이 제도에는 로마법에서 유래된 명칭이 사용되었다. 로마법으로부터 상당한 영향을 받은 대륙법계 국가에서 로마법에 연원을 갖는 명칭을 사용하는 세습가산제도가 널리 성립되어 활용되었다는 사실은, 자칫 로마법에서도 대륙법계 국가에서 성립된 세습가산제도와 유사한 제도가 존재했을 것으로 단정하게 만들기 쉽다. 실제로 Familienfideikommiss라는 명칭의 모범이 된 로마법상 신탁유증(fideicommissum)이 세습가산 설정제도, 즉 家産의 세습상속제도로서 성립하고 기능하였다고 설명하는 경우가 적지 않다[3].

본고에서는 근세독일법상의 世襲家産制(Familienfideikommiss)가 형성되기까지의 과정을 중심으로 살펴보고자 한다. 다만, 세습가산제도가 근대적 私法체계에 대해서 지니는 모순과 한계, 그리고 그 사회적 기능을 명확하게 이해하는 데 도움이 되는 범위 내에서 제도의 폐지과정도 개관해 보고자 한다.

우선 통상의 이론에 입각하여 제도의 형성에 기여한 로마법상의 신탁유증제도, 중세 독일법상의 가족재산제도, 스페인의 Majorat(長子相續制度) 등의 대체적 내용과 이들이 시간의 흐름 속에서 世襲家産制(Familienfideikommiss)의 형성과정에 어떻게 작용하였는지를 검토하고자 한다. 이러한 검토과정에서 이 제도에 영향을 미친 요소 중에서 본질적인 뿌리를 이루는 것이 있다고 말할 수 있는지, 그렇지는 못하더라도 상대적으로 보다 강력한 영향을 미친 요소는 무엇인지 논구해보고자 한다.

그중에서도 먼저 로마법상의 신탁유증이 어느 정도로 영향을 미쳤는지를 알아보기 위해서 신탁유증의 기원과 설정, 효력, 그리고 변천에 관하여

---

3) 현승종·조규창, 『로마법』(1996), 1087면; 山田晟, ドイツ法律用語辞典, Familienfideikommiss에 관한 설명

비교적 상세하게 검토하여 근세 독일법상의 Familienfideikommiss의 경우
와 비교할 수 있는 자료로 제시하고자 하며, 특히 일부에서 설명하듯이
그것이 세습가산 설정제도로서의 사회적 기능을 얼마만큼 수행하였는지
검증해보고자 한다. 다음으로 중세 독일법상의 가족재산제도의 기원과 형
태, 변천과정에 관하여 살펴보고 독일에서의 로마법 계수 후의 변천과 적
용에 대해서 알아본다. 그 다음 스페인 Majorat의 성립과 그것이 독일 世
襲家産制(Familienfideikommiss)에 영향을 미친 과정을 개괄적으로 고찰한
후, 근세 독일법에서의 세습가산제(Familienfideikommiss)의 정립과정을
살펴본다. 다음으로, 실정법적으로 구현되고 정식화된 19세기의 世襲家産
制(Familienfideikommiss)의 모습을 정리해서 제도의 성립에 영향을 미친
요소들과 비교를 시도해 보고, 마지막으로 프랑스혁명에서부터 출발하여
바이마르공화국, 나치체제를 거쳐서 끝을 보게 되는 제도의 폐지과정을
개관해보기로 한다.

제2절 근세 독일법상의 世襲家産制 (Familienfideikommiss)의 개념

사전에서는 세습가산제(Familienfideikommiss)를 법률행위로서의 출연행위에 근거하여 가족재산을 男系親 내에서 보유되도록 구속하는 것으로 설명하고 있다[1]. 근세 독일법상의 세습가산제는 크닙쉴트(Philipp Knipschildt)에 의해서 보통법체계내에서 이론적으로 정립되었고, 이 정식화된 교의를 기초로 하여 18세기와 19세기 대법전들에 반영되었다. 즉, 1756년의 Codex Maximilianeus Bavaricus Civilis, 1794년의 프로이센 일반란트법(ALR), 1809년 바덴란트법 등이 그것인데, 특히 Codex Maximilianeus Bavaricus Civilis에서는 제3부 제10장(§§1-25)에서, 프로이센 일반란트법에서는 제2부 제4장의 §§ 47-226 에 걸쳐서 상세히 규정되었다.

이렇게 근세 독일법상의 법적 교의와 18·19세기의 독일 대법전들에서 정식화된 世襲家産制의 개념과 그 특징은 다음과 같다.

世襲家産(Familienfideikommiss)은 법적으로 동일체로 묶여있는 특별재산(Sondervermögen)으로서, 家의 명망과 영광을 유지할 목적으로 그 家 내부에 계속해서 보존되고 원래부터 특정된 계승원칙내에서 상속되도록 하기 위하여, 법률에 의한 수권(Ermächtigung) 위에서 출연자의 私的 의사 표시를 통해서 양도불가능한 것으로 표시된 것이다[2]. 먼저, 세습가산은 특별재산이었다. 그것은 그 자체로서 구분되고 분리된 재산집합체로서 특수한 법률관계를 가질 수 있었고 그때 그때의 세습가산 점유자의 여타의 자유로운 일반재산, 예를 들어 자유지(Allod)로부터 독립적으로 존립하였

---

1) HRG에서 A. Erler의 설명.
2) Eckert, KFD(1992), 23; Rosin, (1893), 342.

다. 둘째, 세습가산에서는, 그것이 봉사해야할 목적이 본질적으로 매우 중
요한 의미를 가졌다. 세습가산은 그것이 헌정된 가문의 명망과 영광(den
Namen und das Ansehen, "splendor familiae et nominis")을 대대로 보전할
목적을 가졌으며 가문에 현저하게 우월한 경제적 사회적 지위를 확보해
주는 기초가 되었다. 셋째, 이러한 특수한 목적에서부터 세습가산에 속하
는 재산의 양도불가성 및 부담불가성이라는 본질적 특성이 나왔다[3]. 넷
째, 세습가산의 경우에는 재산에 대한 구속이 법률행위, 즉 출연자의 私
的 의사표시에 의해서 이루어졌다.

  바로 이 점에 세습가산(Familienfideikommiss)과 유사한 목적에 사용되
었던 다른 구속을 받는 재산과의 차이가 있다. 즉, 고급귀족들의 家襲財
産(Hausgut)에 있어서의 점유의 제한은 한때 입법권력이 부여되었던 고급
귀족가문의 자율적인 성문법 또는 개별 가문 안에서 형성된 관습법, 즉
家慣例(Familienobservanz)에 근거를 두었고[4], 世系財産(Stammgut)의 경
우에도 제한이 일반적인 법규범, 보다 정확히 말하면 법률, 조례(Statut)
또는 관습법에 의해서 발생했다[5].

---

3) Lewis, RF(1868), 222.
4) Rosin, (1893), 342.
5) Lewis, RF(1868), 35

제3절 기존의 연구성과

世襲家産制는 독일뿐만 아니라 전 유럽에 널리 확산된 제도로서 수백
년을 통하여 매우 애용되었다. 이 제도는 항상 법적 이해관계의 초점이
되었고 자주 가족내부의 법적분쟁의 원인을 제공했다. 또한, 世襲家産制
는 다른 어떤 법제도보다도 그때 그때의 지배정책적 - 법정책적 관념과
밀접하게 연관되어 있었다[1]. 그것은 귀족가문의 경제적·정치적 우위를
공고화하는데 기여하였고 정치권력의 변동과 그 시대의 권력요구에 직접
적으로 종속되어 있었다. 그러므로 世襲家産制의 역사는 상속과 처분상
의 제한을 규정한 가족재산제도에 대한 법정책의 변천뿐만 아니라 귀족
정책의 변천도 반영하였다.

世襲家産制는 사멸한 제도이다. 그러나 그것은 매우 서서히 사멸해 간
수명이 긴 제도였다. 독일에서 이에 관한 정치적 청산은 프랑스 혁명시기
부터 시작하여 20세기에 들어와서까지 이루어졌다. 1919년 Weimar 헌법
에서 명문으로 폐지가 선언되었고 1938년 「세습가산 등의 소멸에 관한
법률」이 제정되어 법상으로는 1939년 1월 1일부터 폐지되었다[2]. 따라서
이 제도에 관한 법학계의 관심은 20세기 중반 이후에는 이전에 비해서 훨
씬 줄어들었다고 할 수 있다.

독일의 私法교과서들에서 Familienfideikommiss의 표제어를 찾아보면 이
러한 관심의 변화를 쉽게 확인할 수 있다. Rudolf Hübner는 1930년 그의
"獨逸私法槪要" 제5판에서 이 법제도를 설명하는데 11면(同書 337~347면)
이나 할애한 반면, 1976년 출간된 Mitteis/Lieberich의 "독일사법(제7판)"에

---

1) Bayer, SF(1999), 91.
2) Eckert, KFD(1992), 19; Söllner, (1976), 668~669. 상세한 내용은 후술(Ⅵ.6).

서는 다음과 같이 아주 짧게 설명되어 있다.

"고래의 가족법상의 제한으로부터 형성된 世系財産(Stammgüter)나 世襲家産制(Familienfideikommiss)와 같은 특수제도는 무시해도 좋다. 왜냐하면, 이러한 제도는 1919년의 제국헌법 제155조에 근거하여 대부분 소멸되었고 따라서 역사에 속하게 되었기 때문이다."(同書 92면).

19세기와 20세기 초반에는 世襲家産制(Familienfideikommiss)의 형성과 그 제도적 내용 및 제도가 미친 사회경제적 영향에 대한 비판을 다룬 단행본의 연구저작이 상당수 있었다. Dominicus Costa의 『Entwicklungsgeschichte der deutschen Familienfideikommisse』(München 1864)을 비롯하여 Wiliam Lewis의 『Das Recht des Familienfideikommisses』(Berlin 1868), F. X. Brückner의 『Zur Geschichte des Fideicommisses』(München 1893), Ernst Kunsemüller의 『Zur Entstehung der westfälischen Fideikommisse』(Bonn 1909), Lujo Brentano의 『Familienfideikommisse und ihre Wirkungen』 (Berlin 1911), F. Noack의 『Zur Entstehung des Adelsfideikommisses in Unteritalien』(Stuttgart u. Berlin 1911) 등이 있었고, 관련된 주제를 다룬 단행본의 연구저작 중 특기할 만한 것으로 Georg v. Beseler의 『Die Lehre von den Erbverträgen』(Göttingen 1837/ 40)과 Ludwig Duncker의 『Das Gesammteigentum』 등을 들 수 있다. 이중 Lewis의 저서는 독일 세습가산제에 관하여 당시까지 제기된 모든 학설과 지방특별법에 구현된 내용 등을 망라하여 체계적으로 정리한 상세하면서도 종합적인 설명서이며, Kunsemüller의 연구는 베스트팔렌에서의 세습가산제의 생성에 관한 고찰을 정리한 것으로서, 그 기원에 관하여 스페인의 Majorat의 영향을 부인한 점이 특징이고, Noack의 저작은 이태리 남부 귀족들의 세습가산제의 생성과정에 관하여 상세하게 고찰하고 있다. 논문도 C.F.v. Gerber의 'Beiträge zur Lehre vom deutschen Familienfideikommiß'(Jb. für die Dogmatik. Bd.1, 1857)과 Heinrich Rosin의 'Beiträge zum Recht der revokatorischen Klage bei

Fideikommissen' JherJb. 32(1893)을 비롯하여, A. Cohen의 'Der Kampf um die adligen Güter in Bayern nach dem dreißigjährigen Kriege und die ersten bayerischen Amortisationsgesetze' ZgesStW. 59(1903), G. Frommhold의 'Zur Lehre vom Stammgut, Familienfideikommiß und Familien- Vorkaufsrecht', FS für Otto Gierke(1911), H. Meyer의 'Die Anfänge des Familienfideikommisses in Deutschland', Festgabe Sohm (München 1914) 등이 있었다. 그러던 것이 20세기 초반을 넘어서서는 Familienfideikommiss 의 폐지에 관한 산발적 연구와 제도의 형성과정에 관한 간결한 논문들이 있을 뿐이다. R. Nöthiger의 학위논문 『Familienfideikommisse, Stammgüter und standesherrliche Hausgüter und ihre Auflösung』(Friedberg- Augsburg 1932)와 19세기 스위스에서의 세습가산제에 관한 공방과 법적 논쟁을 주로 다룬 T. Bühler의 'Der Kampf um das Fideikommiss im 19 Jahrhundert', in : ZSchwR. 110(NF. 88)(1969), 독일 세습가산제의 형성과 발전 그리고 폐지에 이르는 전과정을 개략적으로 정리한 A. Söllner의 'Zur Rechtsgeschichte des Familienfideikommisses', in : Festschrift Kaser (München 1976), 오스트리아 세습가산제법의 형성과 개혁의 역사를 개관한 Fraydenegg/Monzello의 'Zur Geschichte des österreichischen Fideikommißrechtes', in : Reformen des Rechts(Graz 1979) 등이 그러한 논문들이다. 비교적 최근에 독일의 세습가산제의 폐지과정을 상세히 다룬 Jörn Eckert의 단행본 『Der Kampf um die Familienfideikommisse in Deutschland : Studien zum Absterben eines Rechtsinstitutes』(1992) 와 18·19세기의 세습가산제도와 관련되는 법이론적 및 법철학적 논의와 주장, 동 제도의 법률관계를 논한 Bernhard Bayer의 단행본 『Sukzession und Freiheit』(1999)가 출간되었다. 또한 아주 최근에 프랑스, 독일, 미국의 세 나라 사이의 유언의 자유, 세습가산제 등 상속법상의 주요 제도를 비교하면서 상속제도와 정치체제와의 관련성을 비교연구한 Jens Beckert의 『Unverdientes Vermögen : Soziologie des

Erbrechts』(Frankfurt a. M., 2004)가 출간되었다.

로마법상의 신탁유증과 관련된 연구로서는 David Johnston의 일련의 연구가 가장 두드러진다. 그는 우선 단행본으로 출간된 『The Roman Law of Trusts』(1988)에서 로마법상의 신탁유증의 기원과 설정, 그리고 효력 및 실현절차, 기능 등에 관해 사료를 들어서 설명하면서 종래의 전통적 견해들을 검증하였다. 그는 이 밖에도 관련된 연구논문으로, 양도의 금지, 家繼信託遺贈 등 로마법상 세습가산 설정제도로 볼 수 있는 법적 수단의 법리와 기능을 분석한, 'Prohibitions and Perpetuities : Family Settlements in Roman Law' ZSS 102(1985)와 영국법상의 생애부동산권(life interest)에 해당한다고 볼 수 있는 로마법상의 법제도를 고찰한 'Successive Rights and Successful Remedies : Life Interests in Roman Law' in : P. Birks (ed.), New Perspectives in the Roman Law of Property(Oxford 1989)을 내놓았다. 로마법상의 신탁유증에 관한 그 밖의 대표적 연구로는, 題名으로 설정한 家繼信託遺贈 뿐만 아니라 신탁유증의 일반적 법리에 관해서도 비교적 상세하게 설명한 Armando Torrent의 단행본 『Fideicommissum familiae relictum』(Oviedo 1975)와 J. A. C. Thomas의 논문 'Perpetuities and Fideicommissary Substitutions', RIDA³ 5(1958), 신탁유증의 기원에 관해서 다룬 Erich Genzmer의 'La genèse du fidèicommis comme institution juridique', RH 40(1962)과 법적 소권이 부여되기 이전의 공화정기 신탁유증에 관하여 고찰한 Alan Watson의 'The early history of fideicommissa', INDEX 1 (1970)이 있으며 관련된 연구로 Max Kaser의 논문 'Rechtsgeschäftliche Verfügungsbeschränkungen im römischen Recht', Festgabe Sontis(München 1977)와 'Zum römischen Grabrecht', ZSS 95(1978) 등을 들 수 있다.

이밖에 비교법사학적 관점에서 중세 후기부터 18세기 중엽에 이르기까지 유럽 여러나라에서의 세대간 계승재산설정제도의 형성과 발전을 다룬 여러 저자들의 논문들을 모아 Lloyd Bonfield가 편집한 『Marriage,

Property, and Succeession』(Berlin 1992)이 출판되었고, 마찬가지로 비교법
사학적 관점에서 로마법과 유럽 여러 나라의 법 발전과정에서 등장한 신
탁과 신탁적 법제도에 관한 논문들의 모음집으로서 R.H. Helmholz와
Reinhard Zimmermann 공동편저인 『Itinera Fiduciae : trust and Treuhand
in historical perspective』(Berlin 1998) 가 출간되었다. 그중에서도 후자의
편저에 들어있는 Klaus Luig의 논문 'Philipp Knipschildt und das
Familienfideikommiß im Zeitalter des Usus modernus'는 독일의 世襲家產
制(Familienfideikommiss)의 형성에 기여한 구성요소를 약술하고 특히
Philipp Knipschildt의 논문을 상세하게 정리하여 소개하였으며, 다른 논문
들도 독일 世襲家產制의 법리를 이해하는데 간접적으로 도움이 될 수 있는
법제도에 관한 고찰을 포함하고 있다. 또한 최근에는 영국법상의 trust와 로
마법의 fiducia, 독일법과 오스트리아법에서의 Treuhand를 비교법사적 관점
에서 논술하면서 補論으로 스코틀랜드의 trust와 로마의 fideicommissum,
그리고 오스트리아의 Fideikommiss를 비교 고찰한 Josef Wollf의 『Trust,
Fiducia und fiduziarische Treuhand』(Frankfurt a. M. 2005)가 출간되기도
하였다.

제2장

로마법에서의 信託遺贈의 형성과 발전

Familienfideikommiss라는 명칭은 로마법상의 fideicommissum(신탁유증)에서 유래하였다. fideicommissum이라는 용어는 목적물이 타인의 이익을 위하여 수령자의 신의(fides)에 맡겨지는(commissum) 신탁유증 설정의 특징을 포착하여 만들어진 용어로서 법적 강제력이 부여되기 이전의 유물이다. 바꾸어 말하면, 원래의 신탁유증은 피상속인이 유언으로 어떤 사람을 상속인으로 지정하면서 동시에 상속재산 중의 특정대상물 또는 상속재산전체를 제3자에게 인도할 것을 "상대방(상속인으로 지정한 자)의 신의에 맡기는"(fidei tuae committo) 방법으로 이루어졌다[1].

이하에서는 신탁유증에 관한 일반적 설명으로서 로마법에서 신탁유증이 형성되고 그것에 법적 효력이 부여된 과정, 신탁유증의 설정양식과 법적 효력 및 집행절차 등 신탁유증의 일반적 법리, 고전기 이후의 변천에 관해서 차례로 살펴보고, 근세 독일의 世襲家産制(Familienfideikommiss)에 외형을 제공한 家繼信託遺贈(fideicommissum familiae relictum)의 형성과 법리, 발전과정에 관하여 상론한다.

---

1) Eckert, KFD(1992), 27

제1절 신탁유증 일반론

Ⅰ. 신탁유증의 형성

신탁유증에는 처음에는 도덕적 의무만이 인정되었으나, 아우구스투스
(Augustus)에 의해 법적 강제력이 부여되었다[1].

신탁유증의 기능 내지 효용과 관련하여 시민법상으로 결격사유가 있는
자에게 무엇인가를 주고자 할 때 신탁유증이 대단히 유용하다는 관념이
강력하게 존속하였다[2].

공화정기의 신탁유증의 모습은 어떠하였는지, 아우구스투스에 의하여
訴求可能性이 부여된 후 신탁유증이 시민법상의 무능력으로 인해 불이익
을 겪던 자들에게 어떠한 효용이 있었는지, 또한 1세기를 거치면서 어떻
게 역사적으로 발전하여 갔는지 보다 구체적으로 살펴본다.

1. 공화정기

1) 키케로의 사료를 통해 본 공화정기의 신탁유증

공화정기 신탁유증의 모습은 키케로(Cicero, 106-43 B.C.)의 사료를 통
해서 살펴볼 수 있다[3].

---

1) Kaser, RP Ⅰ(1971), 757~758; Buckland, TRL(1990), 349.
2) 예컨대, 법학자 Gaius(150~180)가 2세기 중엽의 저술에서 신탁유증의 기원을 로마시
   민의 유언을 통해 이익을 받을 수 있는 권리가 배제된 외국인에게 이익을 제공하기
   위함에서 비롯된 것이라고 주장하였다(G. 2.285.).
3) Johnston, RLT(1988), 23~25; Buckland, TRL(1990), 349 ; Thomas, TRL(1976), 512;
   Watson, (1970), 179~183.

키케로의 첫 번째 사례는 베레스(Verres, 120-43 B.C.)⁴⁾에 대한 그의 탄
핵연설 중의 하나에서 찾아볼 수 있다⁵⁾. 유언자(P. Trebonius)가 법익박탈
자인 동생에게 이익을 주고자 상속인들로 하여금 자신들이 받은 상속물의
절반 이상을 유언자의 동생에게 반환하겠다고 서약(iurare)할 것을 요구하
였다. 상세한 사항은 명확하지 않았지만 상속인으로서는 서약하지 않고는
부동산(유언서에 따른 유산점유 bonorum possessio secundum tabulas)을 취
득할 수 없었던 것은 분명해 보인다. 한 피해방노예는 서약을 하였으나 그
밖의 상속인들은 이를 거부하고 베레스에게 자신들이 법익박탈자를 돕는
행위를 금지한 코르넬리우스법(Lex Cornelius)에 반하는 사항을 서약하도록

---

4) 로마 공화정 말기의 정치가. 시칠리아섬의 태수였을 때(73~70 B.C.) 사리사욕을 탐
   한 사실 때문에 키케로에 의해서 탄핵되어 추방되었다.

5) Cicero, in Verrem Ⅱ. 1.123~124
   [123] Superbia vero quae fuerit quis ignorat? quem ad modum iste tenuissimum
   quemque contempserit, despexerit, liberum esse numquam duxerit? P. Trebonius
   viros bonos et honestos compluris fecit heredes; in iis fecit suum libertum. Is A.
   Trebonium fratrem habuerat proscriptum. Ei cum cautum vellet, scripsit ut heredes
   iurarent se curaturos ut ex sua cuiusque parte ne minus dimidium ad A. Trebonium
   illum proscriptum perveniret. Libertus iurat; ceteri heredes adeunt ad Verrem, docent
   non oportere se id iurare facturos esse quod contra legem Corneliam esset, quae
   proscriptum iuvari vetaret; impetrant ut ne iurent; dat his possessionem. Id ego non
   reprehendo; etenim erat iniquum homini proscripto egenti de fraternis bonis
   quicquam dari. Libertus, nisi ex testamento patroni iurasset, scelus se facturum
   arbitrabatur;
   [124] Itaque ei Verres possessionem hereditatis negat se daturum, ne posset
   patronum suum proscriptum iuvare, simul ut esset poena quod alterius patroni
   testamento obtemperasset. Das possessionem ei qui non iuravit; concedo; praetorium
   est. Adimis tu ei qui iuravit; quo exemplo? Proscriptum iuvat; lex est, poena est.
   Quid ad eum qui ius dicit? utrum reprehendis quod patronum iuvabat eum qui tum
   in miseriis erat, an quod alterius patroni mortui voluntatem conservabat, a quo
   summum beneficium accepetat? Utrum horum reprehendis? Et hoc tum de sella vir
   optimus dixit: "Equiti Romano tam locupleti libertinus homo sit heres?" O
   modestum ordinem, quod illinc vivus surrexerit!

요구받고 있다고 청원하였다. 베레스는 그들에게 부동산 점유권(possessio)을 수여하였고, 피해방노예의 유산점유(bonorum possessio)는 부인하였다. 키케로는 청원자들에게 부동산점유권을 수여한 데 대해서는 위 사례의 서약은 강요할 수 없다고 보는 것이 합리적이라고 하면서 찬성하였으나 보호자인 前 주인의 요구에 따른 서약에 대해 의무감을 느끼지 않을 수 없었던 피해방노예의 유산점유를 부인한 사실에 대해서는 이의를 제기하였다. 즉, 코르넬리우스법에 따른 제재를 부과하는 것은 당연하나 피해방노예에게 유산점유권을 수여하느냐의 문제는 별개의 문제라는 것이다(lex est, poena est).

키케로의 두 번째 사례6)에서는, 유언자 갈루스(Q. Fadius Gallus)가 수탁자 루푸스(P. Sextilius Rufus)가 유언에서 요구된 대로 유언자의 딸에게 상속재산 전체를 반환할 것을 이전에 이미 합의했었다고 주장했다. 그 딸은 BC 169년의 보코니아법(Lex Voconia)에 의해서 소권이 부인되어 있었다7). 섹스틸리우스 루푸스는 합의사실을 부인하면서 친구들이 그렇게 충고하지 않았다면 자신은 정무관으로서 스스로 지지 준수하기로 맹세한 바 있는 보코니아법을 위반하여 행동할 엄두를 내지 않았을 것이라고 주장했다.

---

6) Cicero, de finibus bonorum et malorum. 2.55; 김창성 옮김, 키케로의 최고선악론 (1999), 82~83 참조

7) Lex Voconia는 상속법과 관련한 몇 개의 규정을 포함하고 있는데, 그 중에서도 여성은 일정액 이상(사료에 따라 다르지만 최소한 200,000 ass 이상)의 유산의 상속인이 될 수 없다고 규정하였다. 그러나 이 제한은 무유언상속이나 유증에는 적용되지 않았다. 또 Vestal virgins(Vesta 神女)나 flamen Dialis(Jupiter신 祭官)의 유언에도 적용되지 않았다. 여성에 대해서 유언에 의한 상속인이 되는 것을 제한한 Voconia법의 조치는 Augustus의 혼인에 관한 법률에 의해서 완화되고, 2세기초에 이르러 실질적인 의미를 상실하였다. 이상 EDRL(1953) 참조. Lex Voconia에 관한 최근의 문헌으로는 Arnd Weishaupt, Die lex Voconia, 1999 참조.

(1) 신탁유증이 있었다고 볼 수 있는가?

사례1에서는 수익자인 트레보니우스(A. Trebonius)가 재산의 반환을 요구한 바 있었으나, 처분자체가 오로지 서약에 의존하였고 사료에서도 유산점유의 취득 여부가 서약에 달려 있었다고 해석하고 있다. 재산의 반환에 대한 법적 요구가 없었고 모든 것이 서약에 의존하고 있었으므로 형식적으로는 신탁유증이 있었다고 할 수 없다. 그러나 형식적 필요요건이라는 것이 발전된 법제도에서만 발견되는 특징이었고 법제도의 초기적 유동단계에서는 단지 미약한 역할밖에 할 수 없었다는 것을 유념할 필요가 있다. 이 사례에 있어서 서약을 해야 했던 상속인들의 신의(fides)에 의존하고 있었으므로 효과는 신탁유증이 있었던 것과 매우 흡사하였을 것이라고 할 수 있다.

사례2에서는 유언의 내용을 기록한 어휘들 중에 rogo(요구한다)라는 핵심적 단어가 포함되어 있으므로 신탁유증이 있었다고 할 수 있다.

(2) 신탁유증은 어느 정도 준수되었는가?

사례1에서 상속인으로 하여금 서약을 하도록 한 것, 사례2에서 시민법상으로 의미가 없는 사항을 유언에 일부러 포함시키고 또한 그것이 이전에 합의되었다고 주장한 것은 어떠한 의미를 지녔는가? 사례2의 경우 단지 유언에 포함되었다고 해서 그 사항이 시민법상 구속력을 갖게 되지는 않으며 여전히 전혀 효력이 없었다. 차이는 일단 유언에 포함되면 그 요구사항은 공지의 사실이 된다는 데에 있었다. 결국 유언자는 자신의 요구사항을 공표하고 그것이 이미 이전에 합의된 것이라고 기술함으로써 자신의 의도가 준수될 개연성을 증가시키려고 했던 것이라고 해석할 수 있다[8]. 사례1에서도 서약이라는 방법만 다를 뿐 유언자의 목적은 동일했다[9].

---

8) Watson, (1970), 180~181.

이를 달리 말하면 위 사례들에서 유언자는 신의(fides)에만 의존하려고 생각하지 않았고 유언을 통한 요구사항의 공표 또는 서약을 통해서 자신의 의도가 준수될 개연성을 '강화'하려고 하였다[10]. 이미 알 수 있듯이 위의 두 사례에서 모두 유언자의 신뢰는 '강화된' 방법을 통해서도 잘 뒷받침되지 못했다. 이렇게 두 사례에서 신의(fides)가 실패하였다면, 오히려 이러한 것이 통상의 예가 아니었는지, 달리 말하면 도대체 일반적으로 신의에 의지할 수 있었을까 하는 의문이 당연히 제기된다. 이와 같이 유언자들이 조바심을 낼 수 밖에 없는 상황에서 신탁유증을 위한 訴權의 부여라는 아우구스투스의 개혁이 등장하게 된다.

2) 아우구스투스와 신탁유증

신탁유증을 위한 소권의 도입을 소개하고 있는 유스티니아누스 황제의 법학제요에 의하면 아우구스투스가 신탁유증에 소권을 부여하는 혁신적 조치를 취한 이유 중의 하나는 그가 몇몇 수탁자들의 '심한 배신(insignis perfidia)'에 경악했기 때문이라고 한다[11]. 그러나 아우구스투스가, 예컨대 보코니아법에 의해서 상속인이 될 자격이 없는 여성이나 법익박탈자를 위한 신탁유증을 이행하지 않았다고 해서 그것을 '배신(perfidia)'으로 간주했으리라고 보기는 어려우며, 그보다는 제정법과의 마찰이 없는 경우, 전형적으로 시민법상의 무능력사유가 없는 사람을 위한 신탁유증에 있어서의 신의(fides)의 파기에 관심이 있었을 가능성이 훨씬 크다고 보는 것이 타당할 것이다[12]. 그러한 경우가 어떠한 경우이고 도대체 왜 그러한 경우에 신탁유증이 이용되었을까? 법학제요의 한 개소에 따르면 렌툴루스(Lucius Lentulus)가 최초로 유언보충서(codicilli)를 도입하고 신탁유증

---

9) Watson, (1970), 182.
10) Watson, (1970), 183.
11) Inst. 2.23.1(후술 20면 주 33 참조)
12) Johnston, RLT(1988), 25.

을 이용하였다고 한다[13].

렌툴루스가 신탁유증을 이용하기로 선택한 이유에 관해서 개소에서는 아우구스투스에게 '일정한 행위를 하도록(ut faceret aliquid)' 요구했다고 기술하고 있고, 그가 요구한 것이 무엇이었는지는 나타나 있지 않다. D. Johnston은 그가 법익박탈자나 이와 유사한 무능력자에게 이익을 수여하기 위해서가 아니었던 것은 확실하다고 주장한다[14]. 황제에게 더구나 아

---

13) Institutiones 2.25.pr. Ante Augusti tempora constat ius codicillorum non fuisse, sed primus Lucius Lentulus, ex cuius persona etiam fideicommissa coeperunt, codicillos introduxit. nam cum decederet in Africa scripsit codicillos testamento confirmatos, quibus ab Augusto petiit per fideicommissum ut faceret aliquid: et cum divus Augustus voluntatem eius implesset, cuius deinceps reliqui auctoritatem secuti, fideicommissa praestabant, et filia Lentuli legata quae iure non debebat solvit, dicitur Augustus convocasse prudentes, inter quos Trebatium quoque, cuius tunc auctoritas maxima erat, et quaesisse, an possit hoc recipi nec absonans a iuris ratione codicillorum usus esset: et Trebatium suasisse Augusto, quod diceret, utilissimum et necessarium hoc civibus esse propter magnas et longas peregrinationes, quae apud veteres fuissent, ubi, si quis testamentum facere non posset, tamen codicillos posset. post quae tempora cum et Labeo codicillos fecisset, iam nemini dubium erat quin codicilli iure optimo admitterentur.(Augustus시대 이전에는 유언보충서(codicilli)에 관한 법이 없었던 것으로 받아들여지고 있으며, 그것을 최초로 도입한 사람은 Lucius Lentulus 이었는데 신탁유증 또한 그와 함께 시작되었다. 즉, 그가 Africa에서 죽을 때 유언서에서 인정된 유언보충서를 작성하였다. 거기에서 그는 Augustus에게 신탁유증을 통해서 일정한 행위를 해줄 것을 요구하였다. 그리하여 Augustus 황제는 그의 희망대로 이행하였고 그러자 다른 사람들도 그의 모범을 좇아 신탁유증을 이행하였으며 Lentulus의 딸은 법적으로 지급의무가 없는 유증재산을 지급하였다. Augutus는 당시 가장 권위가 있던 Trebatius를 포함하여 법률가들을 소집하여 이것이 받아들여질 수 있는지 그리고 유산처분문기의 사용이 법논리와 모순되는 것은 아닌지 질문하였다고 말해진다. Trebatius는 고대에 행해지던 대규모 그리고 장기간의 여행으로 인해 유언을 할 수 없을 경우에 최소한 유언보충서만이라도 만들 수 있으므로 시민들에게 매우 유익하고 필수적일 것이라고 말함으로써 Augustus를 설득하였다. 이후에 Labeo가 또 유언보충서를 작성하자 이제 사람들은 아무도 유언보충서가 최상의 법으로서 받아들여져야 함을 의심하지 않았다.)

14) Johnston, RLT(1988), 27.

우구스투스와 같은 도덕주의자에게 신의에 의해 의무를 부과할 수 있는 범위는 엄격히 제한적이었을 것이다. 더구나 만약 신의와 국가 또는 법이 모순되는 경우가 있고 이때 법을 유지할 가치가 없다면, 황제인 아우구스투스의 입장에서는 그 법을 폐지하면 되지 법을 유지하면서 그것보다 신의(fides)를 앞세우는 따위의 행위는 선택하지 않았을 것이라고 Johnston 은 주장한다15).

렌툴루스가 아우구스투스에게 요구한 일정한 행위는 아마도 기념물의 건축이거나, 친족의 부양, 또는 제3자에게 일정금액을 지불하는 것이었을 것이다. 유증재산은 '일정한 행위를 하기 위해'(이것은 나중에 부담modus라고 불려졌다) 남겨질 수 있었으나 이 경우 의도했던 행위가 행해지도록 확보하는 방법에 애로가 있었다. 렌툴루스는 바로 이러한 일정한 행위(부담)가 행해지도록 확보하는 방법으로 신탁유증을 이용했던 것이다. 바로 위의 사례(I. 2.25 pr.)는 신탁유증이 시민법상 인정되지 않는 목적만을 위해, 오로지 권리능력 없는 자들에게 이익을 제공하기 위해서 사용된 것이 아니고 때때로 완전히 정직하고 정상적인 목적을 위해서도 사용되었음을 나타내주는 사례라고 할 수 있다.

렌툴루스의 방법(신탁유증)이 아우구스투스에 의해서 이행된 시기는 BC 15년으로 추정된다. 그러나 이때까지도 아우구스투스는 다른 여느 정직한 시민이라도 신탁유증을 이행할 수 있었듯이, 하나의 신탁유증을 이행하였을 뿐 제도적인 개혁을 단행한 것은 아니었다. 그러나 황제가 신탁유증을 실제로 이행했다는 사실은 하나의 관념, 즉 신탁유증은 당연히 이행되어야 하고 또 訴求될 수 있어야 한다는 관념을 형성하는 데 영향을 미쳤다고 추측할 수 있다.

결론적으로, 공화정기의 신탁유증의 성격은 私法과 私的 도덕 사이에

---

15) 그러나 이러한 Johnston의 주장에 대해서 Augustus의 입법관여권을 과대평가한 것이라는 비판이 있다. 즉, Augustus는 부당한 법에 대해서 폐지를 권고할 수 있었을 뿐이었다는 것이다. Robinson, (1990), 640.

서 기묘한 위치를 차지하였다. 처음에는 단순히 도덕적 의무만 발생하였
다. 그것은 법적 제도가 아니었으며, 이행의무가 없는 한 그것이 효율적으
로 기능할 가능성은 불확실했다. 변화는, 법체계가 신탁유증을 법적 제도
로 인정하였을 때에 비로소 시작될 수 있었다.

2. 제정기 초기 : 訴求할 수 있는 신탁유증의 성립

1) 訴權의 도입

도덕적 의무만 인정되던 신탁유증에 법적인 소권을 부여한 것은 아우
구스투스였다. 그러나 이러한 새로운 개혁적 조치를 전통적인 시민법체계
에 수용하는 데는 여러 가지 어려움이 있었다. 만약 유언자와 수탁자간의
관계가 일종의 위임과 같이 계약적인 것으로 이해되었다면, 로마법상 계
약의 당사자주의에 비추어 수익자는 수탁자에 대해서 청구권을 가진다고
할 수가 없었다. 만약 법무관 고시가 의무를 인정할 수 있으려면 법적으
로 일정한 행위를 할 의무의 주체가 될 누군가가 존재해야 했다. 이러한
난점이 있다는 것은 신탁유증이 당시의 시민법적 구조 내에 수용될 수 없
음을 의미했고 따라서 시민법적 구조를 수정하거나 고시를 둘러싼 법무
관법적 전통에 얽매이지 않는 새로운 관할권을 창설할 필요가 있었다. 결
국 집정관(consul)이 이 일을 수행하였다.

아우구스투스가 최초로 신탁유증에 대해 소송을 제기할 수 있도록 했
고 집정관이 이 일을 맡았다는 사실은 법학제요를 통해서 확인할 수 있
다16). 사건이 증가하여 집정관의 부담이 많아지자 신탁유증만을 담당하는

---

16) Institutiones 2.23.1 Sciendum itaque est, omnia fideicommissa primis temporibus
infirma esse quia nemo invitus cogebatur praestare id de quo rogatus erat: quibus
enim non poterant hereditates vel legata relinquere, si relinquebant, fidei
committebant eorum qui capere ex testamento poterant: et ideo fideicommissa

특별 법무관이 도입되었다. 실제로는, 법학제요의 설명과는 다르게, 클라우디우스황제(Claudius, 재위 41~54)가 신탁유증을 전담할 두 명의 법무관을 두었으나 그 중 한 명을 후에 티투스황제(Titus, 79~81)가 폐지하였다[17].

2) 시민법상 상속·수증 무능력자들에게 미친 효과

아우구스투스에 의해 재판관할권이 개혁되어 신탁유증에 대해 소권이 도입됨으로써 시민법상 무능력자들에게 어떠한 효과를 미쳤는가에 대해서 살펴본다.

---

appellata sunt, quia nullo vinculo iuris, sed tantum pudore eorum qui rogabantur, continebantur. postea primus divus Augustus semel iterumque gratia personarum motus, vel quia per ipsius salutem rogatus quis diceretur, aut ob insignem quorundam perfidiam iussit consulibus auctoritatem suam interponere. quod, quia iustum videbatur et populare erat, paulatim conversum est in adsiduam iurisdictionem: tantusque favor eorum factus est, ut paulatim etiam praetor proprius crearetur, qui fideicommissis ius diceret, quem fideicommissarium appellabant.(그러므로 처음에는 모든 신탁유증이 보호되지 않았다는 사실에 주의해야 한다. 왜냐하면 아무도 그가 요구받은 것을 그의 의사에 반해서 양도하도록 강제되지 않았기 때문이다. 만약 유언자가 어떤 목적물을 상속이나 유증을 해줄 수 없는 사람에게 주었다면 그들은 목적물을 유언에 의해 이익을 얻을 수 있는 사람들의 신의(fides)에 맡긴 것이었다. 그리고 이러한 까닭에 그것들은 신탁유증으로 알려져 있다. 왜냐하면 그것들은 어떠한 법적 구속이 아니라 오로지 그것들이 맡겨진 사람들의 염치(pudor)에 의존했기 때문이다. 결국 처음으로 집정관으로 하여금 그의 권위를 가지고 개입할 것을 지시한 것은 Augustus 였는데, 이것은 그 자신이, 누군가가 '황제의 강령(康寧)을 걸고' 요구를 받았다고 전해 들었기 때문이었든지 또는 일부 사람들의 심한 배신 때문이었든지, 일단 그리고는 거듭 관련자들을 위해서(어여삐 여겨서) 마음이 움직였기 때문이다. 이것(개입)이 정당하게 여겨졌고 인기가 있었으므로 점차로 영구 재판관할권으로 전환되었다. 신탁유증이 매우 많이 애용되어 마침내 한명의 특별 법무관이 그것들에 대해서 司法的 運營을 하도록 임명되었는데 신탁유증 법무관(praetor fideicommissarius)이라고 불렀다.

17) Pomp. Dig.1.2.2.32(sing. enchir.) "···· post deinde divus Claudius duos praetores adiecit qui de fideicommisso ius dicerent, ex quibus unum divus Titus detraxit: ··· ." 이에 관해 상세한 내용은 Röhle, (1968), 399~428 참조.

(1) 시민법상 이익의 수령이 배제된 집단

로마시민법상 이익의 수령이 제한된 집단은 다음과 같이 크게 4가지 부류로 나누어 볼 수 있다.

첫째 혼인하지 않은 成人(독신자, caelibes)과 혼인은 하였으나 자녀가 없는 자(orbi). 前者는 아우구스투스의 婚姻身分에 관한 율리우스법(lex Iulia de maritandis ordinibus, BC 18)에 따라 상속재산이나 유증으로부터는 아무것도 받을 수 없었으며, 後者는 파피우스포파이우스법(lex Papia Poppaea, AD 9)에 의해서 그들에게 수여된 것의 2분의 1만 받을 수 있었다.

둘째 불확정인(incertae personae). 아직 태어나지 않은 자 또는 그 밖의 이유로 확정되지 않은 자는 시민법상 유증을 받을 수 없었다.

셋째 외국인은 시민법상 능력이 없었다.

넷째 Latini Iuniani(위법해방노예)도 무능력자였다[18].

(2) Johnston의 견해

Johnston은 종래의 견해들이, 새롭게 도입된 訴求可能性으로 인해 무능력자들의 운명에 커다란 변화가 초래되었으며, 무능력자가 시민법상의 이익으로부터는 배제되었지만 이제는 신탁유증을 소송을 통해 청구할 수 있게 되었다고 상정하고 있다고 소개한다[19].

그러나 Johnston은 이러한 상정은 아마 외국인과 불확정인에게는 타당하겠으나 독신자나 자녀가 없는 자에 대해서 동일한 주장을 하기에는 큰 난점이 있다고 반론을 제기한다. 그는 여러 무능력자 집단들을 구분하여 검토할 필요가 있다고 하면서 다음과 같이 설명한다[20].

---

18) 위법 또는 부당한 형식에 따라 해방된 노예로서 자유인이었으나 로마시민권은 획득하지 못하고 정치적 권리가 없는 라틴인의 지위만 획득하였다. EDRL(1953), 537.
19) Thomas, TRL(1976), 512; Buckland, TRL(1990), 354; Kaser, RP I (1971), 757f 의 논의에서 본문과 같은 가정이 묵시적으로 내재되어 있다고 주장한다. Johnston, RLT(1988), 31 특히 n. 33.

우선 외국인은 법정상속이나 유증을 받는 것이 특별히 금지되었다기
보다는 단지 시민법은 시민들에게만 적용되었고 시민들만이 상속이나 유
증 등의 시민법상의 제도를 이용할 수 있었고, 외국인은 이러한 제도의
이용으로부터 당연히 배제되어 있었다. 불확정인의 경우도 시민법의 전통
적 체계가 그들을 염두에 두지 않았기 때문에 배제되었다. 그러나 이 두
집단에 대해서는 그들의 권리능력을 박탈한 제정법이 존재하지 않았으므
로 신탁유증과 같이 새로운 법제도가 시민법의 외부에 등장하였을 때에
그들을 계속 배제할 필요는 없었다. 그러나 이 두 집단의 경우에도 모든
신탁유증이 이행이 강제되었으리라고 생각할 수는 없다. 예를 들어, 대규
모의 부동산은 정책적인 이유로 외국인의 수중에 들어가는 것이 허용되
지 않았을 수도 있고, 수탁자의 배신으로 신탁유증이 실패할 가능성은 얼
마든지 있었다.

독신자(caelibes)나 자녀가 없는 자(orbi)의 경우는 사정이 사뭇 다르다.
앞에서 보았듯이 그들이 상속이나 유증을 받을 수 있는 권리능력을 박탈
하거나 제한하는 두 제정법이 얼마 전에 제정된 바 있었다. 문제는 단순
히 이 제정법을, 명시적으로 적용여부를 규정하지 않은 신탁유증에 대해
서도 적용해야 하느냐 하는 것이었다.

독신자나 자녀가 없는 자의 경우, 그들에게 신탁유증을 금지하는 규정
이 없음에도 불구하고, 그러한 행위가 탈법행위(fraus legis)로 해석되었기
때문에 신탁유증으로 이익을 얻는 것이 배제되었을까? 제정법의 해석에
의하여 시민법상의 능력을 제한하는 규정이 신탁유증에도 바로 적용된
것 같지는 않다. 왜냐하면, 우선 Augustus 황제 시대에는 제정법의 해석의
폭이 좁았다. 광의의 해석(확장해석 또는 유추해석)에 관한 표현이 등장하
는 것은 Hadrianus 황제시대에 들어가서이다(Iul. D. 1.3.12(15 dig.)). 위
개소와 같이 설혹 제정법의 관대한 해석이 이루어진다고 하더라도 그것

---

20) Johnston, op.cit., 31~39.

은 유추해석을 통해 고시에 의한 구제를 주는 것을 상정한 것으로서 신탁
유증과 같이 고시와는 관계가 먼 사항에는 해당될 여지가 없었다. 결국
유추해석에 의해서 신탁유증이 유증과 같이 취급될 가능성은 그 당시에
는 그리 많지 않았다[21]. 그러나 73년경에 제정된 페가시아눔 원로원의결
(S.C. Pegasianum)[22]에 의해서 독신자와 자녀 없는 자의 상속과 유증 수
령능력을 제한한 규정이 신탁유증에도 확대적용 되게 되었다. 결국 신탁
유증에 대한 소권의 도입으로 독신자나 자녀가 없는 자는 소송을 통해서
신탁유증의 이행을 강제할 수 있었지만 이러한 이익을 누릴 수 있었던 기
간은 그다지 길지 않았다.

결국 신탁유증에 대한 소송이 가능해졌다고 해서 모든 수익자들이 현
저하게 개선된 지위를 가졌다고 볼 수는 없다는 것이 D. Johnston의 견해
이다.

Johnston은 계속해서, 대부분의 학자들로 하여금 외국인과 독신자, 그리
고 자녀가 없는 자가 아우구스투스의 입법(lex Iulia de maritandis ordinibus
BC18, lex Papia Poppaea AD 9)이 존재하는 상황에서도 소송을 제기할
수 있다는 견해를 가지도록 유도하는 것이 바로 가이우스(Gaius)의 개소
라고 상정하고 이에 대해서 검토한다.

Gaius 2.285 Ut ecce peregrini poterant fideicommissa capere, et fere haec fuit
origo fideicommissorum. sed postea id prohibitum est, et nunc ex oratione diui
Hadriani senatus consultum factum est, ut ea fideicommissa fisco uindicarentur.
286. Caelibes quoque, qui per legem Iuliam hereditates legataque capere
prohibentur, olim fideicommissa uidebantur capere posse.
286a. Item orbi, qui per legem Papiam ob id, quod liberos non habent, dimidias

---

21) Johnston, op. cit., 33.
22) Falcidius 법(BC 40)이 규정하는 바를 신탁유증에도 적용하도록 한 것도 이 원로원
의결이었다. 즉, fideicommissum의 경우에도 유언상 상속인에게 동법률이 정하는
遺留分(법정상속분의 4분의1)을 주었다. Schulz, (1951), 327~328; EDRL (1953),
699

partes hereditatum legatorumque perdunt, olim solida fideicommissa uidebantur
capere posse. sed postea senatus consulto Pegasiano proinde fideicommissa quoque
ac legata hereditatesque capere posse prohibiti sunt; eaque translata sunt ad eos,
qui in eo testamento liberos habent, aut si nulli liberos habebunt, ad populum,
sicuti iuris est in legatis et in hereditatibus, quae eadem aut simili ex causa caduca
fiunt.

즉, 예를 들어 외국인은 신탁유증을 받을 수 있었고, 아마도 이것이 신탁유증
의 기원이었던 것 같다. 그러나 후에 그것은 금지되었고(sed postea id prohibitum
est), 이제는 Hadrianus 황제의 연설에 따라서 반포된 원로원의결에 의해 그러한
신탁유증은 국고로 반환되었다. (286) 독신자도, lex Iulia에 의하여 상속과 유증을
수령하는 권리능력이 박탈되지만, 한 때는 신탁유증을 받을 수 있는 것으로 간주
되었다. (286a) 유사하게, 자녀가 없는 자도, lex Papia에 의해서 자녀가 없다는 이
유로 상속재산과 유증재산의 절반을 상실하지만, 한 때는 신탁유증을 모두 수령
할 수 있는 것으로 간주되었다. 그러나 후에 그들은 Pegasianum 원로원의결에 의
해서 신탁유증을 받는 것이, 유증과 법정상속을 받는 것이 금지된 것과 마찬가지
로, 금지되었으며, 신탁유증된 목적물은 유언에 의해서 거명되고 자녀를 가지고
있는 사람들에게 이전되었다. 그러한 사람이 없을 경우에는 (로마)人民에게 속하
게 되었다. 이것은 유증과 상속에 있어서의 법과 마찬가지인데, 그 경우에도 동일
하거나 유사한 사유로 몰수된다.

Johnston은 이 개소가 설명하는 내용을 여러 단계로 구분해서 검토한다.
첫째는 이 부류의 사람들이 신탁유증을 받을 수 있었다고 말해지는 단
계이다. 사용되는 단어의 차이에 주의할 필요가 있다. 즉, 외국인은 '받을
수 있었다(poterant capere)'고 표현된 데 대하여 독신자와 자녀가 없는 자
는 단지 '받을 수 있다고 간주되었다(videbantur capere posse)'고 표현되었
다. 이러한 차이는 중요한 의미를 갖는 것으로서 앞에서 기술한 집단별
구분과 연관되어 있다. 즉, 외국인이 이익을 받는데 대해서는 제정법에 의
한 금지가 행해진 적이 없었던 데에 비해서 독신자 등의 경우에는 이를
제한하는 제정법이 있어서 그만큼 그들의 무능력을 주장하기가 쉬웠다.
둘째 단계는 prohibere라는 단어에 의해서 특징지워지며, 이것이 가이우
스가 첫째 단계의 성격에 대해서 설명하는 바를 명확하게 나타내 준다.

즉, 그가 첫째 단계에 대해서 이야기하는 것은 일정한 기간동안 외국인과 독신자와 자녀가 없는 자가 신탁유증을 받는 것이 금지되지 않았다는 것이 전부이다. 그렇다고 해서 이것이 그들이 신탁유증을 성공적으로 소구할 수 있다고 주장할 실질적 이유를 제공하지는 않는다. 금지법이 제정된 바는 없었다. 그러나 그것은 원고가 된 이 집단구성원에게 장애가 될 아무런 문제도 없다고 말하는 것은 결코 아니다. 또한 금지법이 제정되지 않았다는 것도 결코 놀랄 만한 일이 아니다. 왜냐하면, 제정법은 여전히 시민법과 시민법상의 제도, 즉 법정상속과 유증에 관하여서 형성되었고 신탁유증은 이 질서의 외부에 서있었기 때문이다. 실제로 신탁유증에 관한 제정법은 하나도 없다[23]. 신탁유증이 법적 제도로 인정된 후기에 있어서도 신탁유증제도의 변화는 주로 원로원의결에 의해서 이루어졌다.

둘째 단계 이후의 변화내용을 집단별로 간단히 살펴본다. ㉠ 불확정인에 대한 신탁유증은 하드리아누스 황제(Hadrianus, 117~138)시대의 원로원의결에 의해서야 비로소 상속과 유증과 같은 체계하에 포섭되어 '당초부터 씌여지지 않은 것(pro non scripto)'로 되었다[24]. ㉡ 페가시아눔 원로원의결(AD 73년경)에 의해서 독신자와 자녀 없는 자가 신탁유증을 받는 것이 금지되었고, 그 신탁유증은 유언에 의한 다른 수익자(최소한 자녀가 있을 경우)에게 이전되었다. ㉢ 외국인이 신탁유증을 받는 경우에 관하여서는 두 단계로 제한이 가하여졌다. 우선 연대는 명확하지 않지만 외국인을 위한 신탁유증이 먼저 금지되었고, 다음에 하드리아누스 황제시대의 원로원 의결에 의해서 그러한 신탁유증은 국고에 귀속되었다[25].

Johnston은 다음과 같이 결론을 맺는다[26].

---

23) Johnston, RLT(1988), 36 n. 42.
24) G. 2.287; Ulp. D. 34.8.4 pr.(13 leg. Iul. et Pap.); 불확정인에 대한 상속과 유증에 대해서는 G. 2. 238 & 242 참조.
25) Vespasianus황제(69~79)와 Hadrianus황제 시대에 신탁유증에 대한 제한을 내용으로 하는 원로원의결의 제정 동기에 관하여는 Johnston, RLT(1988), 39~40 참조.
26) Johnston, op. cit., 40~41

신탁유증의 역사가 아우구스투스와 더불어 제대로 시작된다는 것은 의심할 여지가 없다. 그의 재판관할권 창설은 심대한 변화를 초래하였다. 그러나 그러한 변화가 시민법의 준칙상 유언에 의한 이익을 받는 권리능력이 제한된 집단들의 경우에 있어서 종종 과장되어 왔으며 그것은 시민법상의 이익으로부터 배제된 상이한 집단들의 지위에 관해서 필요한 구분을 소홀히 한 데 기인하였다. 불이익을 받는 자들의 청구권이 이제 소구할 수 있게 되었고 더 이상 한 개인의 도덕성에 의존하지 않게 되었던 것은 사실이다. 그러나 아우구스투스의 제정법이 현존하던 상황에서 그들 모두가 틀림없이 이익을 획득할 수 있었을 것이라고 보는 것은 정당하지 않다. 그것은 집정관의 관할권의 신중한 성격을 제대로 평가하지 않은 결과이다.

가이우스는 신탁유증의 기원을 외국인에게 유언에 의한 이익을 주고자 하는 희망에서 찾을 수 있다고 말한다. 이 기술 역시 공화정기에 국한시켜 이해하는 것이 적절하다. 일단 신탁유증에 대해 소송이 가능하게 되자 시민법상 능력에 흠결이 있는 다른 집단과 마찬가지로 외국인에 있어서도 애로가 발생하였다. 가이우스가 묘사한 모습이 역사적인 묘사이기는 하지만 그 역사는 공화정기의 것이었다.

다른 불이익 집단은 신탁유증제도를 어느 정도 이용했을 가능성이 있다. 집정관 재판권의 재량적 성격상 일정한 사건들이 이행되도록 하였을 것이기 때문이다. 그러나 하드리아누스 황제시대가 끝날 무렵에는 신탁유증에 적용되던 권리능력에 관한 특별한 규칙들은 폐지되었다.

3) 소결

아우구스투스에 의하여 신탁유증에 대한 법적강제력이 도입됨으로써 시민법상 권리능력에 제한을 받던 집단이 신탁유증을 청구할 수 있게 되었다고 도식적으로 설명할 수 있겠지만, 해당되는 집단을 구체적으로 살

펴보면 실제로 이러한 이익을 누린 집단은 그렇게 많지 않았다고 보는 것
이 Johnston의 견해이다. 대체로 타당하다고 생각한다. 다만, 비판의 대상
으로 삼은 종래의 견해의 상정들에 대하여 조금 더 명확히 할 필요가 있다
고 본다. 확실히 M. Kaser는 시민법상 상속인으로 지정될 수 없거나 수유
자로서 이익을 수령할 수 없는 사람도 신탁유증을 받을 수 있다고 하고 있
다. 그러나 그는 동시에 이러한 자유가 유증의 예에 따라서 제한되었다고
덧붙이면서 페가시아눔 원로원의결 등에 의하여 신탁유증에도 이러한 제
한이 가하여졌음을 설명하고 있다[27]. W. Buckland도 소권 도입 초기에는
제한이 거의 없었으나, 외국인 기타 시민법상 무능력자 집단에 대해서 신
탁유증에 있어서도 제한이 가해졌음을 설명하고 있다. 다만 Latini Iuniani
(위법해방노예)와 보코니아법에 의해서 시민법상 권리능력이 제한되었던
여성들의 경우 신탁유증은 여전히 받을 수 있었다고 설명한다[28]. 그러나
Johnston도 페가시아눔 원로원 의결 이전에는 시민법상 결격자들이 어느
정도는 신탁유증을 이용했을 가능성을 인정하고 있으므로[29] 이 점에 관
하여 커다란 간격이 있다고는 보이지 않는다. 무능력자 집단을 구체적으
로 분류하여 분석하고, 집정관의 지위가 로마사회에서 지니는 성격 등에
착안하여 결격자들이 향유할 수 있게 된 신탁유증의 이익이 그렇게 엄청
나지 않았을 수도 있다는 Johnston의 결론은 타당하지만, 종래의 견해도
이러한 점을 도외시 하지는 않은 것으로 보인다.

어쨌든 소권이 도입됨으로써 시민법상의 상속이나 유증을 받을 수 없
었던 무능력자들이 신탁유증을 통해서 이익을 수령할 수 있었던 이점은
고전기가 종료하기 훨씬 이전(2세기 초)에 이미 사라져버렸다. 그럼에도
불구하고 이후에도 신탁유증의 사용이 계속 확대되어 나간 것은 다른 이
점이나 장점이 있었기 때문이라고 추정하지 않을 수 없다.

---

27) Kaser, RP I (1971), 757~759.
28) Buckland, TRL (1991), 350.
29) 전술 23~24면 및 26면

II. 신탁유증의 법리

1. 신탁유증의 성립요건

신탁유증이 성립되었다고 볼 수 있는 요건 내지 원칙은 다음과 같다.

첫째, 신탁유증의 내용(대상물)이 법준칙상 인정될 수 있는 것이어야 한다. 물권적 유증에서와 같이 채무의 내용이 될 수 있는 것이면 신탁유증의 대상물이 될 수 있다. 개별적 물건이나 권리의 증여뿐만 아니라 노예의 해방도 대상이 될 수 있었다[30]. 통상 배제되는 불법의 또는 비도덕적 내용은 신탁유증의 목적물도 될 수 없다[31]. 형벌의 목적으로 신탁유증을 부과할 수는 없었다[32].

둘째, 설정자는 能動的 遺言能力을 가지고 있어야 한다. 수탁자는 수익자에게 이익을 전달해주는 역할을 하기 때문에 수탁자의 권리능력은 문제가 되지 않는다. 유언 또는 무유언에 의하여 이익을 받은 사람이면, 상속인뿐만 아니라 수유자 또는 수익자도 수탁자가 될 수 있다[33]. 수익자에 관하여 유언에 의하여 이익을 받을 수 있는 능력(受動的 遺言能力)이 필요하다고 설명하는 견해[34]도 있고 상속인으로 지정될 수 없거나 수유자가 될 수 없는 자도 신탁유증을 수령할 수 있다는 점에서 수동적 유언능력이 필요 없다고 하는 견해[35]도 있다. 그러나 후자의 견해도 신탁유증의 경우에도 1세기 후반에 이르면 유증의 예를 따라서 이러한 자유가 제한되

---

30) Kaser, RP Ⅰ(1971), 760.
31) Johnston, RLT(1988), 15.
32) Kaser, op.cit., 760 n.39 ; Buckland, TRL (1990), 351.
33) Kaser, op.cit., 759; Buckland, op.cit., 351.
34) Johnston, loc. cit.
35) Kaser, op.cit., 759.

었다고 하고 있다. 앞에서 살펴본, 신탁유증에의 소권 도입이 무능력자에게 어떠한 영향을 미쳤는가에 관한 견해 내지는 설명방법의 차이에서 오는 결과라고 볼 수 있다.

셋째, 수탁자가 설정자로부터의 상속을 계기로 이익을 받아야 한다(이익의 원칙)[36]. '유증이나 신탁유증, 또는 상속 또는 사인증여를 통해 아무것도 받은 것이 없는 사람을 수탁자로 하여서는 아무것도 신탁유증으로 줄 수 없다'고 고르디아누스(Gordianus, 238~244)의 고전기 칙법에 간명하게 기술되어 있다[37]. 즉, 유언자의 죽음에 의해서 아무것도 획득하지 않은 사람은 자신의 부담으로 어떤 유증을 이행할 것을 강요당하지 않는다. 구체적으로 어떠한 수단에 의해서 이익을 받든지, 그것이 설정자의 죽음을 원인으로 한 것이면(mortis causa) 족하다.

여기에서 이익은 신탁유증의 가치에 대해 상한으로서 작용한다. 즉, 수탁자가 순개념상의 가치로 100의 유증을 받았다면 100까지의 신탁유증의 이행이 강제될 수 있다. 또한 이익은 장기간 지속되는 이익일 필요는 없고 수탁자에게 신탁유증의 이행을 강제하는 것을 정당화하는 데 충분할 정도의 이익이 개시되면 족하다. 예를 들어, 수유자가 100의 가치의 토지를 유증 받았지만 상속인에게 100을 지불할 조건으로 받은 경우에는 순개념의 이익이 애초에 존재하지 않으므로 신탁유증의 이행을 강제할 수 없다. 일단 이러한 이익이 있으면 되고 신탁유증의 이행으로 수탁자의 이익이 0으로 감소하더라도 상관없다.

넷째, 신탁유증이 성립하기 위해서는 수탁자가 이익을 받은 것이 설정자의 의사에 기인한 것이어야 한다(의사의 원칙). 의사의 원칙이 충족되었는지를 판단하는 것은 그다지 어렵지 않다. 왜냐하면 유언을 통해서 그것이 분명하게 드러나기 때문이다. 실제로 어려움은 주로 무유언의 경우에 일어난다. 사망한 사람의 유언이 없는 경우 그의 의사가 어떠한 것인지

---

36) Johnston, RLT(1988), 15~17 참조.
37) C. 6.42.9(AD 238), G. 2.261, I. 2.24.1

말하기가 매우 어렵기 때문이다[38].

2. 신탁유증의 설정

로마 시민법상 유증은 엄격한 형식을 반드시 준수해야 했던 데 비해서 신탁유증은 그렇지 않았다고 일반적으로 이야기된다[39]. 고전기 법에서의 유증은 5가지 종류가 알려져 있었고, 그 중에서 物權的 遺贈(legatum per vindicationem)과 債權的 遺贈(legatum per damnationem)이 유력한 두개의 기본방식이었던 것으로 보이는데, 통상 각각 고정된 어휘로 행하여 졌다[40]. 물권적 유증은 "나는 주고 유증한다(do lego)" 등의 어휘를, 채권적 유증은 "줄 의무를 부담하라(dare damnas esto)" 등의 어휘를 사용했다. 반면에 신탁유증은 전적으로 형식에서 자유로워서 어떠한 언어나 어휘로도 설정될 수 있었고[41], 수탁자가 아닌 수익자에 대한 의사표시를 통해서도 설정될 수 있었으며 심지어는 몸짓만으로도(예컨대, 끄덕임만으로 nutus) 창설될 수 있다고 말해진다[42]. 이러한 극명한 대비가 허구는 아니지만 역사적 발전단계에 따른 정도의 차이를 간과하게 하기 쉽다. 이를테면, 일단 신탁유증에 익숙해진 후의 후기의 법에서는 실무상으로 많이 완화되었을 지 모르지만, 로마의 신탁유증의 초창기, 그것도 집정관이 관할했던 잠정

---

38) 후술하는 무유언신탁유증에 관한 설명(83~88) 참조.
39) Thomas, TRL(1976), 512; Kaser, RP I (1971), 758.
40) 유증의 일반적 법리에 관한 상세한 설명은 최병조, 로마법·民法 論考(박영사 1999) 제4장 로마법상의 債權的 遺贈의 效力과 카토(Cato)의 法理則 중 특히 192~217(또는 최초 게재처인 서울대학교 법학 39권 2호, 1998, 157ff) 참조.
41) G. 2.281 Item legata Graece scripta non ualent; fideicommissa uero ualent. ; Ulp. D. 32.11.pr.(2 fideic.) Fideicommissa quocumque sermone relinqui possunt, non solum latina vel graeca, sed etiam punica vel gallicana vel alterius cuiuscumque gentis.
42) Kaser, op.cit., 758; W. Buckland, TRL(1990), 350.

적 시기를 되돌아보면 어떠한 표현이든지 또는 몸짓으로도 신탁유증이 가능했다고는 생각하기 어렵다. 역사적인 발전과정을 주의 깊게 살펴볼 필요가 있다.

먼저 수탁자에 대한 직접적 의사표시에 의해서 신탁유증을 설정하는데 주로 사용되었던 문구를 살펴보고, 다음에 수탁자가 아닌 다른 사람에게 의사표시를 하거나 간접적 어휘를 사용한 경우에 대해 설명한다[43].

1) 직접적 처분 : 신탁유증을 설정하는 문구

(1) 고전기 사례

신탁유증을 설정하는 데 주로 사용되었던 문구는 무엇이었는지 먼저 가이우스(150~180)의 사료부터 살펴본다.

G.2.249 Verba autem utilia fideicommissorum haec [recte] maxime in usu esse uidentur: PETO, ROGO, VOLO, FIDEI COMMITTO, quae proinde firma singula sunt, atque si omnia in unum congesta sint.

이들이 신탁유증을 설정하는 데 매우 많이 사용되는 유효한 어휘들이다 : PETO, ROGO, VOLO, FIDEI COMMITTO인데, 각각 개별적으로도 모두 함께 사용될 때와 마찬가지로 유효하다.

가이우스가 열거한 어휘들(PETO, ROGO, VOLO, FIDEI COMMITTO)은 모두 '나 A는 당신 B에게 어떤 것을 C에게 줄 것을 요구한다' 의 형식을 갖는다[44]. 첫째로, 가장 중요한 점은, 이 문구가 소유권을 직접 수탁자 (B)나 수익자(C)에게 주지 않는다는 것이다. 예를 들어서 설명해보자. A가 농장을 가지고 있고, B가 상속인이며, C가 농장의 신탁유증의 수익자이다. 이 경우 신탁유증 자체가 B나 C를 농장의 소유자로 만들지 않는다.

---

43) Johnston, RLT(1988), 156~180 참조.
44) Johnston, op.cit., 156; Kaser, op.cit., 758, 특히 n.13.

B는 소유권을 별도의 처분을 통해서, 예를 들면 상속인으로 지정됨으로써 취득하였다. 그의 物的 권리는 신탁유증관계와는 별도로 창설된 것이다. 반면에 C는 물적 권리를 전혀 갖지 않는다. 실은, 시민법상으로, 그는 A를 상대로 해서는 人的 권리조차 갖지 않는다. 그러나 신탁유증이 강제되는 특별한 절차가 그에게 B를 상대로 한 권리를 주는 것이다. 두 번째 포인트는 문구가 수탁자에게 재산권을 수익자에게 이전할 것을 요구하는 형식을 취한다는 점이다.

가이우스 이전의 증거는 많지 않지만, 인용을 통해 확인할 수 있는 1세기 법학자들의 견해는 가이우스의 설명과 일치한다. 즉, 가이우스가 언급한 4가지 어휘만 발견되며, 그 중에서도 rogo라는 단어가 확실하게 가장 자주 사용되었다[45]. 그밖의 어휘는 전혀 발견되지 않는다. 이러한 점은 주목할 만한 의미가 있다. 신탁유증은 아우구스투스의 치세가 되어서야 발전된 새로운 법제도였다. 이 제도가 기존의 로마법적 전통에 비추어 낯선 특성을 가졌음을 생각할 때, 곧바로 완전한 형식상 자유를 누리도록 발전했을 것 같지는 않다. 아주 조심스럽게 보다 다양한 형식을 가질 수 있도록 진전되어 갔을 가능성이 많다. 그리고 이것은 실제로 텍스트에서 근거를 발견할 수 있다.

가이우스가 열거한 어휘의 목록이 그가 활동했던 시기에 신탁유증을 설정하는데 사용되었던 어휘들을 모두 망라한 것이라고 할 수는 없다. 다음 사료를 통해 이를 확인할 수 있다.

Ner. D. 30.118(10 reg.) Et eo modo relictum: 'exigo' 'desidero, uti des', fideicommissum valet: sed et ita: 'volo hereditatem meam Titii esse' 'scio hereditatem meam restituturum te Titio'.

'내가 요구한다' 또는 '당신이 주기를 나는 바란다'는 형식으로 주어진 신탁유증도 역시 유효하다. 또한 '나는 내 상속재산이 Titius의 것이기를 원한다' 또는

---

45) Johnston, op.cit., 157 n.3 참조.

'당신이 내 상속재산을 Titius에게 줄 것을 알고있다'라는 형식의 신탁유증도 그 러하다.

네라티우스(Neratius)는 2세기 초기, 트라야누스(Trajanus)황제 치세(98~ 117)에 활동하였다. 그가 자신이 열거한 어휘들도 역시(et) 신탁유증을 설 정한다고 언급하고 있는 것으로 보아 이미 광범위하게 인정되고 있었던 어휘들에 그것들은 추가한다는 의미로 말한 것으로 보인다. 네라티우스가 실제로 위 텍스트를 썼는지에 대해서 의문이 제기된다. 네라티우스의 레 귤라이(regulae)에 관한 한 연구성과에서는 위 개소 자체는 이론의 여지가 없지만 전체적인 작품은 네라티우스가 쓴 것이 아니고 주로 그의 작품들 을 발췌·편집해서 4세기 초에 출판된 것으로 추정된다고 주장되었다[46]. 레귤라이가 가이우스의 체계를 따르고 있다는 사실은 가이우스(150~180) 이전의 법률저작에서 볼 수 없는 특징이기 때문에 근거 있는 주장이라고 볼 수 있으며, 결국 위 구절이 반드시 네라티우스 시대, 즉 1세기 말 내지 2세기 초의 법을 반영한다고 볼 수는 없다.

사료에서 열거한 표현들을 좀더 살펴보면, 먼저 '내가 요구한다(exigo)' 라는 표현은 그것이 지시가 아니라 요구의 형식을 취하는 한 특별히 문제 될 것이 없다. '나는 바란다(desidero)'도 '나는 원한다(volo)'와 같은 전통 적 표현형식과 완전히 동일한 형태로서 전혀 문제가 없다. 그러나 열거한 표현중 '내 상속재산이 Titius의 것이기를 원한다' 는 예컨대 restituere와 같은 이전 또는 교부를 나타내는 단어가 없다는 점에서, 또 '나는 알고 있 다(scio)'는 재산권의 이전을 요구하는 것이 아니라 일종의 확신에 대한 주장이라는 점에서 문제가 있다. 그럼에도 불구하고 네라티우스의 레귤라 이에서는 그것을 인정하였다.

scio에 관해서는 스카에볼라(Scaevola, 165~200)의 사례가 있다.

---

46) R. Greiner, Opera Neratii : Drei Textgeschichten (Karlsruhe 1973), 127,130

Scae. D. 32.39 pr.(20 dig.) 'Pamphilo liberto hoc amplius, quam codicillis reliqui, dari volo centum. scio omnia, quae tibi, Pamphile, relinquo, ad filios meos perventura, cum affectionem tuam circa eos bene perspectam habeo'. quaero, an verbis supra scriptis Pamphili fideicommisit, ut post mortem filiis defuncti centum restituat. respondit secundum ea quae proponerentur non videri quidem, quantum ad verba testatoris pertinet, fidei commissum Pamphili, ut centum restitueret. sed cum sententiam defuncti a liberto decipi satis inhumanum est, centum ei relictos filiis testatoris debere restitui, quia in simili specie et imperator noster divus Marcus hoc constituit.

'나는 나의 해방노예 Pamphilus에게, 유언보충서(codicil)에서 그에게 준 것에 더하여, 100이 주어지기를 희망한다(volo). Pamphilus여, 나는 너에게 준 모든 것이 나의 아들에게 전달될 것임을 안다(scio). 왜냐하면 나는 그들에 대한 너의 애정을 이미 잘 알고 있기 때문이다.' 나는 질문한다. 위의 어휘들에 의해 그가 Pamphilus에게 죽은 뒤에 100을 피상속인(유언자)의 아들들에게 이전해야할 것을 신탁유증한 것인지를. 그는 대답하였다. 제시된 주장사실에 기초해서 볼 때, [적어도 유언자의 어휘들로 볼 때에는,] 100을 이전해야할 것이 Pamphilus에게 신탁유증된 것으로 보이지는 않는다. 그러나 피상속인(유언자)의 의도가 해방노예에 의해서 기만당하는 것은 매우 불공정하므로 그는 유언자의 아들에게 자신에게 맡겨진 100을 이전해야한다. [우리들의 神皇 Marcus 황제도 이와 유사한 사례에서 이러한 결정을 한 바가 있는 까닭이다.]

여기에서의 핵심적인 문제는, 결국, scio(나는 알고 있다)라는 단어, 즉 재산이 자기의 아들들에게 이전될 것이라는 유언자의 확신의 표현이 그들을 위한 신탁유증을 설정하는가이다. 난점은 그 표현(scio)이 수탁자로 하여금 수익자에게 이익을 주도록 요구하는 표준적인 樣式에 부합하지 않는다는 사실에 있다. 이 사례에서의 해답이 정확히 무엇인지는 분명하지가 않다. 텍스트에서는, 어휘들로만 보면 신탁유증은 창설되지 않는다고 하면서도, 곧 신탁유증이 창설되었다고 보아야 할 윤리적 이유를 제시하고 Marcus Aurelius(161~180)의 유사한 결정을 언급하는 것으로 끝을 맺는다.

결론적으로 scio는 고전기 로마법에서는 신탁유증을 설정하기에 적합하

지 않은 것으로 생각되었다고 할 수 있다. 그 이유는 scio라는 어휘로는
수탁자가 수익자에게 재산을 이전할 법적 의무를 부담하기를 유언자가
의도하였음이 충분히 분명하게 드러나지 않는다는 것에서 찾을 수 밖에
없다. 수탁자는 충분한 이유를 가지고 수익자의 주장을 다툴 수 있었고
성공할 가능성도 있었을지도 모른다. 이는 신탁유증의 어휘의 기준으로서
하나가 더 추가되어야 한다는 것을 나타내준다. 즉, 신탁유증을 설정하는
어휘는 '간접적 전달에 관한' 것일 뿐만 아니라 수탁자가 수익자에 대한
법적 의무에 놓여져야 한다는 유언자의 의도를 명료하게 증명해야 한다.
즉, 유언자가 어떤 재산이 어떤 자에게 이전되어야 할 것이라는 일반적
의도를 가지는 것으로는 충분하지 않다. 법적 의무가 발생하고 법적 강제
력에 의해서 그의 의도의 실현이 보장되기를 유언자가 의도했다는 증거
가 있어야 한다는 것이다.

　　scio와 유사하게 유언자의 의도가 명확하게 드러나지 않는 경우가 '나
는 의심하지 않는다(non dubito)'라는 단어인데, 이에 관해서는 파피니아
누스(170~212)의 사례가 있다.

　　　　Pap. D. 31.67.10(19 quaest.) Item Marcus imperator rescripsit verba, quibus
testator ita caverat "non dubitare se, quodcumque uxor eius cepisset, liberis suis
redditturam", pro fideicommisso accipienda. quod rescriptum summam habet
utilitatem, ne scilicet honor bene transacti matrimonii, fides etiam communium
liberorum decipiat patrem, qui melius de matre praesumpserat: et ideo princeps
providentissimus et iuris religiosissimus cum fideicommissi verba cessare
animadverteret, eum sermonem pro fideicommisso rescripsit accipiendum.

　　　　또 Marcus Aurelius황제(161~180)는 칙답을 통해서 유언자가 '그는 그의 부인
이 자기가 받은 것을 모두 자신(그)의 자녀들에게 돌려줄 것을 의심하지 않는다
(non dubitare)'라고 규정한 어휘들(표현)이 신탁유증으로 다루어져야 한다고 대답
했다. 칙답은 행복하게 맺어진 혼인의 명예와 공동의(그들 사이에서 난) 자녀들의
신뢰가 어미(아내)에 대해 선의의 기대를 한 아비(남편)를 기만하지 못하도록 보
장하는데 매우 큰 효용이 있었다. 따라서 누구보다도 선견지명이 있고 법의 대의
에 헌신하는 황제는 신탁유증의 어휘가 부족한 것을 발견하자 칙답을 통해서 이

러한 표현이 신탁유증으로 취급되어야 한다고 결정하였다.

사례에서 파피니아누스도 앞의 scio에 관한 스카에볼라의 사례에서와 같이 non dubito라는 단어의 명료함 부족을 염려하였으나 신탁유증을 설정하는 것으로 취급되어져야 한다고 결정되었는데, 황제의 칙답에 근거하여 자유로운 해석이 취해졌다고 볼 수 있다.

스카에볼라의 사례와 파피니아누스의 사례 모두 어휘들로만 보면 (scio와 dubito가) 신탁유증을 설정하는 데 부족하다는 것이 제시되어 있다. 그러나 황제가 실제 사례의 최종심으로서 결정을 했을 것이므로 이 결정 후에는 어떻게 되었을까? 다시 말해서, scio나 non dubito라는 단어가 2세기 후반에 신탁유증을 설정할 명확한 의도를 나타내는 것으로 간주되지 않았다면, 마르쿠스 아우렐리우스 황제의 결정 이후에는 신탁유증을 설정할 의도를 나타내는 것으로 인정되었을까? 전체적으로 그런 것 같지는 않다. 칙답은 종종 특정한 사례를 전제로 하여 주어진다. 물론 그것은 비공식적으로 어느 정도 선례로서의 가치를 가지지만, 여기에서의 선례는 곧바로 non dubito가 이제는 인정될 수 있다는 것이라기보다는 가족재산에 대한 기대가 관련될 경우에는 어휘에 대한 제한이 약간은 완화될 수 있다는 것이었다[47].

(2) 고전기 후기 이후 사례

나머지 증거는 모두 이보다 후기의 것으로서 고전기 후기의 법으로부터(Ulpianus)[48] 4세기(Ulpianus 초록[49])과 Paulus 견해록)까지의 것으로서

---

47) non dubito에 관한 사례는 위 사례 이외에는 발견되지 않으며, scio도 앞의 두 사례 (Ner. D. 30.118; Scae. D. 32.39 pr.) 이외에는 하나의 사례(Pap. D. 31.75 pr.)만을 찾아볼 수 있다고 한다. Johnston, RLT(1988), 162.

48) Ulp. D. 30.115(2 inst.) Etiam hoc modo: 'cupio des' 'opto des' 'credo te daturum' fideicommissum est.(신탁유증은 이러한 방법으로도 설정된다 : '나는 당신이 주기를 원한다' '나는 당신이 주기를 바란다' '나는 당신이 줄 것이라고 믿는다'.)

이중 신탁유증을 설정하는 어휘에 관하여 비교적 상세하게 언급하고 있
는 것이 파울루스(Paulus, 175~230) 견해록이다.

> PS 4.1.6 Fideicommittere his verbis possumus ROGO PETO VOLO MANDO
> DEPRECOR CUPIO INIUNGO. DESIDERO quoque et IMPERO verba utile
> faciunt fideicommissum. RELINQUO vero et COMMENDO nullam fideicommissi
> pariunt actionem.
>
> 우리는 이러한 어휘들로 신탁유증을 설정할 수 있다 : '나는 요청한다', '나는
> 요구한다', '나는 원한다', '나는 위임한다', '나는 간청한다', '나는 의욕한다', '나
> 는 명한다'. '나는 소망한다'와 '나는 명령한다' 도 유효한 신탁유증을 창설한다.
> 그러나 '나는 남긴다'와 '나는 위탁한다' 는 신탁유증을 위한 소권을 발생시키지
> 않는다.

파울루스의 견해록 중의 사례는 세가지 범주를 설정하는 것처럼 보인
다. 첫째로, 신탁유증을 설정하는 어휘로 일반적으로 인정되는 부류, 둘째
로, 한 때는 문제가 있는 것으로 여겨졌으나 지금은 인정되는 어휘들, 셋
째로, 아직도 받아들여지지 않는 어휘들이다. 그러나 각 범주에 속한 어휘
들을 구체적으로 살펴보면 이상한 경우도 있다. 우선 사례에 열거된 목록
이 빠짐없이 망라된 것은 아니라는 점을 주목할 필요가 있다. 또한 신탁
유증을 설정하는 것으로 인정되는 목록에는 '요구'의 어휘들에 국한하지
않고 '나는 명령한다(impero)'와 '나는 위임한다(mando)'와 같이 명령적인
어휘들도 포함되어 있다.

마지막으로 '나는 남긴다(relinquo)'와 '나는 위탁한다(commendo)'가 신
탁유증을 설정하는 어휘로서 배제된 이유는 무엇일까? commendo는 법적
처분을 의도한 것인지가 명확하지 않으며, 여러 텍스트들은 분명하게 그
것이 신탁유증을 설정하기에 부적합함을 적시한다[50]. 이유는 전통적인 것

---

49) UE 25.2 Verba fideicommissorum in usu fere haec sunt : FIDEICOMMITTO,
    PETO, VOLO DARI et similia.(신탁유증에 사용되는 어휘들은 기본적으로 다음과
    같다 : '나는 신탁한다', '나는 요구한다', '나는 주어지기를 희망한다' 등등이다.)

으로서, 로마에서는 종종 친구에게 재산을 관리해주고 또는 가족구성원을 돌보도록 요청하였다. 이 경우, 일방이 어떤 물건을 어떤 사람의 관리에 '위탁할' 수도 있었다. 이 때의 관념은 아주 단순하게 어떤 사람이나 어떤 물건이 보호되어야 한다는 것이었으며, 따라서 어떤 사람이 노예나 재산의 일부를 위탁하더라도 소유권의 이전을 의도하지는 않았다[51].

relinquo가 배제된 이유는 어떻게 설명할 수 있을까? M. Kaser는 relinquo의 '특정되지 않은(unbestimmte)' 성격이 그 이유라고 한다[52]. 그러나 D. Johnston은 그것이 불분명하기 때문에 신탁유증을 설정하지 못하는 것이 아니라, 신탁유증의 양식에 부합하지 않기 때문에 배제되었다고 설명한다. 즉, relinquo는 간접적인 전달에 관한(mediate) 어휘가 아니라 직접적 전달에 관한 어휘이다. '나는 남긴다(relinquo)'라고 말하는 것은 재산을 언급된 대상에게 직접적으로 주는 것이지 간접적 전달자인 수탁자에게 귀속시키는 것이 아니다. relinquo는 유증의 어휘로 될 수 있을지는 모르지만 신탁유증을 설정할 수는 없다는 것이다.

(3) 소결

이상이 신탁유증을 설정하기에 적합한 어휘들을 열거한 주요한 텍스트들이다. 분명히 신탁유증을 위해 사용된 어휘는 1세기에 사용된 4개의 기본적 표현으로부터 3세기말에 사용된 10개 이상에 이르기까지 꾸준히 증가했다. 그러나 이상하게도 법률가들은 새로운 어휘를 제안하는 데 더디고 조심스러웠던 것 같다. 대담한 혁신은 황제의 칙답에 의하여 직접적으로 이루어지거나 그의 영향을 받은 결과이다.

이와는 반대로 신탁유증의 존재를 부인한 사례들도 있는데[53], 이 사례

---

50) Ulp. D. 32.11.2(2 fid.); Diocl. C. 7.4.12(AD 294); cf. Scae. D. 40.5.41.6(4 resp.).
51) Johnston, op.cit.,164; Kaser, RP Ⅰ(1971), 758에서도 commendo와 같이 단순히 맡기는 어휘(bloß empfehlende Worte)는 허용되지 않는다고 설명한다.
52) Kaser, loc. cit.

들에서는 모두 설정자의 의사표시에서 수탁자가 수익자에 대해서 법적인
의무를 부담해야 한다는 의도가 분명히 나타나지 않았다[54]. 그렇지만 고
전기 후기의 법에서는 자유로운 해석의 여지가 증가되어 갔는데, 많은 경
우 마르쿠스 아우렐리우스 황제이후에 신탁유증 사안에 대한 황제의 개
입이 증가한 데서 비롯되었다고 할 수 있다[55].

  본질적으로 무형식인 처분에 있어서 법률가들이 어휘의 문제에 그렇게
많은 관심을 표명하는 것이 이상하게 보일 수도 있다. 그러나 신탁유증의
작동을 강력하게 반대하는 사람들이 있을 수 있었고, 따라서 그러한 사람
들은 유언자가 사용한 어휘에서 법적 의사를 발견할 수 없다고 선언함으
로써 이익을 얻을 수도 있었다. 이러한 상황에서는 이미 알려지고 수용된
형식을 되도록 준수하도록 강조될 수 있었다. 그리고 파울루스의 견해록
에서는 사용가능한 어휘에 관한 긴 목록이 제시되었지만, 학설휘찬에서는
보다 불분명한 용어는 그다지 사용된 것 같지는 않고, 초기의 4개의 표현
이 여전히 인기를 누렸다.

---

53) Scae. D. 32.38.7(19 dig.) Mater filios heredes scripserat et adiecit: "praedia, quae
   ad eos ex bonis meis perventura sunt, nulla ex causa abalienent, sed conservent
   successioni suae deque ea re invicem sibi caverent" : ex his verbis quaesitum est,
   an praedia per fideicommissum relicta videantur. respondit nihil de fideicommisso
   proponi.
   Ulp. D. 32.68.1(1 resp.) Ex his verbis: "curate agros attendere, et ita fiet, ut filius
   meus filios vestros vobis condonet", fideicommissum peti non posse.
   Ulp. D. 32.11.9(2 fidei.) Haec verba: "te, fili, rogo, ut praedia, quae ad te
   pervenerint, pro tua diligentia [diligas]† et curam eorum agas, ut possint ad filios
   tuos pervenire", licet non satis exprimunt fideicommissum, sed magis consilium
   quam necessitatem [relinquendi, tamen ea praedia]‡ in nepotibus post mortem
   patris eorum vim fideicommissi videntur continere.
   † <custodias Mommsen> ‡ <relinquendi ea praedia, tamen Mommsen>
54) Johnston, op.cit., 165~167 참조.
55) Johnston, op.cit., 167.

2) 간접적 처분

간접적 처분은 간접적 어휘를 사용하거나 수탁자가 아닌 다른 사람에게 의사표시를 하였는데, 그럼에도 불구하고 수탁자에게 신탁유증에 의한 의무를 발생시키는 것으로 주장되는 사례에 관한 것이다[56].

(1) 파울루스 견해록의 개소

간접적 처분에 관해 설명한 대표적 사례로 통상 파울루스 견해록의 개소가 인용된다[57].

> PS 4.1.5 Qui fideicommissum relinquit, etiam cum eo loqui potest cui relinquit, velut PETO, GAI SEI, CONTENTUS SIS ILLA RE, aut VOLO TIBI ILLUD PRAESTARI.
>
> 설정자는 신탁유증의 수익자에게 다음과 같이 말할 수도 있다. 예컨대, 'Gaius Seius여, 나는 당신이 그것으로 만족하기를 요구한다' 또는 '나는 그것이 당신에게 급부되기를 희망한다'라고.

파울루스 견해록에 따르면, 설정자는 수탁자에게 처분의 말을 하는 통상의 방법 대신에 수익자에게 처분의 말을 함으로써 신탁유증을 설정할 수 있다. 두 가지 종류의 문구가 예시됨으로써 양자가 유사한 효과를 갖는 것으로 상정되었다. 그러나 좀 더 면밀히 고찰해 보면 두 문구의 의미에는 차이가 있음을 알 수 있다.

두 번째의 예인, '나는 그것이 당신에게 주어지기를 희망한다'부터 살펴보면, 일단 수익자에 대한 의사표시에 의해서도 신탁유증이 발생될 수 있음이 인정되면, 이 처분이 처분의 상대방인 수익자에게 상속인 또는 대상물을 점유한 자에 대한 소권을 제공함에는 의문의 여지가 없다[58].

---

56) Johnston, op.cit., 169~180 참조.
57) Kaser, RP Ⅰ(1971), 758 n.11; Johnston, op. cit., 169.

첫 번째의 예, 'Gaius Seius여, 나는 당신이 그것으로 만족하기를 요구한다' 의 경우는 사정이 다르다. 즉, 그것은 처분의 상대방이 다른 상황에 서라면 실제 더 많은 것에 대한 권리를 받았을 것이라는 가정에 서 있는 것처럼 보인다. 파피니아누스의 텍스트를 살펴보면 이것을 보다 명확하게 알 수 있다.

> Pap. D. 31.69 pr.(19 quaest.) 'Peto, Luci Titi, contentus sis centum aureis'. fideicommissum valere placuit idque rescriptum est. quid ergo si, cum heredem ex parte instituisset, ita locutus est: 'peto pro parte tua contentus sis, Luci Titi, centum aureis?' petere poterunt coheredes partem hereditatis, retinente sive praecipiente quo contentum esse voluit defunctus. sine dubio facilius est hoc probare, quam probari potuit illud, cum ibi fideicommissum petatur ab his, cum quibus non est testator locutus. idem dicemus, si, cum ex asse scripsisset heredem, eius gratia, qui legitimus heres futurus esset, ita loquatur: 'peto pro hereditate, quam tibi reliqui, quae ad fratrem meum iure legitimo rediret, contentus sis centum aureis'.

"Lucius Titius여, 나는 당신이 금화 100냥에 만족하기를 요구한다." [이 경우] 신탁유증이 유효하다고 주장되었고 같은 취지의 칙답이 있다. 만약 그가 부분 상속인을 지정하였고 그(부분상속인)에게, "Lucius Titius여, 나는 당신이 당신의 지분 대신에 금화 100냥에 만족하기를 요구한다"고 표명하였을 경우에는 어떻게 될까? 공동상속인들이 유산 중 그의 지분을 소구할 수 있을 것이고, 그(부분상속인, 즉 Titius)는 사망자(유언자)가 만족하기를 원했던 금액을 보유하게 되거나 미리 취득할 것이다. 유언자가 의사표시한 대상이 아닌 사람에 의해서 신탁유증이 청구된 [첫번째] 경우에 앞의 견해를 채택하는 것보다 [두번째 경우에] 이 견해를 채택하는 것이 의심의 여지없이 더 쉽다. 유언자가 장래의 정당한 상속인의 이익을 위하여 전체의 상속재산에 대한 상속인을 지정하고, 그(상속인)에게 다음과 같

---

58) 수익자에 대한 의사표시에 의해서 신탁유증이 발생하는 사례
Pap. D.31.75pr.(6 resp.) Miles ad sororem epistulam, quam post mortem suam aperiri mandavit, talem scripsit: "scire te volo donare me tibi aureos octingentos". fideicommissum deberi sorori constitit nec aliud probandum in cuiuslibet suprema voluntate: placet enim consistere fideicommissum et si defunctus cum eo loquatur, quem precario remuneratur.

이 말했을 때에도 우리는 동일하게 말할 것이다. 즉, "내가 당신에게 준 상속재산, 즉 장래의 나의 정당한 상속인에게 귀속되어야할 상속재산 대신에 당신이 금화 100냥에 만족하기를 요구한다"라고 한 경우에.

이 사례들은 모두 '나는 당신이 만족하기를 요구한다(peto contentus sis)' 라는 말을 들은 상대방이 이미 상속인 지정에 의해서 이익을 받았는데, 지금 그 유언에 의한 선물이 감소되는 불이익을 겪고 있는 경우이다. 이 문구는 상속인을 위한 신탁유증을 설정하는 것이 아니고 대신 그의 비용으로 다른 사람을 위한 신탁유증을 설정한다.

결국 여기에서의 처분어휘는 수익자가 아니라 수탁자인 상속인에게 향하여져 있다. 따라서 이에 관하여 파울루스 견해록의 편찬자가 설정자가 수익자에게 의사표시를 한 경우라고 언명한 것[59]은 잘못된 것이다[60].

중요한 점은 이것이 간접적 어휘를 사용하여 설정된 신탁유증의 첫 번째 예라는 점이다. 즉, 이 예에서는 의사표시의 어휘들은 수탁자에게 행해졌으며, 비록 그것들이 전혀 재산의 이전에 대한 요구를 표현하지는 않지만 유언자의 의도를 충분히 명확하게 나타낸다. '나는, 당신이 만족하기를 요구한다(peto contentus sis)' 와 같은 문구가 널리 사용되어서 머지않아 해석상의 의문이나 어려움을 낳는 일은 없어진 것처럼 보인다[61]. 이들은 수탁자에게 의사표시가 행해지고 거의 고정된 어휘가 사용된다는 점에서는 직접적인 처분의 경우와 유사하지만, 수탁자에게 어떤 행위를 하도록 직접적으로 요구하지 않으면서도 그에게 신탁유증에 의한 의무를 발생시킨다는 점에서 앞으로 설명할 간접적 처분과 동일한 점이 있다. 어찌 보면 직접적 처분과 간접적 처분의 경계선상에 있는 처분의 부류라고 할 수 있을 것이다.

---

59) 전술한 PS 4.1.5 첫 문장 참조
60) Johnston, op.cit., 171.
61) Scaev. D. 31.89.6(4 resp.); D. 32.37.4(18 dig.); D. 34.3.28 pr.(16 dig.) ; Pap. D. 31.77.30(8 resp.) 참조.

(2) 아프리카누스의 개소

그밖의 간접적 처분의 사례로는 아프리카누스의 개소를 들 수 있다.

Afric. D. 30.108.14(5 quaest.) Non autem mirandum, si, cum alius rogatus sit, alius fidei commisso obstringatur: nam et cum in testamento ita scribatur: "te, Titi, rogo, ut acceptis centum illum servum manumittas" vel "Sempronio quid praestes", parum quidem apte scribi, verum aeque intellegendum heredis fidei commissum, ut pecuniam Titio praestet: ideoque et ipsum Titium cum herede acturum et libertatem servo vel Sempronio quod rogatus sit praestare cogendum.

만약 요구가 어떤 한 사람에게 이루어졌는데 다른 사람이 신탁유증에 의한 의무를 지게 된다고 해도 이상하게 여길 일이 아니다. 왜냐하면, 만약 유언에 'Titius여, 나는 당신이 100을 받았으므로 노예를 해방시켜 주기를' 또는 '어떤 물건을 Sempronius에게 급부하기를 요구한다'라고 씌어져 있다면, 확실히 그것은 적절하게 표현된 것은 아니지만, 그러나 여전히 마찬가지로 상속인에게는 금전을 Titius에게 급부해야할 신탁유증에 의한 책임이 부과된 것으로 이해해야 한다. 따라서 Titius 자신이 상속인에게 소구할 것이고, 자신은 노예에게 자유를 주거나 요구받은 것을 Sempronius에게 급부해야만 할 것이다.

신탁유증 처분은 수탁자가 유언자의 유언에 의해서 이익을 받았을 때에만 유효하다. 이 사례에서 유언자는 그것을 표현하기는 했지만, 다만 '100을 받았으므로(acceptis centum)'라는 어구만을 사용했다. 분명히 이 어구들은 시민법상 처분의 형식적 요건에는 맞지 않는다. Africanus도 도저히 그것들이 적절하다고는 할 수 없음을 인정한다. 그러면서도 그는 그것들이 Titius를 위한 신탁유증으로 해석될 수 있다고 허용한다.

여기에는 재산의 Titius에로의 양도 요구에 해당한다고 말할 수 있는 어휘가 전혀 없다. 두 가지 점을 이야기 할 수 있다. 첫째로, Titius가 100을 획득해야 한다는 것이 분명히 유언자의 의도라는 점이다. 둘째로, Africanus가 '100을 받았으므로(acceptis centum)'라는 어휘가 모든 상황에서 신탁유증을 설정하는 것으로 해석되어야 한다고 제안하는 것은 아닌 것 같다는

점이다. 이 사례는, 후속의 처분들의 효력이 Titius를 위한 처분의 유효여
부에 달려있는 특수한 경우이다. Africanus는 유언상의 처분의 유효성을
가급적 인정하기 위한 해석원칙에 따르고 있다[62]. 이 사례를 근거로 신탁
유증에 관한 어휘가 자유롭다고 이야기하는 것은 잘못이다. 요점은 그것
이 아니고 처분을 유효하게 하기 위해서 신탁유증이 존재한다고 해석하
는 것이 가능하다는 점이다. 다시 말해서, 그것의 존재여부는 순수하게 일
정한 형식을 사용하였느냐에 의해서만 증명되지는 않는다. 이것이 '개방'
시스템이 갖는 많은 장점 중의 하나이다.

소위 '채무자에 부과한 신탁유증(fideicommissum a debitore relictum)'도
간접적 어휘의 맥락에서 이해할 수 있다[63].

Afric. D. 30.108.13(5 quaest.) Qui margarita Titio pignori dederat, filium
heredem instituit et filiam exheredavit, deinde ita cavit: "te, Titi, rogo fideique
tuae committo, uti margarita, quae tibi pignori dedi, vendas et deducto omni
debito tuo quod amplius erit id omne filiae meae restituas". ex ea scriptura filiam
a fratre fidei commissum petere posse, ut is actiones suas adversus debitorem ei
praestaret: hoc enim casu eum, qui creditor fuisset, debitorem intellegendum eius
scilicet, quod pretium pignoris summam debiti excedat.

Titius에게 진주를 入質한 사람이 그의 아들을 상속인으로 지명하고 그의 딸은
상속배제하면서, 다음과 같이 규정하였다. "Titius여, 나는 당신에게, 내가 당신에
게 입질한 진주를 매각하고 당신에 대한 [나의] 채무를 충당한 후의 잔여액 모두
를 나의 딸에게 반환하기를 요구하며 신탁유증 이행책임을 지운다." 이 記述을
근거로 딸은 그녀의 오빠(또는 동생)에게 채무자에 대해서 그가 갖는 소권을 그녀
에게 이전하도록 신탁유증의 이행을 청구할 수 있다. 왜냐하면 이 경우에는, 質物
의 가액이 채무액을 초과하므로 채권자였던 사람이 채무자로 이해되어야 한다.

62) 이 원칙에 관해서는 Jul. D. 50.17.67(87 dig.); D. 34.5.12(50.dig.) 참조.
  Iul. Dig.50.17.67(87 dig.) Quotiens idem sermo duas sententias exprimit, ea
  potissimum excipiatur, quae rei gerendae aptior est.
  Iul. Dig.34.5.12(50 dig.) Quotiens in actionibus aut in exceptionibus ambigua oratio
  est, commodissimum est id accipi, quo res de qua agitur magis valeat quam pereat.
63) Johnston, RLT(1988), 173; Wacke, (1971), 257~72

이러한 종류의 신탁유증에서는 채무자가 채권자(설정자)로부터 채무금
액을 채권자 또는 채권자의 상속인이 아닌 제3자에게 변제하도록 요구받
는다. 이 경우 채무자가 사망을 원인으로 아무런 이익도 받지 않았으므로
신탁유증을 인정하는데 문제가 된다. 이에 대한 Africanus의 해결방법은
신탁유증에 의한 책임이 상속인에게 부과되는 것으로 해석하는 방법이었
다. 즉, 상속인이 채무자에 대한 청구권을 포기하고 그것을 제3자, 즉 수
익자에게 양도하도록 요구받는다고 해석한다. 이것은 이익의 원칙을 충족
하기 위해 가능한 유일한 해석인데, 이러한 해석의 可否는 전적으로 간접
적 어휘의 수용가능성에 의존하였다.

(3) 끄덕임 신탁유증

신탁유증의 설정은 형식에 구속되지 않으며 경우에 따라서는 몸짓만으
로도 설정될 수 있다고 한다. 소위 끄덕임 신탁유증(fideicommissum nutu)
의 문제이다[64].

이에 관한 사료는 많지 않으며, 있더라도 모두 상당히 후기의 것이다.
즉, 파울루스의 견해록으로부터 한 개의 텍스트, 울피아누스 초록으로부
터 하나의 텍스트, 그리고 디오클레티아누스황제(284~305)의 칙법 하나가
있다[65]. fideicommissum nutu는 간단히 말하면 설정자의 어휘 사용 없이,
단순히 끄덕임만에 의해서 설정되는 신탁유증으로서, 이 끄덕임이 설정자
의 의사를 가리키는 것으로 간주된다.

---

64) Kaser, op.cit., 758, n.12; Johnston, op.cit., 178~179.
65) PS 4.1.6a(D. 32.21 pr.); UE 25.3; C. 6.42.22(AD 293)
   Paul. D. 32.21 pr.(4 sen.) Nutu etiam relinquitur fideicommissum, dummodo is nutu
   relinquat, qui et loqui potest, nisi superveniens morbus ei impedimento sit.
   CI.6.42.22: Imperatores Diocletianus, Maximianus
   Et in epistula vel brevi libello vel sine scriptura, immo etiam nutu fideicommissum
   relinqui posse adhibitis testibus nulla dubitatio est. * diocl. et maxim. aa. et cc.
   planciano. * <a 293 d.Id.April.Byzantii aa. conss.>

  신탁유증을 설정함에 있어서 진정으로 중요한 것은 특정어휘의 사용이
아니라 수익자를 위해서 수탁자를 구속하려는 의도를 분명하게 표현하는
어휘 또는 증서의 사용이므로, 경우에 따라서는 그러한 의도의 표현이 끄
덕임에 의해서 이루어질 수 있음은 의심할 여지가 없었다. 그러나 구체적
으로 fideicommissum nutu가 행해지는 상황을 상상해보면 이를 인정하는
이론은 상당한 위험의 소지를 안고 있음을 알 수 있다. 설정자가 말없이
끄덕이는 것은 그가 죽기 직전에 있고 대화를 할 수 있는 능력이 이미 빠
져나간 상태에 있기 때문이라고 볼 수 있다. 그는 아마도 어떤 질문에 대
해서 끄덕일텐데, 죽기 직전의 설정자는 원하지 않으면서 끄덕이거나 불
완전하게 이해한 사항에 대해서 끄덕일 가능성이 농후하다. 예를 들어, 상
속인이 곁에서 '당신은 내가 그 집을 갖기를 원하죠?, 그렇지 않나요?' 라
고 건네는 질문에 대해서 유언자가 끄덕이는 경우를 가정해 보면 이 법리
를 인정함으로서 초래될 수 있는 위험을 충분히 상상할 수 있을 것이다.
  신탁유증의 유일한 증거가 끄덕임일 경우에는 안전을 위해서 의도의
증명에 관하여 엄격한 기준이 채택될 것이므로, 위험하기는 하지만 끄덕
임을 실무에서 받아들이는 것은 원칙의 논리적 연장선상에 있다고 할 수
있다. 신탁유증의 경우는 아니지만 啞者가 자신의 자녀가 상속인으로 지
정되었을 경우 그것을 수락하도록 지시하거나, 채무자에게 위임의 의사표
시를 할 경우 끄덕임에 의한 의사표시를 할 수 있다고 인정한 사례66)가
있고, 일반인의 경우에도 자신의 자녀에게 피해방노예를 지정할 경우 끄
덕임에 의한 의사표시를 허용한 사례67)가 있다. 이러한 사정을 감안할 때

---

66) Paul. D. 29.2.93.1(3 sent.) Mutus pater vel dominus filio vel servo heredibus
    institutis magis est, ut, si intellectu non careat, nutu iubere possit adire hereditatem,
    ut ei iure eius commodum quaeri possit: quod facile explicari possit scientia
    litterarum.
    Ulp. D. 46.2.17(8 ad ed.) Delegare scriptura vel nutu, ubi fari non potest, debitorem
    suum quis potest.
67) Ulp. D. 38.4.1.3(14 ad sab.) Adsignare autem quis potest quibuscumque verbis vel

실제 끄덕임 신탁유증의 효과가 인정되기 위해서는 엄격한 감독을 필요
로 하고, 또 그것에 관한 증거가 상당히 늦게 나타나기는 하지만, 고전기
법률가들이 끄덕임 신탁유증을 인정하지 않았다고 보아야 할 하등의 이
유도 없는 것처럼 보인다[68].

(4) 소결

이상의 간접적 처분에 관한 사례들은 대부분, 어떤 사람(A)에게 행해진
의사표시의 표현이 다른 사람(B)을 그 사람(A) 또는 제3자(C)를 위한 수탁
자로 만드는 것으로 인정되는 것들이다. 통상의 어휘가 없는 가운데, '사실
에 기초하여' 신탁유증이 존재하는 것으로 해석되었다. fideicommissum
nutu의 경우도 마찬가지라고 할 수 있다. 그러나 이러한 사례들에서 설정
자는 법률적인 의도를 상당히 분명하게 표현하였다. 즉, 그가 두 당사자
(곧 수탁자와 수익자가 될 사람들)사이에 어떤 법률관계가 존재하기를 의
도한다는 것을 명확하게 나타냈던 것이다. 그것이 신탁유증의 유효성을
인정하기 위한 핵심적 사항이다. 법률가들이 신탁유증에서의 이러한 법적
의도를 구체화한다. 즉, 시민법에서는 처분의 어휘가 사용되지 않았다면
아무것도 존재하지 않는다. 그러나 신탁유증에서는 이와 다르다. 신탁유
증은 고정된 형식에 구속되지 않으므로 법이 허용하고 설정자의 의도가
요구하면 존재하는 것으로 해석될 수 있다.

3) 신탁유증 해석상의 기본적 문제들

死因處分에 관한 해석에는 그 속성상 큰 난점이 있다. 처분을 한 당사
자인 유언자가 처분의 의미에 관해서 도움말을 줄 수 없다는 점이다. 즉,
처분에 관하여 의문이나 모호함이 발생할 경우에도 그에 관하여 설명해

---

nutu, vel testamento vel codicillis vel vivus.
68) Johnston, op. cit., 179

줄 수 있는 가장 적임자의 도움 없이 해결해야 한다[69]. 유증이나 신탁유
증이나 이 점에 관하여는 마찬가지인데 법률가들이 이 두 유형에 있어서
해석상의 난점을 같은 방식으로 해결했는지 또는 다른 방식으로 해결했
는지가 문제가 된다[70].

(1) 적합한 어휘가 빠진 경우

구체적으로, 첫 번째 문제는 유언상의 처분에 있어야할 적합한 어휘를
빠트린 경우에 일어난다. 유증이나 상속인 지정은 물론 고정된 어휘로 이루
어진다. 즉, 물권적 유증(legatum per vindicationem)은 do lego로, 채권적 유
증(legatum per damnationem)은 damnas esto dare로, 상속인 지정은 heres
esto라는 문구로 행해진다. 그렇다고 해서 이러한 단어와 다른 어휘로 이
루어진 유증이나 상속인 지정이 바로 당연히 무효라고 할 수는 없다. 법
률가들은 그 경우에 처분을 유효하게 하기 위해서 그러한 어휘들을 보완
하였다. 이미 일찍이 바루스(Alfenus Varus, B.C. 60~30)가 공화정 말기에
유언자가 dare를 빼고 damnas esto만 기술한 유증이 유효로 되어야 한다
고 주장한 것이 발견된다[71]. 신탁유증의 경우도 시기는 이보다 늦지만 유
사하다. 즉, 고르디아누스의 칙법에서는 실제 기술되어 있는 어휘들에 '원
한다(volo)'라는 어휘를 추가하면 의미가 완전해지는 경우 추가된 것으로
처리하였다[72]. 파피니아누스의 다음 사례가 이에 관한 알기 쉬운 예를 제
공해 준다.

> Pap. D. 31.67.9(19 quaest.) Si omissa fideicommissi verba sint et cetera quae
> leguntur cum his, quae scribi debuerunt, congruant, recte datum et minus scriptum
> exemplo institutionis legatorumque intellegetur: quam sententiam optimus quoque

---

69) Wieling, (1972), 3.
70) Johnston, op.cit., 180~185 참조.
71) Alf. Var. D. 30.106(2 dig. a Paulo ep.)
72) C. 6.42.10(AD 239)

imperator noster Severus secutus est.

만약 신탁유증의 어구가 생략되었으나 씌어진 여타의 조항들이 반드시 기술되
어졌어야만 하는 내용과 일치하는 경우에는, 상속인 지정과 유증의 경우를 유추
하여, 신탁유증은 적절하게 주어졌으나 서면상에 불충분하게 표현된 것으로 이해
될 것이다. 우리의 至善하신 황제 Severus도 이 견해를 따랐다.

사례가 시사해주는 바는, 첫째로, 무엇이 신탁유증의 어휘를 구성하는
가 하는 것의 개념이 존재했다는 것이고, 둘째는, 사례에서 제시된 자유로
운 해석이 다름아닌 시민법 제도를 유추하여 나온 것이라는 점이다. 하자
있는 상속인 지정과 유증을 구제하기 위해서 이미 하나의 방법이 개발되
어 있었는데, plus nuncupatum minus scriptum의 원리가 적용되었다. 이것
은 nuncupatio(증인 앞에서의 儀式的 언명)를 원용한 것인데, nuncupatio는
원칙적으로 모든 유언서의 배후에 존재했던 구두의 儀式으로서 기록된
처분에 유효성을 제공해주었다[73]. 'plus nuncupatum minus scriptum' 원리
란, 처분이 하자가 있는 경우에 nuncupatio는 정확하게 수행되었지만 기록
자가 어떤 부분을 빠트린 것이라고 擬制하는 것이다[74]. 파피니아누스는
이 擬制가 사례의 신탁유증을 구제하기 위해서 채용될 수 있다고 주장한
다. 특기해야할 점은 보다 관대한 해석을 하도록 선도해 나가는 것이 신
탁유증에 관한 법이 아니라 시민법이라는 사실이다. 이러한 자유로운 해
석이 이 법률가에 의해서 제안되고 황제는 그의 제안을 단순히 채택하였
다는 점도 주목할 만하다.

(2) 내용이 불명확한 경우

두 번째의 문제는 유언자가 처분의 내용을 명확하게 하지 않은 경우에
처분이 그로 인해 무효인지 아니면 어떻게든 보완되어야 하는지 이다. 예

---

73) G. Inst. 2.204
74) Dulckeit, (1953), 179~213.

를 들어, 'Stichus를 해방하라. 그리고 나는 나의 상속인이 그에게 호구지
책이 될 수 있는 기술을 가르칠 것을 요구한다' 라는 문구로 된 신탁유증
에 관해서 120년경 사비누스학파의 수장이었던 법학자 발렌스(Valens)가
논의한 사례가75) 있다. 1세기 프로쿨루스 학파의 학자였던 페가수스
(Pegasus)는 거래의 종류, 즉 가르칠 기술이 무엇인지가 명시되지 않았으
므로 신탁유증은 무효라고 주장한 반면, 발렌스는 법무관이나 심판인이
유언자의 의사, 수익자의 연령, 조건, 능력 등에 따라서 상속인이 가르쳐
야할 최선의 기술을 정해야 한다고 주장하였다. 그밖에 年金을 유증하면
서 액수가 누락된 경우를 다룬 사례가 있는데76), 이에 대해서 아우구스투
스 시대의 법률가 멜라(Mela)는 그 유증이 무효라고 주장한 반면, 1세기
프로쿨루스 학파 학자였던 네르바(Nerva, 10~33)는 유언자가 평소에 지급
하던 액수만큼 주어진 것으로 추정된다고 주장하였고 울피아누스는 네르
바의 견해가 타당하다고 하면서, 그러한 사정이 없을 경우에는 결정은 당
사자의 지위에 따라서 내려져야 한다고 하였다.

어쨌든, 발렌스 이후에는 법률가들은 이러한 경우에 무효로 보는 해석
은 하지 않은 것처럼 보인다. 즉, 상속에 관한 로마법의 발전과정에서 여
러 가지 해석원리가 확립되었고 그들 중 많은 것은 유언자가 중요사항을
미결정 상태로 놓아둔 처분의 의미를 확정하기 위한 것들이었다. 예를 들
면, 유증에 관한 것이지만, 울피아누스는 많은 동전을 유증하면서 동전의

---

75) Val. D. 32.12(1 fid.) "Stichus liber esto: et ut eum heres artificium doceat, unde
se tueri possit, peto". Pegasus inutile fideicommissum esse ait, quia genus artificii
adiectum non esset: sed praetor aut arbiter ex voluntate defuncti et aetate et
condicione et natura ingenioque eius, cui relictum erit, statuet, quod potissimum
artificium heres docere eum sumptibus suis debeat.

76) Ulp. D. 33.1.14(2 fid.) Si cui annuum fuerit relictum sine adiectione summae, nihil
videri huic adscriptum Mela ait: sed est verior Nervae sententia, quod testator
praestare solitus fuerat, id videri relictum: si minus, ex dignitate personae statui
oportebit.

단위는 지정하지 않은 사례를 언급한다. 그는 유언자가 의도한 것을 확정하기 위해서 먼저 유언자의 습관, 다음으로 그가 살던 지역을 고려해야 하지만, 추가로 그의 의사, 수익자의 지위 또는 친밀성과 親近度(친척관계), 전후의 처분들도 고려해야 한다고 하였다. 울피아누스는 다른 텍스트에서, 만약 유언자의 습관, 거주지, 또는 유언서상의 문맥에 의해서도 어떤 화폐단위를 의도한 것인지를 알아낼 수 없다면 보다 작은 단위를 의도한 것으로 이해해야 한다고 진술한다[77].

신탁유증에 관해서는 발렌스가, 해방노예를 부양할 것이 신탁유증으로 주어졌는데 금액은 기술되어 있지 않는 경우, 우선 피상속인(사망자)이 통상 지급했던 금액이 고려되어야 하고, 다음으로 동일한 계층집단에 대한 그의 유증이, 이것도 없을 경우에는 그의 자산 및 수익자와의 친밀성이 고려되어야 한다고 설명한 사례를 들 수 있다[78].

이러한 사례들을 보면 일반적으로 유증에 관하여 해석원리가 이미 고안되어 있는 경우에는 신탁유증이 그것들을 따라가고, 유증에 관해서도 해석원리가 고안되어 있지 않은 경우에는 거의 같은 원리가 양 제도에 채택된 듯한 인상을 준다.

(3) 소결

요약하면, 법률가들이 하자 있는 신탁유증처분에 대처함에 있어서 유사한 문제점에 직면한 경우에는 그들은 유증에 대해서 했던 것과 동일한 방법으로 이를 해결했다. 모든 법률가들이 일찍이 하자 있는 신탁유증처분을 수용하였다는 증거는 없다. 즉, 최소한 1세기 말까지는 하자 있는 신탁유증의 유효성을 인정하는데 대해서 반대가 있었음을 확인할 수 있다. 법의 발전과 함께 하자 있는 처분의 해석을 위한 표준적 원리들이 등장하였

---

77) Ulp. D. 30.50.3(24 Sab.); D. 32.75.(20 Sab.)
78) Val. D. 34.1.22 pr.(1 fid.)

고, 그것들은 유증에 대해서와 마찬가지로 신탁유증에도 적용되었다.

그러나 로마의 유언 해석에 관하여 한 가지 해석상의 차이는 여전히 강조되고 있다. 그것은 법률가들이 신탁유증의 경우에는 시민법상의 처분의 경우에 비해서 유언자의 의사에 대해서 훨씬 많은 고려를 하였다는 점이다.

4) 신탁유증의 해석과 유언자의 의사

유언자의 의사(voluntas)는 신탁유증에 있어서 특별히 중요한 역할을 한다. 첫째로, 신탁유증을 설정하는 것으로 이해되는 어휘들에 대해 법률가들이 많은 관심을 기울인 것은 신탁유증이, 비록 고정된 형식은 아니더라도, 수탁자에게 수익자를 위해서 일정한 행위를 할 부담을 지우려는 피상속인(사망자)측의 의사를 시현해주는 어휘들로 이루어질 것에 대한 요구가 반영된 결과라고 볼 수 있다. 둘째로, 유언자 자신이 신탁유증을 설정하는 직접적 어휘들을 사용하지 않았더라도, 법률가들은 유언자의 의사를 유효한 것으로 하기 위해 명백히 필요한 경우에는 신탁유증이 존재하는 것으로 해석했다. 이것은 소위 '외부적' 해석 또는 목적론적 구성이 행해진 경우라고 할 수 있다. 셋째로, 유언자가 사용한 어휘가 그의 의사와 충돌하는 것처럼 보이는 경우에도 그의 의사에 효력을 줄 것인가가 문제된다. 소위 '내부적' 해석의 문제로서, 이러한 문제는 유증 등 시민법상 처분에서도 마찬가지로 제기되었다. 시민법상의 처분에 관하여 문리에 치중한 해석으로부터 의사를 중시한 해석으로의 진행이 이루어졌다는 주장[79]이 제기되기도 하고 그러한 일정한 방향으로의 진행은 발견할 수 없다는 주장[80]이 제기되기도 하였지만, 신탁유증에 있어서는 유언자의 의도가 항상 문자보다는 중요하다는 것이 광범위하게 주장되어 왔다[81]. 이러한 주

---

79) Gradenwitz, (1887), 200
80) Wieling, (1972), 247.
81) Kipp/Coing, (1990), 137 ; Wieling, (1972), 89.

장이 포함되어 있는 사례들을 구체적으로 검토해본다[82].

(1) 신탁유증에 있어서 유언자의 의사가 중요하다고 명시적으로 밝힌 사례

UE 25.1 Fideicommissum est quod non civilibus verbis sed precative relinquitur nec ex rigore iuris civilis proficiscitur sed ex voluntate datur relinquentis.

신탁유증은 시민법의 어휘로가 아니라 요청의 방식으로 주어지며, 시민법의 엄격한 형식이 아니라 설정자의 의사에 의존한다.

이 사례는 『Ulpianus 초록』 중 신탁유증에 관한 편절의 서두에 나오는 구절로서 유증과 대비되는 신탁유증의 특징을 두 가지 점으로 설명한다. 즉, 사용하는 어휘와 권위, 즉 유효성의 원천에 차이가 있다고 주장한다.

Pap. D. 36.1.59.1(8 respons.) Cum ita fuerat scriptum: "fidei filiorum meorum committo, ut, si quis eorum sine liberis prior diem suum obierit, partem suam superstiti fratri restituat: quod si uterque sine liberis diem suum obierit, omnem hereditatem ad neptem meam Claudiam pervenire volo" : defuncto altero superstite filio, novissimo autem sine liberis neptis prima quidem facie propter condicionis verba non admitti videbatur: sed cum in fideicommissis voluntatem spectari conveniat, absurdum esse respondi cessante prima substitutione partis nepti petitionem denegari, quam totum habere voluit avus, si novissimus fratris quoque portionem suscepisset.

다음과 같이 기술되었다. 즉, '나는 나의 아들들에게, 둘 중 하나가 다른 사람보다 먼저 죽으면서 자녀가 없을 경우에는 그는 그의 지분(몫)을 살아남아 있는 그의 형제에게 넘겨주어야 한다는 내용으로 신탁유증을 한다. 그러나, 만약 둘 다 자식 없이 죽을 경우에는 전체의 상속재산이 내 손녀인 Claudia에게 이전되기를 희망한다.' 한 아들은 아들 하나를 남기고 죽었고, 마지막 아들은 자식 없이 죽었다. 유언의 문면으로 볼 때에는, 조건의 어휘상 손녀는 상속재산취득이 인정되지 않는 것으로 보였다. 그러나 신탁유증에서는 유언자의 의사가 감안되어야 한다는 점이 인정되므로, 나는 첫 번째 수유자 교체가 효력이 발생하지 않았을 지라도,

---

82) Johnston, op.cit., 186~198 ; Wieling, (1972), 89~93, 133~135, 177~196 참조.

손녀에게 지분에 대한 청구가 부인되는 것은 불합리하다고 대답했다. 왜냐하면, 그녀의 할아버지는 만약 마지막 아들이 그의 형제의 지분까지 함께 받아서 가지고 있었다면 손녀가 전체를 가지기를 바랐기 때문이다.

사례에서와 같이 실제로 큰 아들이 아들 하나를 남기고 죽고 그 다음 둘째 아들은 자식 없이 죽었을 경우에 대해서는 유언자가 규정해 놓지 않았다. 즉, 자식 없이 다른 형제보다 먼저 죽은 경우에만 지분이 이전한다고 규정해놓았기 때문이다. 또한 큰 아들은 자식을 남기고 죽었으므로 손녀가 재산을 취득할 조건도 갖추어지지 않았다.

Papinianus는 신탁유증의 문구상으로는 손녀의 권리가 인정되지 않음을 언급하면서[83], 그렇지만 신탁유증에서는 유언자의 의사를 고려해야 하므로 손녀에게 지분에 대한 권리를 인정하지 않으면 부자연스런 결과가 될 것이라고 말한다. 그는 아마도 유언자가 마지막으로 생존한 그의 아들의 상속인보다는 손녀가 유산을 갖는 것을 선택했을 것이라는 가정에 서 있다고 할 수 있다. Papinianus는 다음과 같은 상황을 상정한 것이라고 할 수 있다. 즉, 유언자는 자기 재산을 일차적으로 자신의 아들들과 그들의 卑屬에게, 다음에는 자신의 손녀에게 주기를 원했다고 할 수 있다. 따라서 그는 다음과 같은 법적 규율을 구상했을 것이다. 즉, '상속인은 두 아들로 한다. 그들 중 하나가 사망하면 그의 상속재산은 그의 비속에게, 만약 비속이 없을 경우에는 그의 형제에게 이전된다. 둘째 아들이 사망할 경우, 그의 비속은 자신의 부친(둘째 아들)이 가지고 있던 범위의 재산을 넘겨받는다. 둘째 아들이 비속 없이 사망할 경우, 그의 지위를 손녀 Claudia가 승계한다.' 라는 규율이다.

그런데 실제로는 유언자가 이러한 구상에 상응한 유언을 하는데 성공하지 못하고, 하나의 경우에 불과한, 두 아들 모두 자식 없이 사망하는 경

---

83) 유언의 문구에 따르면 둘째 아들의 상속분은 그의 법정상속인에게 귀속되어야 한다.
Wieling, (1972), 179.

우만을 규정하는데 그친 것이다.[84].

(2) 명시적인 언급은 없지만 의사를 중시한 해석의 사례

사례에서 명시적으로 언급되지는 않지만, 신탁유증에서 의사가 지니는 특별한 중요성을 나타내기 위해서 흔히 인용되는 사례는 다음과 같다.

> Iavol. D. 36.1.48(11 ep.) Seius Saturninus archigubernus ex classe Britannica testamento fiduciarium reliquit heredem Valerium Maximum trierarchum, a quo petit, ut filio suo Seio Oceano, cum ad annos sedecim pervenisset, hereditatem restitueret. Seius Oceanus antequam impleret annos, defunctus est: nunc Mallius Seneca, qui se avunculum Seii Oceani dicit, proximitatis nomine haec bona petit, Maximus autem trierarchus sibi ea vindicat ideo, quia defunctus est is cui restituere iussus erat. quaero ergo utrum haec bona ad Valerium Maximum trierarchum heredem fiduciarium pertineant an ad Mallium Senecam, qui se pueri defuncti avunculum esse dicit. respondi: si Seius Oceanus, cui fideicommissa hereditas ex testamento Seii Saturnini, cum annos sedecim haberet, a Valerio Maximo fiduciario herede restitui debeat, priusquam praefinitum tempus aetatis impleret, decessit, fiduciaria hereditas ad eum pertinet, ad quem cetera bona Oceani pertinuerint, quoniam dies fideicommissi vivo Oceano cessit, scilicet si prorogando tempus solutionis tutelam magis heredi fiduciario permisisse, quam incertum diem fideicommissi constituisse videatur.

브리타니카 함대의 함대장인 Seius Saturninus는 유언서에서 三櫓船대장 Valerius Maximus를 그의 수탁자이자 상속인으로 지정하고 그에게 그[Seius]의 상속재산을 자신의 아들 Seius Oceanus 에게, 그가 16세에 도달했을 때에 이전해줄 것을 요구하였다. Seius Oceanus는 16세가 되기 이전에 사망했다. 이제 스스로 Seius Oceanus의 삼촌이라고 칭하는 Mallius Seneca라는 자가 친등관계를 근거로 재산권을 주장하고 있다. 그러나 Maximus는 그가 반환(이전)하도록 요구받은 상대방은 죽었으므로 자신이 권리가 있다고 주장한다. 나는 이 재산권이 수탁자이자 상속인인 三櫓船대장 Valerius Maximus에게 속하는지 아니면 사망한 소년의 삼촌이라고 주장하는 Mallius Seneca에게 속하는지 질문한다. 나는 다음과 같이 대답한다. 즉, 만약 Seius Oceanus가(그가 16세가 되면 Seius Saturninus의 유언에 의한

---

84) Wieling, (1972), 179.

신탁유증에 따라, 수탁자이자 상속인인 Valerius Maximus에 의해서 상속재산이 그
에게 이전되어야 한다) 사전에 정해진 시기 이전에 죽었다면 신탁유증의 대상이
된 상속재산은 Oceanus의 여타 재산이 속하는 사람에게 속한다. 왜냐하면 신탁유
증은 Oceanus가 살아 있는 동안 확정되었기 때문이다. 다시 말해서 유언자가 지불
의 시기를 연기한 것이 신탁유증에 대해서 불확정기한을 부가한 것이라기보다는
수탁자 겸 상속인에게 보관을 허여한 것이라고 보이는 경우에는 그러하다.

Iavolenus(70~130)의 대답은 그가 이전해야할 상속재산에 대한 이익이
소년의 죽음 이전에 소년에게 확정된 것으로 보고 있음을 나타내주며, 이
것은 소년이 16세까지 살지 못했지만 권리발생일(dies cedens)이 지난 것
으로 그가 간주하고 있으며, 이는 다시 그가 이 사례에서의 신탁유증에
조건이 아니라 기한(dies)이 부가된 것으로 해석하고 있음을 의미한다[85].
H.Wieling은 Iavolenus가 '16세에 도달할 것'을 조건이 아닌 기한으로 해
석한 것은 유언자의 의사를 다음과 같이 해석한 결과라고 설명한다. 즉,
Valerius Maximus는 경우에 따라서 상속재산을 최종적으로 갖게 되는 상
속인이 되어서는 안되었다. 그는 단지 유언자의 아들을 보호하기 위해서
지정되어 재산을 관리해야 했으며 상속재산이 家를 벗어나는 것은 의도
되지 않았다. 그러한 유언자의 의사로 인해 상속인은 유언자의 아들이 기
한보다 먼저 사망하였더라도 상속재산을 이전해야 하는 것이다[86].

그러나 이러한 附款을 조건으로 볼 것이냐 기한으로 볼 것이냐 하는 문
제는 확실히 유언자의 의사의 해석에 관한 문제이기는 하지만, 신탁유증
에만 국한된 것이 아니라 시민법상의 유언 처분에 관해서도 마찬가지임
을 유념해야 한다[87].

---

85) Johnston, RLT(1988),193~194
86) Wieling, (1972), 91~92 참조.
87) '그가 16세에 도달할 때' 와 같은 附款에 대한 논의는 무척 많다. 많은 사람은 그것
   을 기한이 아니라 조건으로 해석한다. 즉, 주석학파의 dies incertus an, certus
   quando로 보는 것이다. 그 날이 온다면 그 시점은 명확하지만 그날이 실제로 올 것
   인지가 확실하지 않다. 그러나 법률가에 따라 이에 관한 견해는 일치하지 않는다.
   Pomponius는 조건으로 보아서 16세가 되기 전에는 유증이 확정하지 않는다고 보며

Cel. D. 31.29 pr.(36 digest.) Pater meus referebat, cum esset in consilio Duceni Veri consulis, itum in sententiam suam, ut, cum Otacilius Catulus filia ex asse herede instituta liberto ducenta legasset petissetque ab eo, ut ea concubinae ipsius daret, et libertus vivo testatore decessisset et quod ei relictum erat apud filiam remansisset, cogeretur filia id fideicommissum concubinae reddere.

나의 아버지께서 이야기하시기를, 당신이 집정관 Ducenius Verus의 자문단의 일원이었을 때 다음과 같은 자신의 의견이 채택되었다고 하셨다. Otacilius Catulus 가 그의 딸을 유일한 상속인으로 지정하였고, 200을 해방노예에게 유증하면서 그 것을 자신의 내연의 처에게 이전할 것을 요구하였는데, 해방노예가 유언자보다 먼저 사망하였고 따라서 그에 대한 유증물이 딸에게 남아 있었던 경우에 딸은 내 연의 처에게 신탁유증을 이전해야 한다.

유언자가 자신의 딸을 상속인으로 지정하고 자기의 해방노예 중의 하 나에게 유증을 하면서 그 재산권을 유언자의 내연의 처에게 이전하도록 신탁유증의 이행책임을 지운 사례이다. 해방노예가 유언자보다 먼저 죽음 으로써 유증은 이행되지 않았다. 신탁유증은 어떻게 될 것인가? Celsus (100~130)는 자신의 아버지가 집정관을 설득하여 신탁유증이 이행되어야 한다는 그의 견해를 받아들이도록 했다고 보고한다. 그러나 언뜻 보면 이 견해는 이상하다. 왜냐하면, 신탁유증은 수증자에게 책임이 부여되었고 수증자가 유언에 의해서 이익을 받도록 되어있었기 때문에 유효했다. 수 증자가 죽어서 유증이 발생되지 않았다면, 신탁유증도 무효로 되어야만 했다.

어떻게 父 Celsus의 견해가 정당화될 수 있을까? H. Wieling은 父 Celsus 의 견해가 유언자의 추정된 의사에 부합한다고 해석한다. 즉, 유언자가 수 증자의 사망사실을 알았으며, 유언자의 행위에서 그가 수증자의 사망으로 인해 신탁유증도 무효로 된 것으로 받아들였음을 추정할 수 있는 어떠한

(Pomp. D. 36.2.22 pr.(5 Q. Muc.)), Paulus도 동일한 의견으로 보이는 반면에(Paul. D. 36.2.21 pr.(2 Vit.)), Papinianus는 반대의 견해를 취한다(Pap. D. 36.2.26.1(9 resp.)). 이상 Johnston, op.cit., 194 참조.

근거도 찾을 수 없었다. 따라서 그가 이제부터는 (무효로 된) 유증으로부터 자유롭게 된 자신의 상속녀가 신탁유증을 이행할 것으로 생각한 것으로 볼 수 있다는 것이다(意思解釋說)[88].

이에 대해서 D. Johnston은 父 Celsus의 견해를 정당화할 수 있는 방법은, 그가 이 사례에서 신탁유증이 특정한 재산권에 내재하며, 따라서 유효한 신탁유증이 되기 위한 다른 조건도 갖추어진 한, 그 재산권을 보유한 사람에 의해서 이행될 수 있다는 견해(物的追隨說)를 취하였다고 보는 것이라고 주장한다. 여기서 다른 조건 중에서 가장 중요한 것은 물론 재산권을 가진 사람이 유언자의 의사의 결과로 그의 유언에 의해서 이익을 수령했어야 한다는 점인데, 유언자의 딸은 분명히 유언자의 유언에 의한 수익자였고 따라서 그녀에게 신탁유증의 이행책임을 지우는 것은 정당했다는 것이다. 이러한 해석의 과감성은 신탁유증이 유언자의 딸에게 행해진 것이 아니었고 따라서 그녀에 의한 이행이 예정된 것이 아니었음에도 불구하고 신탁유증의 유효성을 인정한 것에 있다.

따라서 Johnston은, 이 사례는 유언자의 의사를 銳意 점검해서 자유로운 해석을 한 예로 들기에는 그렇게 적절한 것은 아니라고 주장한다. 아무리 보아도 유언자가 이런 식으로 의도했을 것 같지는 않다는 것이다.

Johnston은 신탁유증이 수탁자에게 직접 행해지지 않고도 설정될 수 있으며, 더 나아가서 신탁유증이 재산권에 따라다닌다는 관념을 Scaevola와 Ulpianus의 사례에서도 발견할 수 있다고 한다. Scaevola의 사례[89]에서는

---

88) Wieling, (1972), 90~91.
89) Scaev. D. 34.1.13 pr.(4 resp.) Gaio Seio trecentos aureos legavit, ut ex usuris eius summae libertis cibaria et vestiaria praestaret, quae statuerat: codicillis autem eandem summam vetuit dari Gaio Seio, sed dari publio Maevio voluit: quaero, an libertis fideicommissum debeat Maevius. respondi Maevium, nisi aliud, de quo non deliberaretur, doceat sibi a testatore iniunctum, videri secundum voluntatem testatoris recepisse ea onera, quae adscripta erant ei summae, quae in eum codicillis transferebatur

Seius라는 사람에게 증여가 이루어지고 그는 피해방노예의 부양을 위한
지급을 할 책임을 진다. 그러나 유언보충서에서 유증이 철회되고 증여된
금액은 다른 사람, 즉 Maevius에게 이전된다. Maevius가 신탁유증의 책임
을 지느냐에 관하여, Scaevola는 유언자의 다른 의사표시가 없는 한 부양
의 책임은 증여된 금액의 취득에 수반하는 것으로 간주된다고 하였다.
Ulpianus의 사례[90]도 이와 유사하다. Johnston은 이러한 사례에서 발견되
는 해석은 목적론적 구성의 한 예로서, 시민법상으로는 기능할 수 없는 意
思의 법적 기능구조, 즉 재산을 취득한 자는 누구나 신탁유증에 의한 책임
을 져야 한다는 것을 발견한 데에 해석의 자유로움이 존재한다고 한다[91].

　이상의 고찰[92]을 통해서 도달할 수 있는 중요한 결론 중의 하나는, 유
증에 있어서와 비교하여 볼 때 뚜렷하게 부각되는, 신탁유증에 있어서 유
언자의 의사가 지니는 중요성은 신탁유증의 의미나 세부사항에 관한 내
적인 해석과 관련해서가 아니라 목적론적 구성이 가능하다는 점이다. 즉,
신탁유증에 있어서는 유언자의 의사를 기초로 신탁유증이 존재한다고 해
석할 수 있고, 또 그렇게 하기 위해서 어휘보다는 사실들을 사용할 수 있
다는 점이 특히 중요하다.

5) 신탁유증조항

　법률문헌이나 기록사료들을 보면 소위 신탁유증조항이라고 할 수 있는

---

90) Ulp. D. 33.2.9.(8 disp.) Si ab eo, cui legatus esset usus fructus, fideicommissum
　　fuerit relictum, licet usus fructus ad legatarium non pervenerit, heres tamen, penes
　　quem usus fructus remanet, fideicommissum praestat. quod et in militis testamento
　　erit dicendum, si legatarius, a quo fideicommissum relictum est, repudiaverit legatum
　　vel vivo testatore decesserit.
91) Johnston, op.cit., 196~197.
92) 이상에서 설명한 사례 외에, H. Wieling은 신탁유증에서 유언자의 의사를 중시하여
　　해석한 사례들을 시대별로 열거하여 설명하고 있다. H. Wieling, Testamentsauslegung
　　(1972).

것이 사용되었고, 하나의 처분을 위해서 유증의 문구와 신탁유증의 문구
가 함께 사용되었음을 알 수 있다. 예를 들면, 유언서상의 유증에서 do
lego darique volo 또는 lego concedique volo(Scaev. D. 34.3.31.4.(3 res.))
또는 damnas esto dare fideique eius committo(Maec. D. 32.95.(2 fid.))라는
문구를 사용한 경우가 있다. 이 경우 do lego나 lego, 그리고 damnas esto
dare는 유증을 나타내는 어휘이고 dari volo, concedi volo, fidei eius
committo는 신탁유증을 나타내는 용어이다. 이렇게 시민법상 처분문구에
신탁유증처분문구를 병렬적으로 사용한 것은 유언이 시민법상으로 하자
가 있을 경우에 대비하기 위한 것이었다. 그러한 경우에 신탁유증의 문구
가 없었다면 처분은 효력이 없었을 것이다[93]. 처분이 단순히 신탁유증조
항을 덧붙이는 것만으로 구제될 수 있다는 것을 일단 알게 되자, 이러한
신탁유증조항을 추가하는 것이 유언의 실무에 있어서 하나의 통상적인
특징이 되었다.

이러한 종류의 보호공식은 化石化되는 경향이 있었다. Scaevola의 경우
에 명백한 실례가 있다. 그의 한 텍스트에는 generaliter damnavit heredes
fideique eorum commisit라는 어구가 포함되었는데, 여기에는 신탁유증조
항뿐만 아니라 일반적인 채권적 방식의 유증을 나타내는 문구도 포함되
어 있다[94]. 일반적인 채권적 방식의 유증을 나타내는 문구가 포함된 것은
상속인에게 유증을 이행할 일반적 의무를 부과하기 위한 것으로서, 물권
적 방식의 유증이 효력이 없을 경우에 실익이 있을 수 있었다. 그러나
AD 56년 SC Neronianum의 반포에 따라 이러한 문구를 포함시킬 필요가
없어졌다. 이 원로원 의결은 기술적인 이유로 무효가 된 유증은 존재를
주장하기에 가장 유리한 종류의 유증, 즉 채권적 방식의 유증에 적용되는
해석방법에 따라 취급된다고 규정하였기 때문이다(無效行爲의 轉換)[95].

---

93) Maecianus의 앞 사례(Maec. D.32.95(2 fid.)) 및 그에 관한 Johnston, RLT(1988),
pp.201~202의 설명 참조.
94) Scaev. D. 34.3.28.2(16 dig.)

　요컨대, 신탁유증조항을 사용한 목적은 명백하다. 즉, 그 유일한 목적은 유언상의 일정한 처분이 실패할 경우에 대비하기 위한 것이다. 이것이 지니는 실제상의 가치는 다음과 같았다. 군인들은 그들이 유언을 하는데 실수를 하는 경우가 많았지만 정치적 이유로 이에 관한 특권을 획득하였다. 민간인들도 동일한 실수를 할 가능성은 많았지만 군인과 같은 특별한 취급은 기대할 수 없는 상황이었는데, 바로 신탁유증조항이 그들의 절박한 소망을 이루어줄 수 있었다.

　신탁유증조항들은 유언들에서 발견되지만 그것들의 적용영역은 유언 외부에 있다. 그것들은 유언과 무유언의 구분을 흐트러뜨리지는 않았지만 완화는 하였다. 그것들은 유언자에게 유언상의 처분들을, 설사 유언이 실패하고 무유언 상속이 일어나더라도, 확보할 수 있는 길을 제공해 주었다. 또한 신탁유증조항은 훗날의 신탁유증 발전에 중요한 요소가 되었다. 고전기 이후 시대에 이르러서 신탁유증은 중대한 발전을 이룬다. 유언내의 처분의 한 유형으로 시작되었던 것이 나중의 법에서는 유언을 훨씬 뛰어넘는 처분이 되었다. 신탁유증이 유언 내에서의 맹아적 단계로부터 독립적 존재를 가진 발전된 단계로 성장해 나가는데 있어서 신탁유증조항이 핵심적 동기를 제공하였다.

6) 고전기 이후의 전개

　4세기에는 유언에 의한 법률행위들에 있어서 어휘에 관한 형식적 요건이 폐지되었다. 칙법휘찬에 들어 있는 일련의 칙법들이 상속법상의 모든 형식적 요건들을 폐지했다. 이것들은 원래는 하나의 단일법이었는데, 분할되어 칙법휘찬상으로 보면 별개의 표제하에서 각각 유언, 유증, 신탁유증의 형식적 요건의 폐지를 다루고 있다[96].

---

95) Johnston, op.cit., p.210
96) C. 6.23.15; C. 6.37.21; C. 6.9.9

고전기 이후의 진전과 관련하여 신탁유증을 설정할 때의 부탁어휘
(verba precativa 또는 precaria)의 개념을 고찰해보아야 한다[97].

가끔 로마법상의 신탁유증은 부탁어휘로 설정되어야 한다는 명제가 제
시되곤 하는데[98], 이 명제는 타당한가?

앞에서 신탁유증을 설정하는데 통상 사용되는 어휘들을 살펴본바 있다.
Gaius가 소개한, 초기의 대표적 어휘 4개 중에서 3개, 즉 rogo, peto, volo
는 부탁어휘의 성격을 갖는다고 할 수 있다. 즉, 피상속인이 일정한 행위
를 해줄 것을 수탁자에게 희망하는 어감을 지닌다. 그러나 이러한 요청의
형태를 띠지 않는 어휘도 곧 신탁유증을 설정할 수 있는 어휘로 받아들여
졌다. fidei committo 자체로는 기본적으로 '요청'의 의미는 갖지 않는다.
그밖에 논의되었던 다른 어휘들도 요청의 의미가 없는 것들이 많다. 즉,
exigo, mando, impero와 같이 명령적이거나 scio, credo와 같이 확신의 표현
들도 있다. 심지어는 수탁자에게는 직접 신탁유증의 어휘가 행해지지 않는
간접적 어휘의 경우에도 신탁유증이 설정된 것으로 인정되기도 한다.

이와 같이, 사료들에서 신탁유증의 어휘가 부탁의 어휘이어야 한다는
내용은 찾아 볼 수가 없다. '부탁의(precaria)' 라는 어휘는 신탁유증 형식
의 처분을 나타내기 위해서 후기 고전기에 가서야 가끔 사용된 것이 발견
된다[99]. 이렇듯 부탁어휘는, 만약 그것들이 유언자의 의도를 분명하게 나
타낼 경우, 신탁유증을 설정하는 것으로 인정되는 어휘들 중 한 범주였을
뿐이다. 그러던 것이 후기 고전기 법률가들이 신탁유증처분을 간략하게
표현하는데 유언설정자의 요청에 착안하여 '부탁의(precaria)' 라는 어휘를
사용한 경우가 있었다. 이러한 경향은 고전기 이후에는 매우 두드러졌다.

---

97) Johnston, op.cit., 214~219 참조.
98) Faber, Coniecturae 14.3.2; Biondi, (1955), 290 f.
99) Pap. D. 28.6.41.3(6 resp.) : verbis precariis; D. 31.75 pr. : precario remuneratur; D.
    31.64(15 quaest.) : precaria voluntas; Ulp. D. 29.1.19 pr.(4 disp.) : efficere directam
    institutionem quae erat precaria. 이 밖에 preces라는 단어가 발견되는 개소로는 Pap.
    D. 36.1.57.2-3(20 quaest.); D. 31.77.23(8 resp.); Mod. D. 36.1.47.(sing. heurem.)

예를 들어, 칙법휘찬에는 precarius, precativus 그리고 이의 유사어들이 사용된 예가 많이 있다[100]. 이러한 사례들은 대부분 유언에서 확인되지 않은 유산처분문기의 효력이 문제된 사안들이다. 여기에서는 처분이 신탁유증인지 여부가 절대적으로 중요하다. 왜냐하면, 그러한 상황에서는 신탁유증만이 유효할 수 있기 때문이다. 황제의 칙답에서 '부탁어휘(verba precaria)'라는 표현을 사용한 것은 의미가 크다. 그것은 이미 부탁어휘를 신탁유증의 특성으로서, 그리고 신탁유증을 시민법상 처분과 별도의 것으로 구분짓는 요소로서 취급하는 경향이 있음을 보여주는 것이다.

고전기 이후에는 '부탁'어휘가 처분을 신탁유증으로 해석함에 있어서 하나의 信條가 되었다.

> UE 24.1 Legatum est quod legis modo id est imperative testamento relinquitur. nam ea quae precativo modo relinquuntur fideicommissa vocantur.
>
> 유증은 법정의 방식으로, 즉 유언에 의해 명령적으로 남겨지는 것이다. 이에 대하여 요구의 방식으로 주어지는 것은 신탁유증이라고 부른다.

> UE 25.1 Fideicommissum est quod non civilibus verbis sed precative relinquitur nec ex rigore iuris civilis proficiscitur sed ex voluntate datur relinquentis.
>
> 신탁유증은 시민법상의 어휘가 아니라 부탁의 어휘로 주어지는 것으로서, 시민법의 엄격성이 아니라 설정자의 의도에 의존한다.

이들 텍스트에서 처음으로 '부탁의' 라는 어휘가 신탁유증의 본질적 성격을 표현하기 위하여, 그리고 어떠한 법적 제도가 관련되어 있는가를 결정하는데 핵심적 요소로서 사용되었음을 알 수 있다.

---

100) Phil. C. 6.36.2 (AD 244); Valer. C. 6.42.14 (AD 255); Diocl. C. 2.3.16 (AD 286); 6.20.10 (AD 293); 3.36.24; 6.44.5; 6.50.15; 7.4.13 (AD 294); 6.36.4; 7.4.11.1 (n.d.); Iust. C. 6.43.2 pr. (AD 531).

7) 소결

어휘와 의사는 시민법과 신탁유증법에서 상이한 역할을 수행했다. 신탁유증에서 어휘가 결코 중요하지 않은 것은 아니었지만 그것의 중요성은 형식적 요건을 충족하는 데 있지 않았고 신탁유증을 설정하려는 유언자의 의사를 증명하는 데 있었다. 모든 어휘가 이에 적합하지는 않았지만 신탁유증을 설정하는 데 사용된 표준적 어휘형식의 수는 증가했다. 법률가의 역할은 새로운 어휘가 신탁유증을 구성하는 것으로 해석되어야 하는가를 결정하는 것이었다. 이 경우 별로 관계없어 보이는 어휘로부터도 신탁유증이 존재한다고 해석될 수 있을 정도로 해석상 상대적 유연성이 발휘되었다. 이로 인해서 법이 비약적으로 발전할 수 있는 가능성이 열렸다.

유언자의 의사에 관한 내부적 해석에 있어서는 신탁유증의 경우도 유증의 경우와 크게 다르지 않았다. 의사에 대한 중시가 큰 역할을 한 것은 목적론적 구성에서였다.

신탁유증이 유증과 크게 다른 점 중의 하나는 유증이 항상 상속인에 의하여 이행되어야 함에 비해서 신탁유증은 상속인이 아닌 수탁자에게 부과될 수 있다는 것이었다. 따라서 신탁유증의 비교적 초기에서부터 유언에 의한 상속인 이외의 수익자나 심지어는 유언이 전혀 없었던 경우에라도 이익을 받은 사람에게 신탁유증의 이행책임을 지우는 길이 열렸다.

신탁유증은 수탁자에게 올바르게 어휘를 갖춘 요청이 행해질 것을 요구하지 않았다. 결과적으로 재산권을 점유한 사람은 피상속인(사망자)이 수익자나 또는 그 이외의 사람에게 표명한 어휘에 의해서 다른 사람을 위한 수탁자가 될 수도 있었다. 이것이 발전되어 앞의 父 Celsus의 예에서 보았듯이 신탁유증을 상속재산 중의 일정한 재산권에 내재하는 것으로 보아, 그 재산권의 수령자가 자동적으로, 의도한 수익자를 위한 수탁자가 된다는 관념에까지 이르렀다고 할 수 있다.

신탁유증법과 그 해석의 발전과정 전체는 거의 두 가지 요소의 조합에서 비롯된 것으로 거슬러 올라갈 수 있다. 그것은 신탁유증이 고정된 법 형식을 중시하지 않았다는 것과 상속인과 유언으로부터 독립되어 있었다 는 것이다. 이로 인해서 유언자들은 애매한 형식의 처분이라도 법적 효력 이 있는 처분으로 받아들여지기를 희망하였고 또는 무효인 유언상의 처 분도 단순히 무유언의 상태로 처리되어 버리지 않기를 희망하게 되었다.

3. 신탁유증의 법적 효과 : 訴求와 집행의 절차

공화정기 동안은 신탁유증은 訴求할 수 없었다. 아우구스투스에 이르러 訴求가 가능하게 되었지만, 시민법상의 방식서 소송체계 또는 시민법상의 재판관할권 구조내에서 이루어진 것은 아니고, 법무관 대신 집정관이 이 에 관한 재판관할권을 행사하였다.

일단 訴求가 가능해지자 신탁유증은 널리 사용되었으며, 클라우디우스황 제(41~54) 치하에서 이미 관할권 체계상의 변화가 일어나서 2명의 특별법 무관이 지명되었다. 그러나 이로 인해 집정관의 관할권이 종료된 것 같지는 않고 여러 가지 사료가 양 관할권이 병존하였음을 말해주고 있다[101]. 아주 소수의 사료는 집정관은 顯官, 즉 원로원계층 인사(clarissimae personae)와 고액이 관련된 사건을 다루었을 가능성을 제시하고 있다[102].

신탁유증 소송이 집정관에 의해서 심리되든지 신탁유증법무관 중의 1 인에 의해서 심리되든지[103] 그 어느 경우에도 그것은 방식서 체계의 소송 과는 다른 종류의 소송으로서, 비상심리절차(cognitio extra ordinem)로 불 리어졌다[104]. 그 구제수단에 대한 정식 명칭도 통상적 절차에 관한 용어

---

101) Cels. D. 31.29 pr.(36 dig.); G. 2.278; Ulp. D. 2.1.19 pr.(6 fid.)
102) Ulp. D. 1.9.8(6 fid.); Quintilianus, inst. or. 3.6.70
103) Titus 황제(79~81) 이후에는 1명만 존속
104) Kaser, RP Ⅰ (1971), 759; Buckland, TRL(1990), 351. 비상심리절차(cognitio)와 그 발전에 관하여는 Kaser/Hackl, RZ(1996), 435ff을 참조.

인 소권(actio)이 아니고 persecutio(또는 petitio)였다[105]. 이렇게 법무관에 의한 통상의 절차가 아니라 비상심리절차만을 허용한 것은 신탁유증의 이행이 1차적으로 윤리적 의무가 문제되는 사항이라는 관념이 확고했기 때문이라고 설명하는 견해도 있다[106].

신탁유증에 관한 소송절차의 특수성이 신탁유증의 구조와 역사적 발전에, 더 나아가서 로마 상속법 전체의 형성에 어떠한 영향을 미쳤을까?

또 제3자에게 이익을 주려고 하는 신탁유증의 법적 구조상의 특징이 절차에 반영된 결과는 어떠한 것이었는가?

1) 非常審理節次(cognitio)와 그 효과

신탁유증은 비상심리절차(cognitio)에 의해서 다루어졌고, 유증과 상속은 통상의 소송체계에 의해 관할되었다. 비상심리절차로부터 파생될 수 있었던 절차상의 이점은 무엇이었을까? 속주에서는 속주 총독이 시민법에 기초한 사건이든, 그렇지 않든 모든 사건을 심리했고 그가 심리하고 있는 사건의 종류에 따라서 한 절차에서 다른 절차로 변경하는 식의 일은 했을 리가 없으므로 절차가 미친 영향에 관한 설명은 대체로 로마의 실무에만 해당한다[107].

양 절차의 개요를 간략히 살펴보자. 방식서 소송절차는 로마법의 고전적 절차로서 당사자의 활동이 중시되는 특성을 지녔다. 즉, 원고가 피고를 소환하였고 양당사자가 정무관의 면전에 출석하여 소송원인이 있는지를 결정하였다(법정절차). 일단 그것이 있다고 인정되면 양당사자는 그들의 사건을 심리할 심판인을 선정하였다. 그러나 비상심리절차(cognitio)에서는 정무관이 사건을 스스로 다루거나 次席(iudex pedaneus)을 지명하였다.

---

105) Ulp. D. 50.16.178.2(49 Sab.). 그러나 이 용어법이 엄격히 준수되지는 않았다. Paul. D. 50.16.34(24 ed.) 참조.
106) Kaser, op.cit., 758.
107) Kaser, RP I (1971), 758; Johnston, op.cit.,223~224.

이 절차는 방식서로부터 자유로왔다. 즉 소송의 방식이 사전에 정해져 있지 않았다. 절차진행의 성격은 糾問的이었고 그 힘의 원천은 정무관의 高權(imperium)이었다. 이 절차가 근대 대륙법상 재판에서 볼 수 있는 규문적 법절차의 본보기를 제공했다[108].

방식서 절차는 금전배상판결(condemnatio pecuniaria)의 원칙에 구속되었다[109]. 즉, 무엇에 관한 소송이든, 최종적인 수단으로 재판관은 특정이행(remedy in specie)을 명령할 수 없었고 단지 일정액의 금전이 지불되어야 했다. 그러나 원고가 물적 소송을 제기하였을 경우에는 그의 일차적 관심은 그의 재산의 회복에 있었으므로 법률가들은 이 점을 인식하고 원고를 도와줄 재량조항(clausula arbitraria)을 고안하였다[110]. 이 경우에도 피고가 특정 재산권을 반환하도록 선고받더라도 반환이 강제되지는 않지만, 피고가 특정물을 반환하지 않을 경우 원고가 해당 재산권의 가치를 스스로 산정할 수 있도록 허용되었기 때문에 현저한 압력을 미치게 된다.

판결의 집행을 위한 절차는 사건 종료 후 30일에 개시되었다[111]. 만약 이행이 이루어지지 않으면 원고는 법원에 다시 출두하여 판결집행소송(actio iudicati)을 제기할 수 있었다. 그가 그 소송에서도 승소하면, 다시 30일 이후에는 집행을 실행할 권한을 가지게 되었다. 그는 판결채무자에 대하여 인적으로 실행할 수도 있었고 그의 재산권에 대하여 실행할 수도 있었다. 후자의 경우에는 판결채무자의 전반적인 資力이 충분하더라도 破産節次가 개시되었고 그의 전 재산이 매각되었다(bonorum venditio)[112].

비상심리절차에 의한 집행도 대체로 다르지 않았다[113]. 원고는 희망하

---

108) 양 절차의 개념상 차이의 비교에 관해서는 최병조, 로마법강의, 523; Kaser/Hackl, RZ(1996) 442 ff. 참조.
109) G. 4.48; Kaser/Hackl, RZ(1996) 371.
110) Kaser/Hackl, RZ(1996) 335ff.
111) Kaser/Hackl, RZ(1996) 384ff.
112) Kaser/Hackl, RZ(1996) 394ff.
113) Kaser/Hackl, RZ(1996) 510ff.

면 판결집행소송(actio iudicati)에 의하여 실행할 수 있었지만, 이는 판결이
금액으로 주어졌을 경우에 한하여 이용할 수 있었다. 그 다음에는 방식서
절차에서와 동일한 양식을 따라서 집행이 이루어졌다. 보다 중요한 것은
비상심리절차가 다른 종류의 집행도 인정했다는 점이다[114]. 첫째로, 판결
이 일정금액으로 주어졌을 경우, 채무자의 재산 중의 개개의 물건에 대하
여 실행할 수 있었다. 비록 이 절차(개별재산의 매각 bonorum distractio)가
전재산의 매각(bonorum venditio)보다 공정하고 편리하지만, 그것은 방식
서 절차에서는 예외적인 경우에 한해서 인정되었다. 그러나 비상심리절차
(cognitio)에 있어서는 이 절차가, 판결이 일정금액으로 주어진 경우의 표
준적 집행형식이 되었다.

판결이 이행의 관점에서 주어질 경우에도 방식서 절차는 금액배상 이
외의 판결은 알지 못하였지만, 비상심리절차는 이러한 전통적 구속을 받
지 않았다. 즉, 비상심리절차에서는 정무관이 자신 또는 자신이 지명한 재
판관이 내린 판결의 집행을 책임져야 한다는 관념이 받아들여졌으므
로[115] 그는 손해배상명령 뿐만 아니라 유책판결을 받은 피고에게 그가 불
이행한 것을 실제로 이행하도록 명령할 수도 있었다[116].

원고가 자기가 수익자임을 증명한 경우, 예를 들어 어떤 토지가 자신에
게 이전되어야 함을 증명한 경우, 판결은 이행의 형태로, 즉 토지를 수익

---

114) Ulp. 49 Sab. D. 50.16.178.2.
115) Ulp. 3 off. cos. D.42.1.15 pr. 은 이 관념이 Antoninus Pius의 칙답에서 기인한다고
     한다.
116) Kaser/Hackl, RZ(1996) 512 n.14;
     Scaev. D.18.5.9(4 dig.) Fundus qui Lucii Titii erat ob vectigale rei publicae veniit:
     sed cum Lucius Titius debitor professus esset paratum se esse vectigal exsolvere
     solidum, cum minore venisset fundus, quam debita summa esset, praeses
     provinciae rescindit venditionem eumque restitui iussit Lucio Titio: quaesitum est,
     an post sententiam praesidis, antequam restitueretur, in bonis Lucii Titii fundus
     emptus esset. respondit non prius, quam emptori pretium esset illatum vel, si
     pretium nondum esset ab emptore solutum, in vectigal satisfactum esset.

자에게 이전할 것을 수탁자에게 요구하는 형태로 주어질 수 있었다. 이러한 것은 전통적 절차상의 구속을 받았던 유증에서는 찾아볼 수 없었던 이점이었다.

그러나 對物집행을 획득할 수 있는 능력은 일정한 경우에 한정되었다[117]. 판결이 집행의 기초가 되는데, 판결은 당사자 사이에서(inter partes) 선고되므로 집행 또한 마찬가지의 제한을 받을 수밖에 없었다. 말하자면, 對物집행은 피고가 실제로 대상물을 점유하고 있을 경우에만 유용한 것이었다. 對物소송(actio in rem)에서는 정확하게 계쟁물의 점유자에 대해서 소송이 제기되므로 당연히 이 경우에 해당할 것이다. 그러나 신탁유증은 人的 구제에 의존하였다. 즉 예정 수익자는 수탁자가 오래전에 신탁유증 목적물에 대한 점유를 그만두었더라도 수탁자에 대해서만 소구할 수 있었다.

요컨대, 신탁유증은 對人소송에 의존하였다. 즉, 소송은 수탁자에 대하여서만 제기될 수 있었다. 판결 자체가 물적 형태로 주어질 수는 있었지만 이것이 '물적' 효과를 갖는다는 것과는 거리가 멀다. 그것은 단지 수탁자가 신탁유증된 재산권을 점유하고 있는 경우에는 그것을 이전하도록 명령받을 수 있다는 것을 의미할 뿐이었다. 수탁자가 해당 물건을 제3자에게 이전한 경우에 제3자에 대해 실행할 권리까지 수익자에게 주는 것은 결코 아니다.

2) 보호의 한계 : 제3자에 대한 효력

신탁유증된 목적물이 매매나 다른 방법을 통해서 제3자의 수중으로 이전된 경우에는 어떻게 될까?

첫째로, 신탁유증 수익자는 제3자에 대해서 자신의 권리를 어느 정도까지 주장할 수 있는가?

---

117) Kaser, RP I (1971), 759 n.28.

전통적 견해는 신탁유증은 인적으로만(in personam), 즉 수탁자에 대해서만 강제할 수 있다는 것이었다[118]. 수탁자가 신탁유증재산을 양도한 경우에는 수익자는 그것에 추급할 수 없다. 이것은 고전기 뿐만 아니라 고전기 이후의 사료들에서도 많이 발견되는 입장이다. 그러나 법무관법상의 압류와는 상당히 다른, 물건의 押留명령(missio in rem)이라고 하는 독특한 구제수단에 의해서 신탁유증을 근거로 한 추급력이 일정한 조건하에서 제3자에게도 미쳤다는 견해가 제기되었다[119]. 그런데 이 제도는 529년 유스티니아누스 황제의 칙법에 의해서 폐지되었고, 동 황제의 531년 칙법에서 이 제도를 "가장 암울한 실수"라고 지칭한 데서 추측할 수 있듯이 유스티니아누스 법전 편찬 시에는 동제도의 흔적을 최대한 없애 버리기위해 노력하였으므로[120] 이 제도에 관한 상세한 내용을 사료를 통해서 밝혀내기는 곤란하게 되었다. 그럼에도 불구하고 Impallomeni가 남아 있는 흔적들을 재조립해서 대체적인 모습을 형상화하였다[121]. 그것은 신탁유증의 목적물을 점유한 제3자에 대해서 주어지는 1차적 소송이라는 의미에서의 對物구제의 모습이 아니다. 대신에 missio는 통상의 對人소송에 따르면서 사용할 수 있는 제3당사자에 대한 집행수단이었다[122]. 여기서의 핵심적

---

118) PS 4.1.18: ius omne fideicommissi non in vindicatione sed in petitione consistit.; 또한 Kaser, RP I(1971), 759; Lewis, RF(1868), 15 참조

119) Johnston, (1985), 220~290; M. Kaser, 'Rechtsgeschäftliche Verfügungsbeschränkungen im römischen Recht', in : ders. Römische Rechtsquellen und angewandte Juristenmethode(1986), 173~196(zuerst in Festgabe Sontis, 1977, 11~31).

120) M. Kaser, (1986), 190
    <529년 칙법> CI.6.43.1pr.; CI.6.43.1.1; CI.6.43.1.2; CI.6.43.1.3; CI.6.43.1.4; CI.6.43.1.5
    <531년 칙법>CI.6.43.3.2: Imperator Iustinianus
    Sed quia nostra maiestas per multos casus legatariis et fideicommissariis prospexit et actiones tam personales quam in rem et hypothecarias dedimus et in rem missionis tenebrosissimus error abolitus est, et ad hanc legem pervenimus. <a 531 d. k. sept. constantinopoli post consulatum lampadii et orestis vv. cc.>

121) Kaser, (1986), 189~190; Johnston, RLT(1988), 230.

문제는 정확히 어떠한 상황에서 이러한 對物집행(人的 物追及權)이 가능한가이다. 이에 관한 텍스트가 파울루스의 견해록에서 발견된다[123].

> PS 4.1.15 Rem fideicommissam si heres vendiderit eamque sciens compararit, nihilo minus in possessionem eius fideicommissarius mitti iure desiderat.
>
> 만약 상속인이 신탁유증 목적물을 매각하였고 어떤 사람이 [신탁유증에 관하여] 알면서 그것을 매수하였다면, 수익자는 그럼에도 불구하고 정당하게 자신이 그것을 押留할 것을 요구할 수 있다.

이 텍스트는 물건의 押留명령을 제3자에 대해서도 사용할 수 있고 이때의 제3당사자는 신탁유증의 존재를 알고 있었다는 점을 명확히 하고 있어서 押留명령은 매수자(제3자)가 악의인 경우에 한해서 사용할 수 있음을 나타내고 있다. 이것은 고전기 이후의 텍스트이고, 그것이 고전기의 법을 어느 정도로 나타낸다고 볼 수 있느냐에 관하여는 상이한 견해가 주장되고 있다. Impallomeni는 고전기 초기에는 신탁유증 사실에 대한 매수자의 인지 여부가 무시되었지만, 파피니아누스(170-212)와 같은 후기의 법률가는 매수자의 認知여부(scientia)를 고려하였다고 주장하였다[124]. 이에 대하여 Johnston은 스카에볼라의 텍스트들[125]을 보면 그도 매수자의 인지를 고려했음을 알 수 있고 다른 사료[126]에서도 押留명령이 제3당사자가

---

122) Impallomeni, (1967), 73f.; F. Klingmüller, 'Ius ad rem?' ZSS 44(1924), 212 : "신탁유증청구권의 대물적집행을 확보하기 위한 수단(Sicherungsmittel für die Realexekution des Fideikommissanspruchs)".

123) Johnston, op.cit., 230; Kaser, RP Ⅰ(1971), 759 n.28; 같은 필자, (1986), 190; cf. D. 31.89.7. Johnston은 Paulus의 동 개소가 대물집행(missio)이 가능한 상황에 관해서 명시적으로 기술한 유일한 텍스트라고 한다.

124) Impallomeni, (1967), 34;

125) Scaev. D. 32.38pr; D. 31.89.7; D. 33.2.36 pr.

126) Ulp. D.44.6.2(6 fid.) Si servus cum emerit scit, ignoravit autem dominus, vel contra, videndum est, cuius potius spectanda sit scientia. et magis est, ut scientia inspicienda sit eius qui comparavit, non eius, cui adquiretur, et ideo poena litigiosi

신탁유증에 관하여 알고 있을 경우에 한해서 부여되었음을 강하게 뒷받
침해주고 있다고 주장한다[127]. 이 경우 매수인이 악의인 점을 입증하기는
어려웠을 것이다[128]. 押留명령의 실제적 의미를 과소평가해서는 안 되지
만 이러한 한계 때문에 對物소송에 비해서 훨씬 약한 보호수단이라고 볼
수 있다.

매수자가 선의인 경우에는 언제나 押留명령을 부인할 수 있었는가? 주
된 문제는 善意인 매수자라도 신탁유증목적물의 대가를 지불하지 않은 경
우에는 押留명령에 따라야 했는가(물건을 추급당했는가) 하는 것이었다.

> Ulp. D.42.4.15(6 fid.) Is, qui rem permutatam accepit, emptori similis est: item
> is, qui rem in solutum accepit vel qui lite aestimata retinuit vel ex causa
> stipulationis non ob liberalitatem est consecutus.
>
> 교환으로 목적물을 취득한 사람은 매수자와 마찬가지이다. 또한 그것을 代物
> 辨濟로서 받은 자, 또는 소송물 산정가 지급 이후에 보유한 자 또는 問答契約에
> 기초하여 무상증여가 아니게 획득한 경우에도 그러하다.

울피아누스의 위 텍스트의 의미는 押留명령을 부인하기 위해서는 신탁
유증목적물에 대한 대가가 지불되었어야 한다는 견해에 입각할 때에 가
장 잘 이해된다[129].

요약하면, 후기 고전기까지는 선의로 대가를 지불하고 취득한 선량한
매수자는 신탁유증 목적물을 유효하게 취득하였고 追及당하지 않았다. 실
제적인 효용면에서 이 경우 수익자가 일반적인 물적 보호를 받는 것에는
한참 미치지 못하였다. 취득자(점유자)의 악의를 입증하는데 어려움이 있

---

competit, sic tamen, si non mandatu domini emit: nam si mandatu, etiamsi scit
servus, dominus autem ignoravit, scientia non nocet: et ita iulianus in re litigiosa
scribit.
127) Johnston, (1985) 264ff; Johnston, RLT(1988), 231.
128) Thomas, (1958), 590.
129) Johnston, RLT(1988), 232.

을 것이기 때문이다. 입증이 이루어지지 못하면, 신탁유증의 수익자는 수탁자에 대한 인적 권리주장에 의지할 수밖에 없었고, 代償청구에 관한 확립된 이론도 없었으므로 원래의 신탁유증 목적물 대신에 수탁자가 받은 재산권에 대해서도 권리주장을 할 수 없었다.

두 번째로, 이번에는 설정자와 수탁자가 無資力의 경우에 신탁유증의 효력범위에 관하여 살펴보자. 이 경우에는 매수자로서의 제3자가 아니라 채권자로서의 제3자가 관련된다.

먼저 설정자가 채무초과인 상태에서 그의 재산의 전부 또는 일부에 대해서 신탁유증을 설정한 경우이다. 상속재산이 채무초과상태인 경우에는 통상의 유증은 지불할 수 없고 신탁유증에 의한 처분도 무효이다[130]. 유언자의 상속재산이 채권자에 대한 채무와 유언자가 행한 모든 유증을 지불하기에 부족한 경우에는 우선적으로 채권자에 대한 채무가 완전하게 변제되어야 하고, 그 후에 상속재산이 허용하는 범위내에서 유증 또는 신탁유증에 의한 수익자가 지불을 받아야 한다[131].

다음으로, 설정자는 지불능력이 있으나 그가 설정한 신탁유증의 수탁자가 그렇지 못한 경우이다. 수탁자가 재산권을 점유하고 있고 장래 일정시점에(예를 들어, 사망시) 그것을 수익자에게 이전할 의무를 부담하고 있는데 채무초과상태가 된 경우를 말한다. 구체적으로 채권자의 공격(청구)에 대하여 신탁유증이 어느 정도로 존중될 수 있는가의 문제이다. 채권자는 다른 재산에 대하여 그러하듯이 신탁유증목적물에 대해서도 자유롭게 押留할 수 있다는 견해에서부터 정반대로 신탁유증재산은 그러한 채권자의 집행으로부터 면제된다는 견해까지도 있을 수 있다.

Hermo. D. 36.4.11.1(4 iur. epit.) Si rei servandae causa in possessionem missus

---

130) Diocl. C. 6.37.15 (AD 290); C. 6.50.16 (AD 294); Scaev. D. 32.38 pr.; Marci. D. 30.114.14.
131) Iul. D. 42.6.6 pr.

esset proprius creditor heredis et rei per fideicommissum mihi relictae adeptus
fuerit, nihil me per eum laedi oportere convenit, non magis quam si ab ipso
herede eam rem pignori accepisset.

상속인의 개인적 채권자가 그의 재산권을 보존하기 위해서 나에게 신탁유증으
로 주어진 목적물의 압류를 획득하였다면, 나는 그에 의해서 어떠한 불이익을 당
해서도 안되는 것이 適宜로운 바이다. 이는 그가 그 목적물을 상속인 자신으로부
터 담보로서 제공받은 경우와 마찬가지이다.

이 개소가 다루고 있는 두 경우 모두 채권자가 취득한 재산권은 유언자
가 설정한 신탁유증의 구속을 받는다. 즉, 법률가는 신탁유증의 수익자가
채권자보다 목적물에 대한 우월한 권리를 가지고 있다고 결정하였다. 혜
르모게니아누스(280~320)의 사례는 신탁유증의 수익자가 수탁자에 대해
서 즉각적인 권리를 갖는 경우이다. 수탁자가 그의 생애동안 재산권을 향
유할 권리가 있고 사망시가 되어서만 그것을 이전할 것이 요구되는 경우
에는 사정이 다르다.

파피니아누스(170~212)가 家繼信託遺贈(fideicommissum familiae relictum)
의 사례에 관하여 고찰하였다. 즉, 설정자가 신탁유증을 설정하고, 가족의
한 구성원이 그것의 수혜자가 되지만 그는 동시에 사망시에 그것을 다른
가족구성원에게 신탁유증으로 이전할 구속을 받는 경우이다.

Pap. D.31.69.1(19 quaest.) Praedium, quod nomine familiae relinquitur, si non
voluntaria facta sit alienatio, sed bona heredis veneant, tamdiu emptor retinere
debet, quamdiu debitor haberet bonis non venditis, post mortem eius non habiturus
quod exter heres praestare cogeretur.

부동산이 가족의 이름의 제한 하에(가족의 이름에서 벗어나지 않는다는 제한
하에) 남겨진 경우, 만약 자의에 의한 양도가 행해지지 않고 상속인의 全재산이
집행매각되었다면, 매수자는 채무자가 만약 재산이 집행매각되지 않았다면 보유
했을 기간동안만 토지를 보유해야 한다. 그[채무자]의 사망 후에는 그[매수자]는
그것을 가지지 않을 것이다. 왜냐하면 가족 외부의 상속인이 반환하도록 강제될
그것을 이전해야 하기 때문이다.

가족을 위한 신탁유증이 설정되었는데, 상속인이 결격인 경우에 관한 사례로서, 신탁유증이 어디까지 효력을 갖느냐의 문제가 발생한다. 대상 토지가 破産財產買受人(bonorum emptor)에게 이전되었는데, 파피니아누스는 이 파산재산매수인이 채무자인 상속인의 살아있는 기간동안만 토지를 보유할 권리가 있다고 규정한다. 이후에는 가족구성원에게 토지를 이전해야 하는데, 이는 가족 외부의 상속인이 그렇게 해야 하는 것과 마찬가지이다. 파피니아누스의 해법은 타협책이다. 그는 장래의 수익자들, 즉 가족구성원의 기대를 존중한다. 그러면서도, 파산재산매수인에게 신탁유증재산권의 잠정적인 점유를 허용함으로써 채권자의 이익도 고려한다.

요약하면, 無資力의 경우에는 다음과 같은 원칙이 적용된다. 설정자 자신이 무자력인 경우에는 신탁유증은 무효이고, 채권자는 신탁유증이 설정된 재산권을 포함한, 설정자의 모든 재산권에 대해서 집행할 수 있다. 수탁자가 무자력인 경우에는 그가 점유하고 있는 신탁유증 재산권은 통상의 집행에는 구속되지 않는다. 만약 신탁유증이 즉시 이행해야 할 것인 경우에는 수익자는 다른 채권자에 대하여 우선적으로 권리주장을 할 수 있다. 만약 수탁자의 사망시가 되어서야 이행할 것이면 파산재산매수인(bonorum emptor)은 수탁자(채무자)의 생애동안 신탁유증재산권의 果實을 취득할 수 있다. 그러나 이러한 해석은 후기 고전기의 텍스트(파피니아누스)에 근거를 둔 것으로서 파피니아누스의 견해가 어느 정도까지 이전의 법에서 채택되었는지는 분명하지 않다.

셋째로, 無資力은 생기지 않았으나, 유언자가 채무의 담보로 채권자에게 제공한 목적물을 후에 신탁유증한 경우의 효력에 관해서 살펴본다. 만약 상속재산이 채무를 변제하기에 충분한데 단지 신탁유증된 목적물이 담보로 제공되어 있는 경우에 어떻게 될 것인가의 문제이다.

Alexander C.6.42.6 (AD 224) Praedia obligata per legatum vel fideicommissum relicta heres luere debet, maxime cum testator condicionem eorum non ignoravit aut, si scisset, legaturus tibi aliud, quod non minus esset, fuisset. (1) sin vero a creditore distracta sunt, pretium heres exsolvere cogetur, nisi contraria defuncti voluntas ab herede ostendatur.

상속인은 담보토지가 유증 또는 신탁유증에 의해서 주어진 경우, 특히 유언자가 그것의(토지의) 조건을 모르지 않았거나 또는 만약 그가 알았다면 당신에게 그보다 못하지 않은 다른 것을 주었을 경우에는, 그것의 담보를 해제해야만 한다. (1) 그러나 만약 그 토지가 채권자에 의해서 매각되었을 경우에는 상속인은, 만약 사망자(유언자)의 상반된 의사가 상속인에 의해 입증되지 못하는 한, 그 가액을 (수익자에게) 지급해야 할 것이다.

이 사례에서는 유언자의 상속재산이 전체적으로는 채무를 변제하고도 남음이 있으므로 신탁유증은 유효하다. 개소는 신탁유증의 수익자는 토지의 가액보다는 실제의 토지를 획득해야한다는 전제에서 출발한다[132]. 그러므로 문제는 토지가 현재 담보로 잡혀있는 채권자에게 누가 상환해야 하느냐이다. 결정은, 특히 유언자가 토지가 담보로 제공되어 있음을 알았거나, 만약 알았을 경우에는 다른 목적물을 주었을 것으로 생각되는 경우에는 상속인이 상환해야한다는 것이다. 이러한 결정은 만약 유언자가 담보제공사실을 알았더라도 다른 목적물을 주었을 것이라는 점을 제시하지 못하거나, 유언자가 담보제공사실을 몰랐을 경우에는 수익자가 채권자에게 상환해야 한다는 결론에 이르게 한다.

만약 채권자가 토지를 매각했을 경우에는 대물집행은 할 수 없으며, 유언자의 의사가 그러한 한 상속인이 수익자에게 토지가액을 지급해야 한다. 이 경우에도 신탁유증은 여전히 유효하지만 실제의 신탁유증 목적물이 유언자와 그의 채무 탓으로 제3자의 수중으로 귀속된 것이므로 대물집행은 허용되지 않는다[133].

대체로 로마법상 신탁유증이 설정된 토지는 채권자의 攻取로부터 상당한 정도로 자유로웠다. 신탁유증이 유효하게 설정된 경우에는, 나중에 수

---

132) Ulp. 2 fid. D. 32.11.17 참조.
133) Pap. D. 31.78.4(9 resp.) 참조.

탁자나 수익자가 무자력상태가 되더라도 이에 영향받지 않고 존속하였다. 채권자의 법적 지위는 취약했지만, 이러한 사정은 최소한 고전기가 끝날 무렵에는, 파산재산매수인이 신탁유증이 설정된 토지를 채무자인 수탁자나 수익자의 생애동안은 '수익적으로 점유' 할 수 있도록 허용됨으로써 완화되었다. 즉, 로마법에서는 근대초기 대륙법의 Familienfideikommiss나 영국의 限嗣不動産權(entail)의 악용사례와는 다르게 채권자의 이익을 유연하게 존중하였고 특히 담보자의 지위는 확고하였다. 결과적으로 이것은 토지의 신탁유증에 의한 가족계승재산설정에 대한 반대의 목소리가 작았던 이유 중의 하나가 되었다.

3) 제3당사자와 목적

로마법은 제3당사자에게 이익을 주려고 하거나 추상적 목적을 달성하려고 하는 처분을 수용하는데 어려움이 있었다. 로마법이 인적 관계의 一身專屬性을 엄격하게 고집하였기 때문인데, 이러한 전통적 태도의 연장선상에서 로마법상 부담(modus)의 성격이 형성 발전되었다[134].

신탁유증은 제3당사자를 위한 의무의 이행을 강제함에 있어서 매우 큰 진전을 이루었다. 그것은 시민법상으로는 불가능했던, 제3자에게 소권을 부여했을 뿐만 아니라, 특정이행도 허용했다. 私的 영역의 사례(노예의 해방, 목적물의 수익자에의 인도)에서는 이러한 진전은 실질적으로 확립되었으나, 公的 영역의 사례(기념물의 건축)에서는 사료상으로 볼 때 단정적으로 결론을 내리기가 쉽지 않다. 그러나, 일응 공적 목적을 위한 부담(modus)의 체계적인 강제는 인정되지 않았음에 비하여 그러한 목적을 가진 신탁유증의 강제이행은 인정되었다고 볼 수 있다.

고르디아누스 황제(238~244)의 칙법[135]에 의하면, 부담부 유증이 행해

---

134) Johnston, RLT(1988), 239의 예 참조.
135) Gordianus C.6.45.2 (AD 240) Ex his verbis: "Titio decem millia vel insulam

진 경우에도 신탁유증의 이행을 위한 소송으로 소구하는 것이 가능하다
고 하였다. 이렇게 부담부 유증을 신탁유증과 동일시하여 해석한 것은 신
탁유증이 보다 유용하고 보다 유연한 법제도임이 입증된 것을 의미한다
고 할 수 있다. 그렇기 때문에 부담(modus)이라는 제도를 흡수할 수 있었
다. 신탁유증은 이렇게 절차상의 利點을 무기로 법실무상의 존재가치가
입증되면서 활용영역이 확대되어 나갔다.

4) 고전기 이후의 진전

신탁유증에 적용된 절차법에서의 고전기 이후의 변화는 매우 온건하였
다. 로마법의 다른 분야와는 다르게 신탁유증은 고전기 말에 이르기까지
이미 수세기 동안 非常審理節次(cognitio)에서 소송이 가능했다. 다른 제
도들이 방식서 절차의 쇠퇴[136]와 새롭게 우세를 점한 비상심리절차에 적
응할 필요가 있었던 데에 비하여 신탁유증은 그러한 조정이 필요 없었다.

고전기 이후의 주요한 법사료 중의 하나인 파울루스의 <견해록>은 신
탁유증에 거의 변화가 없었음을 보여주고 있다. 그것은 여전히 신탁유증
은 對人的(in personam)으로 작용하지만, 押留명령(missio)에 의해서 제한
적 범위에서 물적인 보호를 받는다고 설명하고 있다[137]. 비상심리절차의

---

relinquo, ita ut quinque millia ex his vel eandem insulam Mevio restituat", licet
antea neque legati neque fideicommissi petitio nascebatur, tamen in libertate a divo
Severo hoc admissum est. (1) Sed in pecuniariis causis voluntatis tuendae gratia
non immerito recipiendum est, ut etiam ex huiusmodi verbis, sive ad condicionem
sive ad modum respiciunt, sive ad dandum vel faciendum aliquid, fideicommissi
actio omnifariam nascatur, videlicet in condicionibus post exitum earum. (2) Sin
vero legato aut fideicommisso relicto testator legatarium seu fideicommissarium
prohibuerit heredem suum vel alium quendam debitum exigere, habet debitor
adversus legatarium seu fideicommissarium agentem usque ad quantitatem relicti
fideicommissi sive legati exceptionem.

136) 방식서소송은 최종적으로 342년에 폐지되었다(Constatinus et Constans C.2.57.1).
최병조, 로마법강의(1999), 523.

작용은 예전과 같이 지속되었고 따라서 신탁유증의 수익자는 특정이행을 받을 수 있었던 것으로 보인다.

그러나 유스티니아누스 황제 시대에 신탁유증에 적용되는 절차가 완전히 구조적으로 변경되었다. 529년부터 531년까지의 일련의 칙법을 통해서 새롭고 급진적인 개혁이 행해졌는데, 개혁의 전제는 유증과 신탁유증을 더 이상 구분할 필요가 없다는 것이었다.

개혁의 첫 번째로 모든 수유자와 신탁유증수익자의 이익을 위하여 對物소권(actio in rem)이 도입되었고, 두 번째로 그들에게 주어진 모든 재산권에 암묵적 저당권(tacita hypotheca)이 설정되었다[138]. 해석이 의심스러운 경우에 대비하여 유스티니아누스 황제는 이들 규정은 상속인에게 부담이 된 처분 뿐만이 아니고 수유자나 신탁유증수익자의 책임으로 부과된 신탁유증에도 적용된다고 명시했다[139]. 이로써 신탁유증은 본질적으로 인적으로만 訴求할 수 있다는, 오랜 역사 동안 유지되어 온 관념이 폐기되었고, 이와 더불어 이러한 구조적 한계를 보완하기 위해서 사용되었던 押留명령(missio)도 더 이상 존재할 필요가 없어졌다.

암묵적 저당권은 상속인 또는 신탁유증수탁자가 사망자의 상속재산으로부터 받은 모든 재산권에 설정된다고 규정되었다. 저당권을 위한 소권

---

137) PS 4.1.18, 4.1.15 : 앞의 72면 인용 예 참조

138) Iustinianus C.6.43.1.1 (AD 529) Rectius igitur esse censemus in rem quidem missionem penitus aboleri, omnibus vero tam legatariis quam fideicommissariis unam naturam imponere et non solum personalem actionem praestare, sed etiam in rem, quatenus eis liceat easdem res, vel per quodcumque genus legati vel per fideicommissum fuerint derelictae, vindicare in rem actione instituenda, et insuper utilem Servianam (id est hypothecariam) super his quae fuerint derelicta in res mortui praestare. (2) Cum enim hoc iam iure nostro increbuit licere testatori hypothecam rerum suarum in testamento quibus voluerit dare, et iterum novellae constitutiones in multis casibus et tacitas hypothecas induxerunt, non ab re est etiam nos in praesenti casu hypothecariam donare, quae et nullo verbo praecedente possit ab ipsa lege induci.

139) C.6.43.1.4

은 원래의 對人的 소권과 동일한 범위에서 주어졌으며, 그것은 상속재산
으로부터 받은 재산권에 한정되었고 상속인이나 신탁유증수탁자의 다른
개인적 재산에는 적용되지 않았다[140].

이같은 개혁에 관하여 그들은 스스로 신탁유증과 유증에 대해서 '동일
한 성격을 부과하려고 하는 것'이라고 선언하였다[141]. 사실 이러한 주장
은 너무 광범위하게 과장된 것이고 그들이 실제로 한 것은 유증과 신탁유
증에 대해서 동일한 절차적 구조를 강제한 것이었다. 오히려 뒤이어 제정
된 추가적 입법이 유증과 신탁유증의 서로 다른 구조를 통합했다고 보는
것이 타당할 것이다. 531년의 입법은 직접적이든 부탁적 성격의 것이든,
어떠한 어휘도 유증을 나타내는 어휘로 사용되기에 충분하고, 유증은 신
탁유증의 성격도 가지고 그 逆도 마찬가지이며, 각 처분은 동시에 다른
처분이기도 하다고 규정하였다[142].

얼마 안가서, 양도의 금지가 도입되었다. 즉, 유증된 재산권은 양도될
수 없게 되었다. 그 이론적 근거에 관하여 유스티니아누스 칙법은 다음과
같이 설명한다. "어떤 사람이 자신의 재산 중에서 절대적으로 소유하지
못한 물건을 다른 사람에게 이전하거나 저당잡히거나 入質하거나, (노예
의 경우) 해방하여 다른 사람들의 희망을 기망하는 것은 매우 어리석고
비합리적이다."[143] 이러한 준칙은 조건 없이 부여되거나 기한(dies)부로
부여된 유증에 적용될 수 있었다. 그러나 유스티니아누스 황제는 더 나아
가서 조건부 또는 불확정기한부로 행해진 유증의 경우에도, 예컨대 조건
이 실현될 경우 양도는 처음부터 무효가 되고, 점유회복을 실행하는 데
많은 비용이 발생할 우려가 있으므로 이를 피하기 위해서 양도를 하지 않

---

140) C.6.43.1.4-5
141) C.6.43.1.1
142) C.6.43.2 (AD 531)
143) C.6.43.3.2a (AD 531) : … quia satis absurdum est et inrationabile rem, quam in
    suis bonis pure non possidet, eam ad alios posse transferre vel hypothecae
    pignorisve nomine obligare vel manumittere et alienam spem decipere.

는 것이 최선일 것이라고 명언하였다[144]. 결과적으로 수익자는 모든 상황에서 물적 소송을 이용할 수 있었다. 선의의 매수인은 통상적인 계약상의 구제수단을 가지게 되었고, 채권자는 質訴權(actio pigneraticia)을 행사할 수 있었다. 그러나 악의의 매수인은 대가의 반환 이외의 모든 구제수단을 박탈당하며, 손해배상도 청구할 수 없었다[145].

이상의 광범위한 개혁을 정리해보면, 모든 경우에 수익자는 원래의 보호수단이었던 인적 소권에 더하여 물적 소권을 가졌고, 그것은 모든 점유자에 대하여 행사할 수 있었다. 즉, 제3자에게 매각하였을 경우, 매수인의 선의 또는 악의는 매수인이 매도인으로부터 계약상 청구할 수 있는 손해배상에만 관련이 있었을 뿐, 수익자는 아무런 영향을 받지 않았다. 수탁자 또는 상속인의 관점에서 보면, 유언자로부터 받은 모든 재산은 수익자를 위한 암묵적 저당권에 구속되었다. 수탁자에 대해서 이전의 법은 인적 소권의 행사만을 허용했으나 이제는 물적 소권을 행사할 수 있게 되었다.

III. 신탁유증의 발전

아우구스투스에 의해 신탁유증에 소권이 도입됨으로써 시민법상의 상속이나 유증을 받을 수 없었던 무능력자들이 신탁유증을 통해서 이익을

---

144) C.6.43.3.3 ··· ne se gravioribus oneribus evictionis nomine supponat.
145) C.6.43.3.4 Emptor autem sciens rei gravamen adversus venditorem actionem habeat tantummodo ad restitutionem pretii, neque dupli stipulatione neque melioratione locum habente, cum sufficiat ei saltem pro pretio, quod sciens dedit pro aliena re, sibi satisfieri: creditori nihilo minus pigneraticia contraria actione adversus debitorem competente, ut ex omni parte omnique studio id, quod semper properamus, ad effectum perducatur, ut ultima elogia defunctorum legitimum finem sortiantur : bonae fidei procul dubio emptoribus integra iura et nullo modo ex hac constitutione deminuta contra venditores habentibus.

수령할 수 있게 되었으나 이러한 이점은 전술한 바와 같이 2세기 초엽에
이미 사라져버렸다. 그럼에도 불구하고 신탁유증은 계속 사용이 확대되어
갔는데, 이것은 신탁유증의 사회적 효용이 여전히 존재했다는 것을 의미
했다. 실제로, 신탁유증은 시민법상 요구되는 형식상의 여러 제한을 받지
않음으로서 유증으로서는 달성할 수 없었던 사회적 기능을 수행해 나갈
수 있었다. 그러한 분야로서 특히 유언이 없는 경우에도 신탁유증이 있었
던 것으로 인정하는 無遺言信託遺贈이 등장하고 성장해 나간 것을 들 수
있다.

한편 4세기 이후 유증과 신탁유증간의 형식상의 요건의 차이가 해소되
는 등 양 제도간의 차이가 줄어들어 접근되어 가다가 유스티니아누스 황
제 시대에 이르러 앞서 살펴보았듯이 칙법에 의하여 하나의 제도로 통합
되었다.

1. 無遺言信託遺贈의 발전

유증이 유언에 의한, 즉 유언에 부수하여 행해지는 개별적 출연으로서
유언이 없는 곳에서는 유증도 있을 수 없었던 데에 비하여, 신탁유증은
무유언 법정상속의 경우에도 가능하였다[146].

무유언신탁유증을 인정하는 것은 중요한 진전이다. 만약 무유언의 경우
에 신탁유증의 이행이 강제될 수 있다면, 이것은 결국 유언에 의한 상속
과 무유언법정상속 사이의 구분을 흐리게 하는 결과로 이어질 수 있고,
또한 원칙상은 아닐지 몰라도 최소한 실제상으로는 "아무도 일부는 유언
자로서, 일부는 무유언자로서 사망할 수 없다(nemo pro parte testatus pro
parte intestatus decedere potest)"라는 준칙[147]을 깨트리는 결과가 된다.

---

146) 최병조, 로마법강의(1999) p. 504; Kaser, RP I (1971), 758; Buckland, TRL(1990),
     351; Johnston, RLT(1988), 117.
147) D. 50.17.7; Inst. 2.14.5

따라서 '무유언의 경우 어떻게 신탁유증을 인정할 수 있는가?' 또 '유언
대신에 또는 유언 이외에 무유언신탁유증을 확립함으로서 얻을 수 있는
이익은 무엇인가?'를 고찰하는 것은 매우 의미 있는 일이라고 할 수 있다.

1) 언제부터 인정되었는가?

무유언신탁유증의 수용가능성을 언급한 최초의 법률가 중의 하나로 가
이우스를 들 수 있다.

> Gaius 2.270 Item intestatus moriturus potest ab eo, ad quem bona eius
> pertinent, fideicommissum alicui relinquere; cum alioquin ab eo legari non possit.
>
> 유사하게 유언 없이 곧 죽게 될 사람은 그의 상속재산이 이전되는 사람의 부담
> 으로 어떤 사람에게 신탁유증을 줄 수 있다. 그렇지만 이와는 달리 그의 부담으로
> 유증을 줄 수는 없다.

언제 무유언신탁유증이 처음 나타났는지에 관한 증거는 없지만, 율리아
누스(Iulianus, 125~170)가 그들의 등장과 관련이 있다고 주장되고 있
다[148].

2) 무유언의 경우 신탁유증의
인정이 어떻게 정당화되었는가?

가이우스는 법정상속인에게 신탁유증 이행책임을 부담시키는 것을 정
당화할 수 있는 근거에 대한 고찰을 하고 있지 않다. 이 문제는 신탁유증
이 인정되는 법적요건 중 이익의 원칙과 의사의 원칙을 법정상속의 경우
에 어떻게 적용할 것인가 하는 문제와 관계가 있다. 어떤 사람이 유언 없

---

148) Johnston, RLT(1988), 118; Iul. D. 30.92.2 & 94 pr.; D. 29.7.3(39 dig.); D. 40.5.47
    pr.(42 dig.); D. 29.4.6 pr.(31 dig. apud Ulp. 50 ed.)

이 사망할 경우 법정상속인은 분명히 이익을 얻으므로 이익의 원칙의 적용은 문제가 없다. 신탁유증이 유효하기 위한 주관적 기준, 즉 의사의 원칙을 적용하기는 이보다 어렵다. 신탁유증을 인정할 수 있으려면 사망자(설정자)의 의도와 장래의 수탁자(수탁예정자)에 의한 이익의 수령과의 사이에 직접적 인과관계가 있어야 한다. 법정상속의 경우에 어떻게 사망자의 의사로 인해 법정상속인의 이익이 발생한 것으로 말할 수 있을까? 따라서 어떻게 그에게 신탁유증의 이행책임을 부담시키는 것이 정당화될 수 있을까?

무유언의 경우에도 의사의 원칙의 적용이 중요함을 알려주는 사례들을 통해 접근해보자.

Mar. D. 30.114.2(8 inst.) Qui intestato decedit et scit bona sua ad fiscum perventura vacantia, fidei fisci committere potest.

유언 없이 사망한 사람이 자신의 재산이 상속인이 없어서 국고로 귀속될 것임을 안 경우에는 신탁유증의 이행을 국고에 부담시킬 수 있다.

여기에서는 신탁유증을 인정하기 위한 주관적 요소로서 사망자가 자신의 재산이, 법정상속인이 될 친족도 없고 스스로 유언도 하지 않았으므로 무주물(bona vacantia)로서 국고로 귀속될 것임을 알고 있었고 그것에 만족하였다는 것을 들고 있다. 그러나 Paulus의 텍스트에서는 한 단계 더 나아간 또 다른 접근을 보여준다.

Paul. D. 29.7.8.1(sing. de iure codicil.) Sed ideo fideicommissa dari possunt ab intestato succedentibus, quoniam creditur pater familias sponte sua his relinquere legitimam hereditatem.

신탁유증의 이행책임은 무유언법정상속인들에게도 부과될 수 있다. 왜냐하면 家長은 의도적으로 이들에게 법정의 상속재산을 주는 것으로 여겨지기 때문이다.

이 텍스트에서는 유언자의 주관적 의사를 특별히 강조하지 않는다. 그 대신에 객관적 상황으로부터 그의 의사가 상속재산이 법정상속인에게 이전되어야 한다는 것이었음이 추정된다. 법은 이러한 자유의지에 의한 무유언의 개념과 법정상속인에 대한 의식적인 이익공여를 추정하는 입장을 오랜 동안 유지 하였다[149].

그러나 유언을 한 경우, 즉 무효인 유언의 경우에, 법정상속인에게 신탁유증 이행을 부담시키는 것은 어떻게 정당화될 수 있는가? 이 경우에 어떻게 유언자가 법정상속인이 자신에 대한 상속으로 이익을 받을 것을 의도했다고 말할 수 있는가? 소위 '유언보충' 문구가 이에 대한 답이다. 즉 유언에는 '유언보충' 문구가 부가되어, 비록 유언이 실효한 경우라도 유언상의 처분의 이행을 신탁유증으로서 법정상속인에게 부담시킴으로써, 유언상 처분의 유효성을 제공하기 위해서 사용될 수 있었다. 그러나 무효인 유언으로부터 유효한 무유언신탁유증으로의 移行은 그러한 취지의 어구가 유언상 명시적으로 나타나있을 때에만 가능했다[150].

이익과 의사의 원칙이 만족되는 한 유언자는 어떠한 무유언상속인에게도 부담을 지울 수 있었다.

3) 무유언 신탁유증이 행해진 이유

첫째, 대부분의 경우로서 갑자기 예기치 않게 죽음이 찾아옴으로써 곧 죽을 사람이 형식적 절차를 밟아 유언을 완료할 여유가 없을 경우에 무유언 법정상속인의 부담으로 무유언 법정상속인의 범위에는 들지 못하지만 재산권을 주고 싶은 사람(친한 친구 등)을 위하여 신탁유증을 설정할 수 있었다.

---

149) Johnston, RLT(1988), 121; H. Grotius, De iure belli ac pacis 2.7.3; S. Pufendorf, De iure naturae 4.11.1.
150) Johnston, op.cit., 122

둘째, 유언이 지닌 절차상 약점을 회피하기 위한 수단으로 이용될 수도 있었다. 예를 들어, 유언은 유복자(postumi)가 태어날 경우에는 유언한 대로의 효력이 인정되지 않고 효력이 변경되어 복잡하게 될 수 있었다. 세심하게 유언문안을 작성하거나 입법을 통해서 문제를 어느 정도 해결할 수도 있었으나 보다 손쉬운 방법이 유언 없이 죽어서 무유언 법정상속인에게 신탁유증의 부담을 부과하는 것이었다.

셋째, 불륜유언의 소(querela inofficiosi testamenti)로부터의 부담을 회피하기 위해서 이용되었다는 견해가 있다[151]. 유언자가 무유언의 경우에 상속받게 될 직계비속이나 직계존속에게 유언을 통해 무유언시의 법정상속분의 4분의 1(義務分)에 미달하는 재산권만을 주었을 경우에는 이 직계비속 또는 직계존속은 不倫遺言의 소를 제기할 수 있었다. 불륜유언의 소에서 원고가 승소할 경우, 유언 당시 유언자의 정신상태가 온전하지 않았던 것으로 간주되어 유언전체가 무효로 선언되었고(testamentum rescissum) 무유언 법정상속이 행해지게 되었다. 결과적으로 訴提起者는 무유언법정상속분을 모두 받을 수 있었다[152]. 그런데 이 불륜유언의 소는 유언에 의한 처분을 전제로 하였다. 위 견해는 이 때 무유언 신탁유증을 이용함으로써 이를 회피할 수 있었다고 한다. 무유언 법정상속에 의해 친족들은 자신의 법정상속분을 취득할 것이지만, 이때 신탁유증을 통해서 그들의 수익분을 義務分 이하로 감축시킬 수 있었다. 이러한 남용에도 불륜유언의 소가 확장 적용되었으리라고 기대할 수 있겠지만, 실제로 확대적용된 증거는 없다는 것이다

그러나 팔키디아(Falcidia)법은 강행법으로서 이에 의한 규제는 시간이 지나면서 모든 死因取得에 확장되었다고 보는 것이 다수의 견해이다[153]. 즉, 페가시아눔 원로원 의결에 의해서 신탁유증의 경우에도 유언상 상속

---

151) Johnston, op.cit., 153
152) EDRL(1953), 665.
153) 최병조, 로마법강의(1999) p. 502; ; EDRL(1953), 552; cf. Digler, (1982), 335.

인에게 팔키디아법에 의한 義務分이 보장되었고, 안토니누스 피우스 황제 이후에는 신탁유증의 경우 무유언법정상속인에게도 동법에 의한 의무분이 보장되었다고 한다154).

2. 유증과 신탁유증의 통합

유증과 신탁유증의 접근은 이미 고전시대에서부터 시작되었다고 할 수 있다. 그러한 접근은 유증을 동시에 신탁유증으로서도 설정하는 관행에 의해서 촉진되었다. 실제로 고전시대에 이미, 유증에 적용되던 특별규정이 신탁유증에도 확대적용되었다. 예를 들어, 전술했듯이 시민법상의 유증에만 적용되던 팔키디아법이 페가시아눔 원로원 의결에 의해서 신탁유증에도 적용되었다. 또한 이익을 수령할 수 있는 자에 있어서의 차이, 즉 유증을 받기는 불가능했지만 신탁유증을 수령할 수 있었던 독신자, 자녀 없는 자 등도 페가시아눔 의결에 의해서 이익을 받는 것이 불가능해지는 등 양자간의 차이가 상당부분 해소되었다.

양 제도에 각각 적용되던 특별규정들도 고전기 이후에 점차 사라져 갔다155). 이 시기에 접근을 현저하게 촉진시킨 것이 법률행위의 설정에 사용되는 어휘의 형식에 대한 제한을 제거한 조치였다. 즉 콘스탄티누스 황제가 유언에 관한 시민법상의 형식적 요건을 폐지함에 따라서 설정형식에 있어서의 차이는 4세기 초반에 사라졌다156). 여기에 유증에 관한 쟁송에서 사용하던 방식서 소송절차를 신탁유증에서 사용하던 비상심리절차로 대체한 것도 큰 영향을 미쳤다157).

---

154) Schulz, (1951), 327~328;. Kaser, RP II(1975), 561~562 n.80
155) Kaser, RP II(1975), 552, 특히 n. 25.
156) C. 6.37.21(320? 339?)와 C. 6.23.15. 그리스어 사용의 허용에 관해서는 C. 6.23.21.6.
157) Kaser, RP II(1975), 553.

"모든 점에서 유증은 신탁유증과 동일하게 되었다(Per omnia exaequata sunt legata fideicommissis)."는 명제(Ulp. D. 30.1(67 ed.))는 어느 시대의 상황을 설명하는 것인가?

신탁유증은 유언상 상속인 이외의 사람에 대해서도, 즉 사망자에 대한 상속에 의하여 이익을 받은 사람이면 사실상 누구에게든지 이행책임이 부과될 수 있었다. 이것은 매우 큰 의미가 있었다. 이로 인해서 계승적 재산설정, 즉 신탁유증이 한 수익자를 위해서 설정되고 그 수익자 자신이 또 다른 수익자를 위한 신탁유증의 이행책임을 지는(수탁자가 되는) 계승적 신탁유증을 생각할 수 있게 되었을 뿐만 아니라 무유언의 경우에도 신탁유증이 설정될 수 있게 되었고, 결과적으로 유언과는 아무런 관련이 없는 사망시의 재산처분에 관한 체계가 성장하게 되었다.

고전기 후기에 들어가서 전술한 설정형식과 소송절차와상의 차이가 해소된 이후에도 신탁유증이 유언상의 상속인 이외의 사람에게도 이행책임이 부과될 수 있었던 점은 여전했다. 무유언의 경우에 이러한 특성이 잘 발휘되었으며, 고전기 이후의 법에서 신탁유증은 무엇보다도 비유언적 처분의 수단으로 활용되었다.

결국 유증과 신탁유증은 약간의 사항에 있어서는 접근되었지만 고전기 이후에 가서도 중요한 몇 가지 상이점은 여전히 존속하였고, 형식적 요건과 절차상의 차이가 상존하던 고전기에는 더 말할 필요도 없었다. 고전기 이후에도 "모든 점에서 동일하게 되었다 (… Per omnia exaequata sunt …)"라는 표현은 실제의 진전상황을 정확하게 나타내는 표현이라고 할 수 없었다[158].

종국에는 양 제도의 완전한 통합은 동로마에서만 그것도 유스티니아누

---

158) Johnston, RLT(1988), 258. Johnston은 더 나아가서 관련되는 사료 50개를 하나 하나 분석한 후에, 유증과 신탁유증을 동일시하거나 혼용한 사료의 표현은 수정된 것이거나 추후 편집시의 착오에 기인한 경우가 많았다고 주장한다. Johnston, RLT(1988), 258~269.

스 황제의 칙법들이 제정됨으로써 달성되었다[159]. 유증과 신탁유증은 동일하게 되었다. 만약 유증에 관한 법에 흠결이 있으면 신탁유증에 관한 법으로부터 보충될 수 있었고 그 반대도 가능했다(I. 2.20.3). '모든 점에서 유증은 신탁유증과 동일하게 되었다(Per omnia exaequata sunt legata fideicommissis).' 이 문구는, 고전기의 법상황이 아니라, 정확하게 유스티니아누스 황제에 의해서 행해진 개혁의 모습을 표현한다. 즉, 과거에 두 법제도가 있다가 이제 한 제도만이 있게 되었다. 그런데 새로 통합되어 형성된 제도는 유증보다는 신탁유증에 가까웠다[160].

---

159) Kaser, RP Ⅱ(1975), 553; C.6.43.2(AD 531).
160) Kaser, op.cit., 553; Johnston, RLT(1988), 271.

제2절 家繼信託遺贈의 법리와 사회적 기능,
그리고 발전

　유증이 오로지 상속인의 부담으로 처분이 이루어져야 하는 제한이 있는데 비하여 신탁유증의 경우에는 어떠한 수익자의 부담으로도 유효하게 이루어질 수 있었다. 따라서 유언자가 신탁유증에 의하여 재산권을 수여하면서 수익자에게 그(수익자)의 사망시 또는 사망전에 수증받은 재산을 또다시 신탁유증의 방식으로 다른 사람에게 수여할 것을 요구할 수 있다[1]. 이렇게 하여 외관상으로는 신탁유증 방식에 의해 재산을 다수의 사람들에게 연속적으로 계승되어 가도록 하는, 소위 영구구속(perpetuity)[2]을 설정하는 것이 가능한 것처럼 보인다. 이것이 소위 信託受遺者 代替(substitutiones fideicommissariae)[3]라고 알려진 법적 장치이다. 이때 수익자의 범위를 가족으로 제한할 경우 이를 家繼信託遺贈(fideicommissum familiae relictum)이라고 하며, 이론상으로는 재산권이 몇 세대에 걸쳐서 가족내에서 계승되어 가도록 할 수 있게 된다. 즉, 이론상으로는 家繼信託遺贈이 영구구속적인 세습가산 설정수단으로 활용될 수 있었다.

　근대 초기에 신탁유증은 재산권을 영구히 양도할 수 없게 하는 장치로 인식되어 많은 불만이 제기되었다. 대륙법체계의 역사에 익숙한 사람들에게는 신탁유증(fideicommissum) 하면 바로 이러한 재산권 양도의 영구적

---

1) Lewis, RF(1868), 7.
2) 영구구속(perpetuity)이란 영국의 토지법에서 발전되어 온 개념으로서, 통상, 토지상속인의 양도의 자유를 장기간 구속하기 위하여 토지소유자가 토지에 관한 계승재산 설정 등에 의해서 토지에 취한 조치 또는 그렇게 함으로써 양도가 제한된 상태를 가리킨다. Simpson, (1986), 208 참조.
3) Schulz, (1951), 321.

제한을 연상할 것이다. 그러면 신탁유증이 생성된 고전기와 고전기 이후의
로마법의 실제는 어떠하였을까? 다시 말하면, 로마인들은 영구구속적 계승
재산설정의 관념에 얼마나 가깝게 접근하였는가? 도대체 그것을 인정하기
는 하였는가? 인정하였다면 영구구속을 제한하려는 시도는 없었는가?

이에 관하여 종래의 전통적 견해는 로마에도 다른 곳에 있어서와 마찬
가지로 가족재산을 후손들의 수중에 남겨두고자 하는 욕구는 존재했으며,
시기에 따라 변화는 있었지만 신탁유증이 그 수단을 제공했다고 한다[4].
전통적 견해에 따르면, 아우구스투스에 의해서 신탁유증에 법적 訴求可能
性이 부여된 후 약 1세기 동안, 유언자들은 불확정인(incertae personae)에
대해서도 수여할 수 있었던 신탁유증을 활용하여 특정한 재산권이 가족
내에서 계속 보존되도록 강제할 수 있었다. 그러나 하드리아누스 황제시
대의 원로원 의결에 의해서 불확정인에 신탁유증이 금지된 이후(G.
2.287), 유언자들은 통상 유언에 특정 재산권에 대해서 양도를 금지하는
문구를 삽입하는 새로운 방법을 사용하였다. 만약 이러한 설정이 유효하
였다면 동일한 영구구속적 효과를 거둘 수 있었겠지만, 세베루스 황제
(Severus, 193~211)와 카라칼라 황제(Caracalla, 198~217)에 의해서 그러한
양도금지의 지시는 신탁유증과 함께 행해지지 않으면 무효라고 규정되었
다[5]. 결과적으로 양도금지방식에 의한 불확정인에 대한 수여도 효력을 인
정받지 못하게 됨으로써 영속적 효력을 갖는 家繼信託遺贈의 설정은 불
가능하게 되었다. 그러다가 유스티니아누스 황제시대에 이르러 불확정인
을 배제시키는 법준칙이 폐지됨으로써 비로소 영구구속적 家繼信託遺贈
이 다시 발흥할 수 있는 계기가 마련되었다. 이상이 전통적 견해의 요지
이다.

이에 대해서 D. Johnston을 비롯한 최근의 견해는, 근세 대륙법에서의
체험으로부터 생길 수 있는 추정과는 다르게, 로마에서는 家繼信託遺贈

---

4) Buckland, TRL(1990), 358~359; Thomas, TRL(1976), 513~514.
5) Marci. D. 30.114.14(lib. 8 inst.)

이 영구구속적 계승재산 설정의 수단으로 활용된 사례는 많지 않았으며, 그것의 한 유형이라고 볼 수 있는 同姓內의 계승재산설정은 가문을 위한 가족계승재산설정과는 전혀 다른 기능을 수행하였다고 주장한다.

이하에서는 로마법상 家繼信託遺贈이 그 설정형식과 기능에 따라 협의의 家繼信託遺贈과 同姓에 의한 계승재산설정으로 구분할 수 있음을 전제로 하여6), 먼저 고전기 로마법상 영구구속적 家繼信託遺贈의 사례와 거기에서 제기되는 실제적 논점들을 고찰해보고, 다음에는 재산권을 동일한 성을 가진 사람들 내부에 설정되도록 하는 계승재산설정을 다룬다. 이어서 이러한 私法적 처분과 墓祀를 위한 계승재산설정을 비교해 보고, 로마사회에서 사용된 계승재산설정의 유형들을 조건지운 역사적·사회적 요인들을 고찰한다. 마지막으로 유스티니아누스 황제 시대까지의 변화를 살펴본다7).

I. 고전기 로마법상 영구구속적 家繼信託遺贈

협의의, 즉 영구구속적 家繼信託遺贈은 유언자가 "토지가 가족으로부터 벗어나지 않기를 바란다(peto, ne fundus de familia exeat)"라고 말하거나, 최초의 수익자에게 "토지를 家내에 유보되도록(ut fundum in familia relinqueret)" 하거나, "토지를 양도하지 말고 家내에 유보되도록(ne fundum alienaret, sed ut in familia relinqueret)" 할 의무를 부과할 경우 등에 설정된다고 한다8).

---

6) W. Lewis는 로마의 가족신탁유증은 "고유의 가족을 위한 처분"과 "피해방노예를 위한 처분"으로 구분할 수 있다고 한다. Lewis, RF(1868), 3, 10~20.

7) 이에 관하여는 Johnston, RLT(1988)의 76~116; 같은 필자, (1985), 220~290; Thomas, (1958), 571~90.; Lewis, RF(1868), 3~20 참조.

8) Lewis, RF(1868), 11~12.

1. 사례

전통적 견해가 로마에도 영속적인 家繼信託遺贈이 실재했다고 주장는 근거로 드는 것은 학설휘찬의 D. 31.88.15나 다수미우스(Dasumius)의 遺言 정도이다9). Johnston에 따르면, 몇 세대에 걸쳐서 가족에게 재산권이 계승되어지도록 하는 家繼信託遺贈에 관해서 학설휘찬에서 소개한 고전기의 예는 다섯 개에 불과하다고 한다10).

① Scaev. D. 32.38 pr.(19 dig.)

Pater filium heredem praedia alienare seu pignori ponere prohibuerat, sed conservari liberis ex iustis nuptiis et ceteris cognatis fideicommiserat: filius praedia, quae pater obligata reliquerat, dimisso hereditario creditore nummis novi creditoris, a priore in sequentem creditorem pignoris hypothecaeve nomine transtulit: quaesitum est, an pignus recte contractum esset. Respondit secundum ea quae proponerentur recte contractum. Idem quaesiit, cum filius praedia hereditaria, ut dimitteret hereditarios creditores, distraxisset, an emptores, qui fideicommissum ignoraverunt, bene emerint. Respondi secundum ea quae proponerentur recte contractum, si non erat aliud in hereditate, unde debitum exsolvisset.

한 아버지가 아들이자 상속인이 그(아버지)의 토지를 양도하거나 저당을 설정하는 것을 금지하였고 적법한 혼인으로부터 출생한 자식들과 다른 친족(cognatis)을 위하여 보존하도록 신탁유증하였다. 아들은 아버지가 저당 잡힌 상태로 남겨둔 토지를 상속채권자에게 새로운 채권자의 돈으로 변제하고, 담보 또는 저당물의 명목으로 처음의 채권자로부터 두 번째 채권자에게 이전하였다. 질문은 담보계약이 올바르게 체결되었는지였다. 그는, 제시된 주장사실에 기초하여 볼 때, 올바르게 계약되었다고 대답하였다. 같은 사람이, 아들이 상속채권자에게 변제하기 위해 유산 중의 토지를 나누어 팔았을 경우 신탁유증사실을 모른 매수인들이 유효하게 매수하는지 물었다. 나는 제시된 주장사실에 기초하여, 만약 유산 중에 채무를 해소할 (수 있는) 다른 것이 없을 경우에는, 올바르게 계약되었다고 대답하였다.

---

9) Thomas, (1958), 585; Buckland, TRL(1990), 359.
10) Johnston, RLT(1988), 77.

② Pap. D. 31.69.3(19 quaest.)

Fratre herede instituto petit, ne domus alienaretur, sed ut in familia
relinqueretur. Si non paruerit heres voluntati, sed domum alienaverit vel extero
herede instituto decesserit, omnes fideicommissum petent qui in familia fuerunt.
Quid ergo si non sint eiusdem gradus? Ita res temperari debet, ut proximus
quisque primo loco videatur invitatus. Nec tamen ideo sequentium causa propter
superiores in posterum laedi debet, sed ita proximus quisque admittendus est, si
paratus sit cavere se familiae domum restituturum. Quod si cautio non fuerit ab
eo, qui primo loco admissus est, desiderata, nulla quidem eo nomine nascetur
condictio, sed si domus ad exterum quandoque pervenerit, fideicommissi petitio
familiae competit. Cautionem autem ratione doli mali exceptionis puto iuste
desiderari, quamvis nemo alius ulterior ex familia supersit.

한 유언자가 자신의 형제를 상속인으로 지정하고 집이 양도되지 않고 家에 남
아 있도록 할 것을 요청하였다. 만약 상속인이 그의 의사를 따르지 않고 집을 양
도하거나 외부인을 상속인으로 지정하고 죽는다면, 家에 속하는 모든 사람이 신
탁유증을 청구할 것이다. 그들이 동일한 親等이 아닐 경우는 어떻게 될까? 누구
든지 가장 가까운 사람이 第1 順位에 오는 것으로 보아야 한다. 그렇다고 하더라
도 상대적으로 먼 親等者들의 권익(causa)이 우월한 자들 때문에 후에 손해를 보
아서는 안되며, 가장 가까운 친등자라도 그가 家에 집을 반환하겠다는 보증을 하
고자 하는 경우에만 허용되어야 한다. 만약 第1 順位로 인정된 사람으로부터 보
증이 청구되지 않았다면 이에 관하여 condictio는 발생하지 않을 것이다. 그러나
만약 집이 언젠가 외부인에게 귀속하게 되면 신탁유증에 대한 소권이 家를 위해
존재하게 된다. 또한 더 이상의 가족 구성원이 생존하지 않게 되더라도 악의적 사
기를 방지하기 위해서 보증이 정당하게 요구될 수 있다고 생각한다.

③ Marcel. D. 35.2.54(15 dig.)

Pater filium, ex quo tres habebat nepotes, heredem instituit fideique eius
commisit, ne fundum alienaret et ut in familia eum relinqueret: filius decedens tres
filios scripsit heredes. Quaerendum est, an omnino quasi creditores unusquisque in
ratione legis Falcidiae aliquid possit deducere, quia in potestate sua habuit pater,
cui ex his potius relinqueret. Sed hac ratione nemo in Falcidiae ratione quicquam
deducet. Quod videndum, ne dure constituatur: utique enim in alieno aere habuit
fundum, necessitate quippe obstrictus fuisset filiis eum relinquendi.

한 아버지가 그로부터 세 명의 손자를 본 아들을 상속인으로 지정하고 그에게
신탁유증을 설정하여 토지를 양도하지 말고 그것을 家에 유보하도록 하였다. 이

아들이 죽으면서 세 명의 아들을 상속인으로 지명하였다. 질문은, 일반적으로 각
사람이 채권자처럼 Falcidius법을 근거로 공제할 수 있는지였는데, 왜냐하면 이들
중 누구에게 우선하여 재산을 맡길 것인지는 아버지의 권한이었기 때문이다. 그
러나 이러한 이유로는 아무도 Falcidius법을 근거로 어떤 것도 공제할 수 없을 것
이다. 그러나 이러한 결론은 너무 가혹한 규율이 아닌가 살펴볼 일이다. 왜냐하면,
아버지는 토지를, 일종의 채무와 같은 것으로 가지고 있었는데, 그것을 아들들에
게 남겨 주어야할 의무가 있었기 때문이다.

④ Scaev. D. 33.1.18 pr.(14 dig.)

Codicillis testamento confirmatis fundum libertis legavit eumque alienari vetuit,
sed pertinere voluit et ad filios libertorum vel ex his natos: deinde haec verba
adiecit: "A quibus praestari volo heredi ex reditu eius fundi decem per annos
singulos usque ad annos triginta quinque a die mortis meae". Quaesitum est, cum
heres a Titio institutus intra trigesimum quintum annum aetatis decesserit, an
residui temporis fideicommissum ex verbis supra scriptis heredis quoque heredi
debeatur. Respondit deberi, nisi ostendatur a libertis testatorem ad heredis
trigesimum quintum annum respexisse.

한 사람이 유언에서 확인된 유언보충서에서 토지를 피해방노예들에게 유증하
고 그것의 양도를 금하고 피해방노예의 아들 또는 손자들에게 귀속되기를 희망하
였다. 이어서 다음과 같이 덧붙였다. "그들로부터 상속인에게 그 토지의 수입으로
부터 매년 내가 죽은 날로부터 35년 될 때까지 10이 계속해서 지급되기를 희망한
다"라고. 질문이 제기되었는데, 만약 Titius에 의해 지정된 상속인이 35년째가 되
기 이전에 사망한다면, 위에서 기술된 문구에 의해서 남은 기간동안의 신탁유증
이 상속인의 상속인에게도 주어져야 하는지였다. 그는, 만약 피해방노예들에 의해
서 유언자가 상속인의 35년을 의도하였다는 것이 제시되지 않는 한, 그렇게 해야
한다고 대답하였다.

⑤ Scaev. D. 31.88.15(3 resp.)

Instituto filio herede et ex eo nepotibus emancipatis testator ita cavit: "βούλομ
αι δὲ τὰς ἐμὰς οἰκίας μὴ πωλείσθαι ὑπὸ τῶν κληρονόμων μου μηδὲ δαν
είζεσθαι κατ᾽ αὐτῶν, ἀλλὰ μένειν αὐτὰς ἀκεραίας αὐτοῖς καὶ υἱοῖς καὶ
ἐκγόνοις εἰς τὸν ἄπαντα χρόνον. ἐὰν δέ τις βουληφή αὐτῶν πωλήσαι
τὸ μέρος αὐτου ἢ δανείσασθαι κατ᾽ αὐτοῦ, ἐξουσίαν ἐχέτω πωλῆσαι τῷ
συγκληρονόμῳ αὐτοῦ καὶ δανείζεσθαι παρ᾽ αὐτοῦ. ἐὰν δέ τις παρὰ ταύτ

α ποιήσῃ, ἔσται τὸ χρηματιζόμενον ἄχρηστον καὶ ἄκυρον." [id est: Volo autem domus meas nec venumdari ab heredibus meis neque hypothecae dari sed integras manere ipsis et filiis et nepotibus in sempiternum. Quod si quis eorum partem suam vendere volet vel hypothecae dare, liceat ei vendere eam vel hypothecae dare coheredi suo. Si quis contra fecerit, quod actum est inutile esto et irritum.]. Quaeritur, cum filius defuncti mutuam pecuniam a Flavia Dionysia acceperit et locatis aedibus pro parte sua pensiones sibi debitas creditrici delegaverit, an condicio testamenti exstitisse videatur, ut filiis suis fideicommissi nomine teneatur. Respondi secundum ea quae proponerentur non exstitisse.

한 유언자가 아들을 상속인으로 지정하고 그 아들에게서 태어난 손자들을 父權免除한 후 다음과 같이 규정하였다. "또한 나는 나의 집들이 내 상속인들에 의해 양도되거나 저당물로 제공되거나 하지 않고 상속인들과 아들들과 손자들을 위해서 영구히 보존되기를 희망한다. 그러나 그들중 어떤 자가 만약 자신의 지분을 양도하거나 저당물로 제공하기를 원할 경우에는 그는 그의 공동상속인에게 그 지분을 양도하거나 저당물로 제공할 수 있다. 만약 어떤 자가 이에 위반할 경우에는 그의 행위는 무용하고 무효로 된다." 질문은, 만약 사망자의 아들이 Flavia Dionysia로부터 돈을 빌리고 주택을 임대하여 받을 자기 몫의 임대료를 女채권자에게 양도하였다면 자신의 아들들에게 신탁유증에 의한 책임을 부담한다는 유언의 조건이 이루어진 것으로 볼 수 있는지였다. 나는, 제시된 주장사실에 기초하여, 이루어진 것이 아니라고 대답하였다.

이중 앞의 4 개의 사례는 신탁유증한 재산권의 처리에 관하여 영구적으로 통제하려는 내용이 아니고 단지 현재의 수익자들이 수유재산을 자유롭게 처분하여서는 안되고 그것을 가족 구성원에게 맡겨야 함을 규정하는데 지나지 않는다. 사례별로 간략히 살펴보면, 첫째 개소에서는 유언자의 손자가 이익을 받아야한다고 상정하고 있을 뿐 그 이상의 세대에 관하여는 규정하고 있지 않다. 둘째 개소에서도, 현재의 수익자에게 처분을 제한한 것이고, 특히 신탁유증의 대상이 토지가 아닌 집이었음에 유의할 필요가 있다. 셋째 개소도 현재의 수익자에게 토지의 처분을 제한한 것이라는 점에서 둘째 개소와 유사한 정도이다. 넷째 개소에서는 몇 세대가 언급되기는 하지만, 피해방노예(liberti)에게 토지를 준 사례로서 협의의 家

繼信託遺贈의 사례로 보기는 어렵다. 무한정으로 영구구속적인 家繼信託遺贈을 내용으로 한 것은 마지막 사례 하나에 불과하다. 학설휘찬에 인용된 동 사례의 원문은 그리스어로 되어 있어서 이 家繼信託遺贈 설정자는 로마법보다는 그리스법에 더 익숙한 사람이었을 것으로 추정된다[11]. 더욱 유감스럽게도 이 개소마저도 영구구속적인 家繼信託遺贈에 관한 처리가 직접적인 논점이 아니어서 이에 관한 로마법의 태도를 명확히 밝혀주지는 않는다. 즉, 질문은 자식의 재산권 처분이 유언자의 家繼信託遺贈설정행위에 저촉되었는지 여부에 관한 것이었는데, 이에 대해서 법률가는 로마법상 家繼信託遺贈의 처리에 관하여 아무런 정보를 주지 않으면서도 대답할 수 있기 때문이다.

　비문 자료들 중에서 종종 인용되는 사례가 다수미우스(Dasumius)의 유언(AD 108년)이다[12]. J.A.C. Thomas는 이 비문 자료에 "중세 영국의 귀족들의 부러움을 살 수 있을 만큼" 또는 영국에서 영구구속적 계승재산설정을 억제하기 위해 줄곧 노력해왔던 "재판관들을 몹시 화나게 했을 만큼" 영구구속적인 限嗣부동산권(entail)이 설정되었다고까지 평가하였다[13]. 거기에는 일정한 재산권이 현재의 수익자로부터 그를 계승하는 수익자들과 그 이후의 수익자들에게 순차적으로 이전되도록 규정되어 있다[14]. 많은 공백이 있어서 단정적으로 주장하기는 어렵지만 사료 중 어느

---

11) Johnston, (1985), 259 f.

12) Girard, Textes de Droit Romain(1937), 801~805: Bruns, FIRA Ⅰ7 No. 117, p. 304~308.

13) Thomas, (1958), 583; 같은 필자, TRL(1976), 514 n. 19.

14) Girard, Textes. (1937), 804 중 발췌(이탤릭체 글자는 Mommsen에 의해 복원된 글자임); Bruns, FIRA, p. 307 lin. 86~97

　　| ⋯ denique sestertium sexagies quod beneficio⋯

　　Memoriae | meae colendae causa intra biennium quam mortuus ero, quisquis mihi heres heredesve erit eruntve, | eorum fidei committo, uti praedium, in quod per eos, quorum curae mandavi ut secundum ‖ verba testamenti hujus reliquias meas conderent ⋯ ‖ ⋯ reliquae meae inlatae fuerint, cuicumque sive antea sive

한 부분에서 설정자가 묻혀 있는 것처럼 보이는 일정 토지를 피해방노예에게 이전하는 것과 관련된 내용이 있다. 그 피해방노예들은 대상 토지를 양도하거나 담보로 제공할 수 없으며 그들이 동일한 조건으로 그 토지를 자신들의 상속인에게 이전할 수 있도록 하는 조항이 있다. 그러나 다수미우스의 유언은 많은 부분이 복원(재구성)된 것이라는 데 사료로서의 한계가 있다[15]. 비록 재산설정과 관련된 부분들은 아니지만, 최근에 새롭게 발견된 유언의 단편들로 인해서 Mommsen의 보충이 실질적으로 모두 잘못된 것임이 밝혀짐으로써 그동안의 복원내용의 신뢰성이 전적으로 상실되었다[16]. 또 하나 주의해야할 점은 여기에서의 계승재산설정의 수익자는 가족이 아니라 피해방노예라는 점이다. 따라서 이 비문은 家產의 계승적 설정을 증명하는 것이 아니고 다음에서 설명하는 다른 범주의 재산설정에 속한다.

2. '不確定人(incertae personae)'에 관한 준칙

영속적인 家繼信託遺贈을 설정하는데 장애가 되었던 로마법상 원칙으로 '不確定人(incertae personae)'에 관한 준칙이 있었다. 즉, 아직 태어나

---

testamento hoc libertatem | dedi sive codicillis dedero, praeterquam Hymno pessime de me merito, ··· | ··· iis cum adjacentibus silvis instructum mancipio dent ita, ut ne de nomine eorum exeat, neve ··· | ··· vendant, pignore dent, cedant, condonent, condonent; ejus autem qui ex his decesserit portionem ‖ reliquis volo adcrescere, donec in rerum natura esset unus eorum. Quodsi liberti libertaeque in rerum ··· | ··· natura omnes esse desierint, tunc ad libertorum meorum posteros, donec in rerum natura sit | unus eorum, idem volo pertinere; quod si esse desierit, ullimus eorum ··· |

15) Lewis, RF(1868), 8.
16) 또한 유언자의 이름이 Dasumius가 아니라는 주장이 제기되었는데, 아직 논쟁의 여지는 있지만 그는 Gnaeus Domitius Tullus인 것으로 주장되었다. (Eck, (1978) 277-95; Syme, (1985), 41~63; Tate, (2005), 166~171; Pliny, ep. 8.18.11.).

지 않거나 기타 다른 사유로 확정할 수 없는 자는 시민법상 유증을 받을 수 없었다. 당초 이것은 신탁유증에는 적용되지 않았었으나 하드리아누스 황제시대의 원로원의결에 의해 신탁유증에도 적용이 확대되었다(G. 2.287.). 가이우스(150~180)에 따르면 '不確定人'이란 유언자(testator)가 분명한 인지를 할 수 없는 자를 말하며, 예컨대, '내 장례식에 맨 처음 오는 자(QVI PRIMVS AD FVNVS MEVM VENERIT)'나 '그의 딸이 나의 아들과 결혼하게 되는 자(QVICVMQVE FILIO MEO IN MATRIMONIVM FILIAM SVAM CONLOCAVERIT)' 등이 이에 해당하며, 이들에 대한 유증이나 신탁유증은 효력이 없다. 반면에 확정된 범위 내에 속하는 경우(sub certa demonstratione), 예를 들어 '살아 있는 나의 친척으로서 내 장례식에 맨 처음 도착한 자(EX COGNATIS MEIS, QVI PRIMVS AD FVNVS MEVM VENERIT)'에 대한 유증이나 신탁유증은 가능하다(G. 2.238.). 이 경우 '살아 있는 자' 라는 제한으로 인해서 수익자가 될 수 있는 범위는 가장 늦은 경우 유언자의 사망시에 확정된다. 즉, 가이우스의 견해에 따르면 家繼信託遺贈에 있어서 수익자가 될 수 있는 범위는 설정자의 사망전에 살아 있는(태어나 있는) 자로 한정된다.

모데스티누스(Modestinus, 210~250)의 시기에 가서는, 가이우스의 준칙에 의해서 이미 '確定人'의 범위에 속하던, '신탁유증시 이름이 명시된 자'와 이들이 사망한 경우에 '유언자의 사망 시에 유언자의 이름을 가진 자' 이외에도 '유언자 사망 시에 유언자의 이름을 가진 자의 直近 직계비속(primo gradu procreati)' 도 '確定人'의 범위에 포함되게 되었다(Modes. D. 31.32.6.). 결과적으로 고전기 로마법의 진전과 더불어 초기에는 확정되지 않은 것으로 간주되던 사람이 나중에 가서는 수익자가 될 수 있게 된 것이다. 이러한 변화는 Papinianus(170~212)의 초기 저작에서 발견되는 것으로 보아 사실상 AD 200년 이전에 일어난 것으로 보인다(Pap. D. 31.69.3. cit. 97면 참조). Gaius와 Papinianus 사이의 어느 시기에 법률가들의 실무가 家繼信託遺贈에 대해서 보다 관대하게 되어 한 세대 만큼 그 인정범위를 확대한 것이다.

> Modes. D. 31.32.6(9 reg.) In fideicommisso quod familiae relinquitur hi ad petitionem eius admitti possunt, qui nominati sunt, aut post omnes eos exstinctos qui ex nomine defuncti fuerint eo tempore, quo testator moreretur, et qui ex his primo gradu procreati sint, nisi specialiter defunctus ad ulteriores voluntatem suam extenderit.
>
> 家繼信託遺贈이 행해진 경우, 다음과 같은 사람들은 그것을 주장할 수 있다. 호명된 사람들 또는 그들 모두의 사망 후에 유언자의 사망시에, 죽은 사람의 이름을 가진 자들, 그리고 이들의 직근 직계비속이 (그것을 주장할 수 있다.). 죽은 사람이 특별히 자신의 의사를 더 먼 범위의 자에게까지 확장하지 않은 이상.

3. 협의의 家繼信託遺贈의 설정과 가족(familia)의 정의

토지가 가족에게 설정되었다고 할 경우 맨 먼저 부딪히는 문제가 가족을 어떻게 정의할 것이냐이다. 고전기 로마법은 개념정의에 그다지 열정적이지 않았으며[17], 어떤 단어가 어느 한 경우의 문맥에서 일정한 의미로 정리되어 사용되었다고 해서 그것이 항상 체계적으로 다른 곳에도 동일하게 적용되었던 것은 아니다. 그 전형적인 예가 바로 '가족(familia)'의 정의로서 Ulpianus의 가족(familia)에 대한 논의가 이를 잘 나타내주고 있다[18]. 즉 그는 familia가 일정한 노예만을 의미해야 하는 경우와 모두가 포함되는 경우를 제시하고 계속해서 familia가 (노예를 포함하여) 물건을 지칭할 수도 있고 사람을 의미할 수도 있다고 진술한다.

실제의 家繼信託遺贈에서 가족의 범위는 일차적으로 설정자의 특별한

---

17) Iav. D.50.17.202(11 epist.) Omnis definitio in iure civili periculosa est: parum est enim, ut non subverti posset.

18) Ulp. D. 50.16.195.1-5.(46 ed.)

의사표시가 있으면 그것에 따라 결정된다. 그러한 의사표시가 없을 때는
해석에 의하여야 하겠지만,이에 관해서 고전기 사료들은 밝혀주는 것이
거의 없다. 로마 법률가들의 자료를 보면 로마법상의 엄격한 의미에서의
男系親族(agnati)으로 한정하지는 않은 것으로 보인다[19].단지 한가지 준칙
이 제시되어 있는데 父權免除者(emancipati)를 포함한다고 하는 것이다[20].
토지가 양도되어서는 아니되고 가족(familia) 내에 머물러야 한다고 규정
하는 모든 사료들은 사실은 친족을 위한 재산설정을 상정하고 있으나 가
족에 대한 보다 광의의 해석이 받아들여질 수 있었는지는 분명하지 않다.
두 개의 사료에서는 gradus라는 언급이 있는 것으로 보아 하나 또는 그
밖의 친등의 친족만을 상정하고 있음을 나타내 준다[21]. 피해방노예만이
생존하게 된 경우에는 어떻게 될까? 그 경우 가족계승재산설정이 지속되
는 것으로 보아야 할까? 아니면 종료하는 것으로 간주해야 할까? 사료에
는 분명히 나타나 있지 않다. D. Johnston은 피해방노예를 위한 재산설정
은 전형적으로 설정자의 성을 사용하여 그 문구가 만들어졌으므로(同姓
內 設定) 가족(familia)을 지칭하여 행해진 재산설정은 우선적으로 친족과
관련이 있는 것으로 보아야 한다고 한다. 피해방노예도 원칙적으로 권리
를 가졌을 수도 있었겠지만, 그 우선순위는 그리 높지 않았을 것이라고
한다[22].

4. 家繼信託遺贈의 실제운용

家繼信託遺贈(fideicommissum familiae relictum)을 할 경우 설정자는 재
산권을 가족구성원의 1인에게 맡긴다. 이 사람은 수익자임과 동시에 수탁

---

19) Lewis, RF(1868), 12
20) Pap. D. 31.69.4(19 quaest.); Marci. D. 30.114.16(8 inst.)
21) Pap. D. 31.67.2(19 quaest.) ; D. 31.69.3. cit. 94면.
22) Johnston, RLT(1988), 82. ; Lewis, RF(1868), 12~13.

자로서 신탁유증에 따라서 사망시에 대상 재산권을 다른 가족구성원에게
이전할 의무를 진다. 이것들은, 一般設定으로(ex hypothesi), 즉 설정자가 설
정조항을 가족의 일원인 'X에게'가 아니라 일반적인 문구인 '가족에게'로
구성한 사례이다. 수탁자는 가족내에서 수익자를 자유로 선택할 수 있다.

이 경우 가족구성원의 1인에게 재산권이 맡겨지면 충분했고23) 일단 그
렇게 되면 다른 가족구성원들의 권리주장은 봉쇄되었다. 그러나 수탁자가
그를 승계할 수익자로서 수용가능한 사람을 선택하지 않은 경우, 즉 외부
인을 선택하였거나 선택 자체를 전혀 하지 않았을 경우에는 어떻게 될까?
권리주장을 할 수 있는 자의 범위는 수탁자의 사망시에 결정되었다. 즉,
재산권을 주장할 수 있는 권리가 그때에야 확정되었다(권리발생일). 그 시
점에 만약 재산권이 특정의 자격있는 개인에게 주어지지 않았다면, 신탁
유증에 의한 권리(petitio fideicommissi)를 주장할 수 있는 자의 범위가 확
정되었고 그 범위내의 사람들은 그 시점부터 자신들의 권리를 자신들의
상속인에게 이전할 수 있었다. 고전기 후기에 지배적 견해였던 것처럼 보
이는 모데스티누스의 견해를 따르면, 권리주장할 수 있는 자의 범위가 동
시점에 확정되었으나 거기에 사망시점의 가족에 속한 자에 더하여 그들
의 直近卑屬이 포함되었다.

수용가능한 수익자가 선정되지 않았다면 이론상으로는 모든 가족구성
원이 주장할 수 있었지만, 실제로 채택된 방법은, 만약 최근친의 가족원이
재산권을 가족에게 되돌려준다는 보증을 증서(보장계약 cautio)를 통해 한
다면, 그로 하여금 권리주장하도록 허용하는 것이었다. 보장계약의 제공
을 거부하면 정무관이 소권을 부여하지 않게 되고 보장계약을 제공하는
차순위 가족구성원의 권리가 정당화되었다24).

---

23) Pap.D. 31.67.2(19 quaest.) ; Marci.D. 30.114.17.(8 inst.)
24) Johnston, RLT(1988), 83; D. 31.69.3(94면 참조);

5. 家繼信託遺贈의 존속기간

가장 단순한 예를 들어서 생각해보자. 설정자 A의 아들이 수탁자 B이고 최초의 수익자가 설정자의 손자 C이며, 그의 직근비속은 설정자의 증손자 D이다.

남자의 혼인연령을 25세 전후였던 것으로 본다면 최소한의 남성 세대차는 이보다 약간 크다고 할 수 있다. 설정자의 아들이 25세가 되고 혼인하여 아이를 갖게 되었다면 그때에 설정자는 살아 있다면 적어도 50세는 갓 넘었을 것이다. 자격있는 권리자의 범위에 관하여 Modestinus의 견해를 따를 경우, 설정자 A의 사망시에 그의 손자 C가 살아(태어나) 있다면 가장 먼 범위의 권리자는 C의 직근비속인 D가 될 것이고, C가 태어나지 않았다면 C 자신이 B의 직근비속으로서 가장 먼 범위의 권리자가 될 것이다. 처음의 경우에는 가족계승재산설정은 약 70년 이상 지속될 것이고 두 번째 경우에는 50년을 크게 넘지 않을 것이다. 인구학적으로 볼 때 두 번째의 가능성이 더 높다. 왜냐하면 로마인이 태어날 때 10명 중 1.7명만이 남계친의 할아버지가 살아있었기 때문이다[25].

계승재산설정의 존속기간이 영구적이 아니고 50년을 넘지 못한다고 해서 그 효용이 적다고 할 수는 없을 것이다. 존속기간이 50년에 불과하였음을 감안하더라도 로마의 실제 사료에서 계승재산설정이 이루어진 사례가 매우 적다는 것은 놀랄 만한 일이다. 전술한 바와 같이 하드리아누스 황제 시대에 유증과 마찬가지로 不確定人을 위한 신탁유증도 제한하기 시작했다. 그러나 원수정기의 1세기 이래 이러한 종류의 계승재산설정이 행해지고 있었다는 징후가 거의 없었다는 점은 매우 주목할 만 하다. 하드리아누스 황제의 제한조치가 영구구속적으로 또는 장기간 존속하는 家繼信託遺贈이 실무적으로 지나치게 성행했기 때문에 도입된 것 같지는 않다[26].

---

25) Saller, (1994), 52.

II. 유사한 제도

1. 同姓內의 계승재산설정

로마에서 유언자(testator)가 자신의 성을 사용하는 사람들에게 재산권을 설정한 사례에 관한 증거는 훨씬 많다. 전형적인 예는, "설정자의 姓을 가진 사람(qui ex nomine defuncti fuerint)"이 수익자로 지명되거나, 설정자가 유증목적물이 "나의 이름에서 벗어나는 것을 금한다(de nomine meo exire veto)"라고 규정하는 경우이다[27].

첫째, 이러한 종류의 계승재산설정이 신탁유증인가? 최소한 신탁유증으로 해석될 수 있는가? 둘째, 이것이 어느 정도로 가족을 위한 영구구속적 계승재산설정으로서 기능을 수행하였는가? 우선 씨족명(nomen gentile, nomen gentilicium) 에 대해서 간단히 살펴본 다음 위의 논점을 사례를 통해서 차례로 고찰한다.

씨족명은 시민이 어떠한 씨족에 속하는가를 나타내 준다. 자유인들(liberi) 가운데에서는 그것은 남계친의 계통을 따라 계승되었다. 피해방노예는 해방되면서 옛 주인의 씨족명을 획득한다. 피입양자는 입양시에 입양자의 씨족명을 획득하였다.

재산권을 성[同姓人]에 한정시키는 문구를 문리적으로 해석하면 그 귀속범위는 씨족이 될 것이다. 그러나 이러한 종류의 계승재산설정에 있어서 수익자의 범위는 확실히 훨씬 제한적이었다. 극히 초기 이후로 상속문제에 있어서 씨족은 연관이 없다는 것은 논쟁의 여지가 없다. 이론상으로는 姓(nomen)이 광범위한 사람을 포괄함에도 불구하고 실제는 매우 다르다. 거의 예외 없이 同姓內의 계승재산설정은 피해방노예에 대한 관계에

---

26) Johnston, RLT(1988), 88.
27) Lewis, RF(1868), 20.

서만 발견된다.

1) 사례

① Val. D. 32.94(2 fid.)

Is, qui complures libertos relinquebat, tribus ex his fundum legaverat et petierat, ut curarent, ne de nomine suo exiret. Quaerebatur, ex tribus qui primus moriebatur utrum utrique vel alteri ex his, qui sibi in legato coniuncti essent, relinquere partem suam deberet, an possit vel alii colliberto suo eam relinquere. Placuit, etsi voluntatis quaestio esset, satis illum facturum etsi alii reliquisset. Quod si nulli dedisset, occupantis an omnium collibertorum et num eorum tantum, quibus pariter legatum esset, petitio fideicommissi esset, dubitabatur. Et Iulianus recte omnibus debere putavit.

몇 명의 피해방노예를 둔 사람이 그들 중 세 명에게 일정 토지를 유증하였고 대상 토지가 유증자의 이름을 벗어나서 이전되지 않도록 할 것을 요구하였다. 질문은 세 명중 처음으로 사망하는 사람이 자신의 몫을 공동수유자 양자 또는 그중 1인에게 이전해야만 하는지, 아니면 그 몫을 다른 동료 피해방노예에게도 이전할 수 있는지였다. 다음과 같이 결정되었다. 즉, 비록 이것이 [유언자의] 의사의 문제이기는 하지만 그는(세 명중 처음으로 사망하는 자) 다른 한 사람에게 그 몫을 준 것으로 할 일을 다 할 것이라고. 그러나 그가 그것을 그들중 아무에게도 주지 않았다면 신탁유증에 대한 청구권리가 먼저 재산을 차지한 사람에게 존재하는 것인지, 아니면 모든 동료 피해방노예에게 존재하는 것인지, 아니면 (그렇지 않겠지만) 공동 수유자들에게만 존재하는 지에 대해서 의문이 있었다. Iulianus는 정당하게도 모든 사람들에게 권리가 있다고 생각했다.

② Scaev. D. 31.88.6(3 resp.)

Lucius Titius testamento ita cavit: "Praediolum meum dari volo libertis libertabusque meis et quos hoc testamento manumisi et Seiae alumnae meae, ita ne de nomine familiae meae exeat, donec ad unum proprietas perveniat". Quaero, an Seia in communione cum libertis habeat portionem an vero sibi partem dimidiam eius praedioli vindicare possit. Respondi perspicuam esse testantis voluntatem omnes ad viriles partes vocantis.

Lucius Titius는 그의 유언에서 '나는 나의 작은 토지가 나의 피해방남자노예들

및 피해방여자노예들과 이 유언서에서 해방시킨 자들 그리고 내 수양딸인 Seia에게, 소유권이 1인에게 귀속되지 아니하는 한 나의 家名을 벗어나지 않을 조건으로, 주어지기를 원한다' 라는 내용을 규정했다. 질문은 Seia가 그녀의 몫을 피해방노예들과 공유하는지 아니면 그 토지에 대해 절반의 몫을 요구할 수 있는지였다. 나는 모든 사람이 頭數에 따른 몫을 갖도록 요구하는 유언자의 의사가 명백하다고 대답하였다.

③ Scaev. D. 35.1.108(19 dig.)

Libertis omnibus legavit domum et haec verba adiecit: "Ut in ea habitent liberti, ne de nomine exeat et ut ad unum, qui novissimus exstiterit, perveniat: et eo amplius eisdem libertis meis dari volo fundum Sosianum". Quaesitum est, an condicio adposita, ne de nomine exiret, ad sequens quoque legatum pertineret. Respondit pertinere.

한 유언자가 자신의 모든 피해방노예에게 자기 집을 유증하였는데 덧붙이기를 '그 집이 내 이름으로부터 벗어나지 않도록 그들이 그 안에서 살 것이며, 그리고 그들 중 최후의 생존자 1인에게 귀속하게 되어야 한다. 그리고 이에 더하여 같은 나의 피해방노예들에게 Sosianum 농장이 주어지기를 바란다' 고 하였다. 질문은 이름으로부터 벗어나서는 안 된다는 조건이 두 번째의 유증에도 적용되는지였다. Scaevola는 적용된다고 대답하였다.

④ Scaev. D. 32.38.1(19 dig.)

Duobus libertis Sticho et Erote heredibus institutis ita cavit: "Fundum Cornelianum de nomine meorum exire veto": unus ex heredibus Stichus ancillam Arescusam testamento liberam esse iussit eique partem suam fundi legavit: quaero, an Eros et ceteri colliberti Stichi ex causa fideicommissi eius fundi partem ab herede Stichi petere possint. Respondit non contineri† . † Mommsen : contineri] prohiberi

두 명의 피해방노예, 즉 Stichus와 Eros를 상속인으로 지정하고는 유언자가 다음과 같이 규정하였다. 즉, '나는 Cornelianum 농장이 내 사람들의 이름으로부터 벗어나는 것을 금한다.' 상속인 중 하나인 Stichus는 유언으로 여성 노예 Arescusa를 해방하고 그녀에게 농장에 대한 자신의 몫을 유증하였다. 질문은 Eros와, Stichus의 다른 동료 피해방노예들이 신탁유증을 이유로 농장에 대한 Stichus의 몫을 Stichus의 상속인으로부터 청구할 수 있느냐이다. 그는 대답하기를 그들은 포함되지 않는다고 하였다.

2) 법적 성격

발렌스(Valens)의 개소(①)에서 유언자가 유증된 토지가 자신의 이름으로 부터 벗어나지 않도록 한 추가적 처분은 peto라는 어휘로 시작되므로 신탁유증으로 해석되며 개소 후반부에서 명시적으로 그렇게(petitio fideicommissi) 지칭되었다.

스카에볼라(Scaevola)의 첫 번째 예(②)는 신탁유증이 유언자의 피해방노예 등에게 주어진 사례로서, 재산권을 제한하는 별도의 처분이 없으며, 대신 대상물이 유언자의 이름을 벗어나지 않을 것(ita ne de nomine familiae meae exeat)을 조건으로 신탁유증이 주어졌다. 이것은 엄밀하게 말해서 조건이 아니고 오히려 부담(modus)에 가까워 보인다. 질문이 이 논점을 포함하고 있지 않았기 때문에 이에 관한 스카에볼라의 해석은 명확하지 않다. 질문의 논점은 유언자가 각 수익자들이 어떤 몫을 받기를 의도하였는가에 관한 것이다.

스카에볼라의 두 번째 사례(③)에서는 토지가 피해방노예에게 유증에 의해서 주어지는데 여기에서도 同姓에 의한 제한이 유증에 대한 부담의 형태로 부과된다(ne de nomine exeat). 이 개소에서도 제한이 어떻게 해석되는지 명확하지가 않다. 질문이 그러한 제한이 동일 수익자를 위한 두 번째의 처분에도 마찬가지로 적용되는지에 대한 것이기 때문이다.

마지막 사례(④)에서는 피해방노예가 상속인으로 지정되었으나 이름에 대한 제한은 토지의 일부분(Cornelianum 농장)에만 적용된다. 제한은 '나는 금한다(veto)' 라는 간결한 어휘로 표현된다. 청구인(제소자)은 이 어휘를 신탁유증을 나타내는 것으로 파악한다. 스카에볼라의 대답의 취지는 분명하지 않지만 청구인의 이러한 해석을 인정하는 것처럼 보인다.

한편, 스카에볼라의 두 사례에서 부담(modus)처럼 보이는 것이 있다. 실제로 그것이 부담일까? 부담은 일반적으로 목적의 맥락에서 사용된 것으로 이해된다[28]. 즉, 돈이 기념물 건축과 같은 일정한 행위의 이행을 위해서 주어지는 것과 같다. 同姓에 대한 계승재산설정은 이 범주에 깔끔하게 들어맞지 않는다. 즉, 목적이 무엇인지가 문제가 된다. 수익자는 어떠한 일을 할 것을 요구받고 있는 것이 아니다. 다만 자신의 토지를 양도할 경우 설정자의 이름을 가진 한정된 집단내에서 양도하도록 요구받을 뿐이다.

구제수단과 관련하여 분석해보면 사안은 좀 더 쉬워진다. 만약 同姓에 의한 계승재산설정(nomen settlement)이 負擔附인 것으로 해석되면 그것의 작동은 부담의 이행을 확보하기 위한 계약문기(증서)의 교부에 달려 있게 될 것이다. 만약 토지가 매각되면 계약문기에 의해 권한이 있는 당사자는 손해배상청구를 할 수 있다. 권한 있는 자가 누구일 것인지 말하기가 어렵다는 사실이 이러한 구성의 결함을 분명히 드러내 준다. 처분을 신탁유증으로 해석하면 일은 훨씬 단순해진다. 양도를 하면 신탁유증에 대한 구제수단을 사용할 수 있을 것이다. 즉, 신의 없는 수익자는 신탁유증의 위반을 이유로 소구될 수 있었고 일정한 매수인들에 대해서는 물적 압류(missio in rem)를 행사할 수 있었다.

인용된 개소들을 보면 同姓에 의한 계승재산설정은 실제로 신탁유증으로 이해된 것으로 보인다. 즉, 수익자중 한 사람의 지분이 다른 사람에게 이전되어가는 수단이 바로 신탁유증인 것이다. 다시 말하면, 하나의 지분이 수익자 집단의 외부로 매각될 경우 다른 모든 수익자 집단을 위해 신탁유증에 의한 구제수단을 사용할 수 있었다[29].

3) 권리자집단의 범위

권리를 주장할 수 있었던 집단의 범위는 얼마나 넓었는가? 시간의 흐름에 따라서 발전되어간 흔적을 발견할 수 있다. 앞의 사례 중 초기, 즉 발

---

28) Kaser, RP I, 259.
29) Johnston, RLT(1988), 93.

렌스의 사례(①)에서는 모든 피해방노예가 설정자와 동일한 성을 가지므로 그들이 권리를 가진다고 해석된다. 그렇지만 피해방노예들이 자신의 지분을 동일한 성을 가지게 될 자녀에게 상속할 수 있는 것으로까지 상정하지는 않았던 것 같다. 즉, 신탁유증의 수익자로 해석될 수 있는 자의 범위를 주인 즉 설정자 자신에 의해 해방된 자로 한정한 것으로 이해할 수 있고30) 자녀에게 이전할 수 없었던 것은 바로 이 제한된 범위의 결과라고 할 수 있을 터이지만 텍스트의 文面上으로는 불분명하다. 지분을 자녀에게 이전할 수 없는 결과로 피해방노예집단 내에서 지분의 증가가 있게 되며, 이것은 신탁유증을 통해서 이루어진다. 즉, 토지의 일부가 권리를 가진 한정된 집단을 벗어나면 언제나 신탁유증의 청구(petitio fideicommissi)에 의해서 그것을 되찾을 수 있다. 결국 피해방노예는 대상 토지에 관해서 유증(처분)이 제한을 받게된다. 그러나 이렇게 권리가 살아있는 피해방노예 집단에게 한정되면 머지않아 모든 재산이 그 집단 중 최후의 생존자의 수중에 귀속되게 될 것이다.

  스카에볼라의 마지막 사례(④)에서는 발렌스의 사례(①)보다 진전이 이루어진 것을 발견할 수 있다. 즉, 이 사례에서는 소구할 수 있는 자를 모든 피해방노예로 전제하고 있고 공동상속인만 권리자가 될 수 있다는 가능성은 처음부터 배제한다. 스카에볼라의 해답이 무엇인지 사료로만 보아서는 분명하지 않지만 다음과 같이 재구성할 수 있을 것이다. 원고는 스티쿠스(Stichus)가 토지를 자신의 상속인에게 이전할 권리가 없고 원래의 (당초의 피해방노예) 집단 중의 일원에게 이전해야한다고 주장한다. 이에 대해서 스카에볼라는 그 주장을 배척했던 것이다. 스카에볼라가 원고의 주장을 배척한 이유는 다른 사료를 통해서 추측할 수 있듯이 스카에볼라가 스티쿠스에게 자신의 지분을 직계비속에게 이전할 권한을 인정했기 때문이라고 할 수 있다31).

---

30) 이것은 설정자의 사망시에 그의 성을 지니고 있는 자의 범위와 일치한다고 볼 수 있다.

스카에볼라의 앞 두 사례(②,③)는 소위 持分增加의 구절32)을 포함하
고 있어서 사정이 다르다. 스카에볼라의 마지막 사례에서와 같이 자녀에
대한 지분이전을 허용하는 것으로 해석하면 지분증가는 통상의 경우에는
이루어지지 않는다. 따라서 지분증가가 이루어지도록 하기 위해서 이 구
절이 규정된 것이다. 지분증가 구절이 있는 처분은 발렌스의 사례에서와
같이 해석될 것이다. 즉, 당초의 집단의 구성원만이 소구할 수 있고 동일
한 이름을 가졌을지라도 자녀에게는 권리가 없다. 그러나 그러한 구절이
없을 때에는 동일한 이름을 가지고 있으면 누구에게나 유증(처분)할 수
있었던 것 같다.

재산권이 권리자집단 중 최후의 생존자에게 이르렀을 경우 어떻게 될
까? 두가지 가능성이 있다. 먼저, 발렌스와 율리아누스(Iulianus)의 해석에
따를 경우, 또한 지분증가의 구절이 있는 경우에는 일단 재산권이 한 사
람의 점유에 속하게 되면 제한은 종료되어야 할 것이다. 그동안 배제되어
왔던 다른 직계비속들로 하여금 이제 와서 새삼스럽게 개입하도록 허용
할 이유가 없다. 지분증가가 이루어지지 않는 경우에는 재산권이 한 사람

---

31) Scaev. apud Ulp. 2 fid. D. 31.24 Cum quidam ita fideicommissum reliquisset: "rogo
restituas libertis meis, quibus voles", Marcellus putavit posse heredem et indignum
praeferre. at si ita:: his quos dignos putaveris", petere posse ait eos qui non
offenderint. idem ait, si neminem eligat, omnes ad petitionem fideicommissi admitti
videri quasi iam praesenti die datum, cum sic relinquitur " quibus voles" nec ulli
offerat. plane si ceteri defuncti sunt, superstiti dandum vel heredi eius, si prius quam
peteret decessit. Scaevola autem notat: si omnes petere potuerunt, cum nulli offertur,
cur non et qui decesserunt, ad heredem transmiserunt, utique si uno petente iam
eligere non potest, cui det? videtur enim Marcellus, cum fideicommissum ita
relinquitur " ex libertis cui volueris", arbitrari, nisi offerat cui heres velit et statim
offerat sine aliquo scilicet intervallo, statim competere omnibus petitionem: cum
igitur omnibus competat, merito notatus est, cur superstiti soli putet dandum, nisi
forte antequam iustum tempus praetereat, quo potuit eligere cui potius offerat, ceteri
decesserint.

32) "ad unum perveniat"

의 수중에 집중되게 될 가능성은 희박하고 모든 권리자가 사망하거나 자
격이 없을 때까지 신탁유증에 의한 청구권이 존속할 것이다.

설정자가 단지 "내 이름으로부터 벗어나는 것을 금한다"는 처분금지규
정만을 두었을 경우에는, 수익자인 피해방노예에는 자신의 직계비속뿐만 아
니라 자신의 피해방노예(자신이 해방시킨 노예)에게도 목적물을 이전할
수 있다. 그 피해방노예도 설정자의 성을 가지고 있을 것이므로 그에게의
이전이 유언자(설정자)의 의사에 반하지 않기 때문이다[33].

요약하면, 처음에는 동성인에 대한 계승재산설정이 있을 경우, 권리자
의 유증을 제한하는 것으로 상정되었으나 하드리아누스(Hadrianus)와 안
토니누스(Antoninus) 후기 사이에 진전이 이루어졌다. 발렌스와 율리아누
스는 1세대 내에서의 지분증가를 전제하였지만 후기의 법률가들은 공개
적으로 直近卑屬에의 이전을 인정하였다. 同姓人 중 하나로부터 다른 사
람으로의 지분 이전의 수단은 신탁유증인 것처럼 보인다. 금지를 위반하
여 양도가 이루어질 경우에는 동성인 모두에게 권리가 존재한다. 이러한
방식으로, 모든 가능한 권리자가 죽거나 확정되지 않은 자에 관한 준칙에
의해서 배제될 때까지, 신탁유증은 그 효력을 유지한다.

4) 기능

同姓人에 대한 계승재산설정의 기능은 첫째로, 유언자와 그의 이름에
대한 기억을 영원히 갖도록 하는 것이었다. 둘째로는, 그들(피해방자)에
대한 부양의 수단이 되었다[34].

부양수단으로서의 기능이 주된 것이었다는 견해가 제기될 수도 있다. 각
수익자에게 頭當均等持分(virilis pars)을 할당하는 사료 등 몇 개의 사료에
서 부양수단으로 사용된 근거를 찾을 수도 있다[35]. 그러나 그러한 부양기

---

33) Lewis, RF(1868), 19.
34) Johnston, RLT(1988), 95; 같은 필자, (1985), 269~270.

능은 오히려 다른 방법, 예를 들어 주기적인 유증이나 용익권(ususfructus)의 설정을 통해서 보다 쉽게 수행될 수 있었다. 결국 이러한 종류의 계승재산설정은, 다음에서 보는 피해방노예에 의한 설정자의 墓祀를 위한 계승재산설정과 연관되는 기능으로서, 묘사와 같은 직접적인 기념은 아니지만 설정자와 그의 유언을 계속 상기시켜주는데 주된 기능이 있으며, 그러한 기능은 설정에 위반한 양도가 행해질 경우 신탁유증에 의한 반환청구가 행해짐으로써 확보되고 시현된다. 즉, 이러한 계승재산설정의 관심사는 최소한 피해방노예에 대한 이익제공과 동시에 설정자에 대한 기억과 이름을 영원히 지속시키는데 있다.

그러나 이러한 계승재산설정의 기능, 즉 이름과 기억의 보전이 그렇게 오래 지속될 수 있었던 것 같지는 않다. 家繼信託遺贈에서와 유사하게 소구 가능한 권리자의 범위는 계승자의 사망시에 계승자의 이름을 가진 자와 그의 직근비속이었을 가능성이 컸으므로 약 50년이 최대로 가능한 존속기간이었을 것이다.

2. 墓祀를 위한 계승재산설정

碑文사료에서 보면 家繼信託遺贈과 墓祀를 위한 계승재산설정이 상당히 유사한 점이 있음을 알 수 있다. 실제로 로마법상 家繼信託遺贈이 墓域의 유지관리 및 장례와 관련된 의식을 보장하기 위한 목적에 기원을 두고 있었다고 주장된 적이 있었다[36].

---

35) 頭當均等持分을 인정한 사례 : Scaev. D. 31.88.6 cit., D. 32.38.2; 피해방노예가 유증받은 건물의 수익으로부터 일정 지분을 취득할 수 있도록 한 사례 : Scaev. D. 31.88.14; Dasumius의 유언 중 "alimenta omnia computar[i"에 관한 언급 : Testamentum L. Dasumi Tusci 102(P. Girard, Textes de Droit Romain 1937, 804); Bruns, FIRA, p. 307, lin.102.

36) Thomas, (1958), 574; Declareuil, 'Quelques notes sur certains types de fidéicommis' Mélanges Gérardin (Paris 1907), 149f.

家繼信託遺贈과 墓祀를 위한 계승재산설정간에 관련이 있다는 근거로
주장되는 사례로는 우선 다음 개소를 들 수 있다.

> Scae. D. 32.38.4 Iulius Agrippa primipilaris testamento suo cavit, ne ullo modo
> reliquias eius et praedium suburbanum aut domum maiorem heres eius pigneraret
> aut ullo modo alienaret: filia eius heres scripta heredem reliquit filiam suam
> neptem primipilaris, quae easdem res diu possedit et decedens extraneos instituit
> heredes. Quaesitum est, an ea praedia extraneus heres haberet an vero ad Iuliam
> Domnam, quae habuit patruum maiorem Iulium Agrippam, pertinerent. Respondi,
> cum hoc nudum praeceptum est, nihil proponi contra voluntatem defuncti factum,
> quo minus ad heredes pertinerent.

> 수석백인대장인 Iulius Agrippa는 유언서에서 상속인이 어떠한 방법으로든 그
> 의 遺骸와 市域의 토지, 또는 저택을 담보로 제공하거나, 어떠한 방법으로든 양
> 도해서는 안된다고 규정하였다. 상속인으로 지정기재된 그의 딸은 자신의 상속인
> 으로 그녀의 딸, 즉 백인대장의 손녀를 남겼으며, 이 손녀는 그 재산을 오랫동안
> 간직하다가 죽을 때에는 상속인들을 가족 밖에서 지정했다. 질문은 그 부동산들
> 을 외부의 상속인이 보유할 수 있는지 아니면 Iulius Agrippa의 증생질녀인 Iulia
> Domna에게 귀속되어야 하는지였다. 내가 대답하기를, 이것은 단순한 지시이므로
> 제시된 내용만으로는 亡者의 의사에 반한 행위가 없어 토지가 상속인들에게 속하
> 지 않을 이유가 없다라고 하였다.

스카에볼라(Scaevola)는 아그리파(Iulius Agrippa)의 양도금지가 손녀의
유증(처분)을 제한하지 않는 것으로 해석하여 결론적으로 외부의 상속인
의 취득을 유효한 것으로 보았다[37].

몇몇 학자들은 이 개소에서 무덤과 신탁유증과의 관련성을 볼 수 있다
고 주장하지만[38] 수긍하기 어렵다. 우선, 외부인이 토지를 보유할 수 있
다고 한 개소의 결론이 그러한 주장과 충돌한다. 무덤과 신탁유증이 관련
이 있다고 하려면 토지가 자유로 양도될 수 없는 것이어야 하기 때문이

---

37) Johnston, (1985), 227 ff. 참조
38) Thomas, (1958), 574; Visscher, (1963), 135 f

다[39]. 둘째로, 이 개소의 竝行傳承個所(lex geminata)인 D. 32.93.pr에 유
해(reliquae)에 관한 언급이 전혀 없어서[40] 설정자의 유해가 주된 역할을
한다고 주장하기가 극히 어렵다. 이 개소는 토지 대부분이 봉헌된 것이
아닌데(purus) 단지 무덤 1기를 포함하고 있는 사례에 관한 것처럼 보인
다. 이러한 경우에는 토지를 양도하는데 대해서 종교적인 반대는 제기되
지 않을 것이다. 실제로 내려진 결론도 순수하게 私法的인 기초에서 설명
될 수 있으며, 이 개소는 설정자의 유해의 존재가 중요함을, 다시 말하면
당해 토지가 무덤의 유지를 위한 재원을 제공하기 위해 주어진 것임을 추
정할 아무런 근거도 제시해주지 않는다. 토지에 분묘가 있는 것은 우연에
불과한 것으로 보이므로, 가족을 위한 신탁유증과 가족 무덤간의 연관을
나타내는 어떠한 표징도 찾을 수 없다[41].

그 밖에도 많은 예를 통해서 墓祀를 위한 재산설정에서는 가족을 위한
신탁유증을 이용하지 않았다는 사실을 확인할 수 있다[42].

묘사를 위한 재산설정의 가장 일반적인 형태는 일단의 피해방인들에게
제사와 기념과 관련한 일정행위를 이행할 부담(modus)하에 유증재산을
수여하는 방식에 의하여 이루어졌다[43]. 여기에서의 부담은 해당 토지의
양도 금지와 토지로부터의 수입을 무덤의 유지보수를 위하여 사용하여야
하는 부담이 결합된 경우가 많았다. 즉, 유증된 토지는 수입이 생기는 토
지였지만 양도가 금지되며 그 수입으로 무덤의 유지보수나 제사 기타 기

---

39) Kaser, (1986), 191 n. 72;

40) Scaev. Dig. 32.93pr.(3 resp.) Lucius Titius testamento suo cavit, ne ullo modo
praedium suburbanum aut domum heres alienaret: filia eius heres scripta heredem
reliquit filiam suam, quae easdem res diu possedit et decedens extraneos heredes
instituit: quaesitum est, an praedia pertinerent ad Iuliam, quae Lucium Titium
testatorem patruum maiorem habuit. respondit nihil proponi contra voluntatem
defuncti factum, quo minus ad heredem pertinerent, cum hoc nudum praeceptum est.

41) Johnston, RLT(1988), 98; 같은 필자, (1985), 229 n. 41.

42) Johnston, 'Trust and Tombs' ZPE 72, 1988, 81~7

43) Johnston, RLT(1988), 99.

념행위 등 부담을 이행할 재원을 충당해야 했다.

일단의 피해방인들의 한정은 통상 유언자의 姓(nomen)에 의하여 표현되었다.

로마법상 일정한 목적을 달성하기 위해서 유언자들은 부담부 처분을 이용했다. 공공의 목적을 달성하기 위한 경우와 마찬가지로 私的 墓祀와 관련한 목적을 달성하기 위해서도 부담부 처분이 이용되었다. 그러나 묘사를 위한 계승재산설정은 혼성적이다. 그것은 피해방노예에 의존하고 있고 동시에 姓의 개념에도 의존하고 있다. 이러한 점에서 보면 그것은 同姓에 의한 계승재산설정과 유사하다. 그러나 법률가들은 同姓에 의한 계승재산설정은 신탁유증으로 해석한다. 그러나 墓祀를 위한 계승재산설정은 신탁유증으로 해석되지 않는다. 차이는 목적에 있다. 즉, 同姓에 의한 계승재산설정에서는 부담부처분에서와는 다르게, 수익자가 어떠한 일을 할 것을 요구받고 있는 것이 아니다. 다만 자신의 토지를 양도할 경우 설정자와 同姓인 한정된 집단내에서 양도하도록 요구받을 뿐이다. 이에 비하여 묘사를 위한 계승재산설정은 그것이 기념행위가 되었건 무덤의 유지보수가 되었건 분명히 일정한 목적을 달성하기 위한 給付를 염두에 두고 행해진다.

III. 사회적 요인

로마의 계승재산설정을 논할 때 그 사회적 맥락을 고려하는 것은 당연하고도 유익한 일이다. 특히 높은 사망률, 가족의 연속성, 그리고 계승재산설정에 대한 태도 등을 고려할 필요가 있다.

1. 분할상속제도와 사망률

로마의 계승재산설정은 분할상속제도와 높은 사망률이라는 배경 아래
서 검토되어야 한다. 사망률이 높은 사회에서 "남계의 단절을 방지할 수
있는 수단 중 하나는 여러명의 아들을 낳는 방법이다. 그러나 분할상속제
도일 경우 이러한 수단은 재산의 분할이라는 대가를 치러야 한다."[44] 이
러한 재산의 세분화는 하위계층에서는 궁핍이나 생존의 문제와 직결되는
관심사이지만, 상류계층에서도 그 소유자의 사회적 지위에 영향을 미쳤
다. 로마가 바로 그러한 사회였는데, 분할상속제도가 재산의 세분화를 초
래하므로 '로마의 많은 원로원의원들은 … 생물학적으로는 연속성을 유
지하되 사회적인 쇠퇴의 위험을 감수하거나, 아니면 직계의 상속인을 갖
지 못할 위험을 감수하면서 사회적 존립을 유지하든지 둘중의 하나를 선
택하지 않으면 안되었다'[45]. 이러한 배경에서 보면 토지의 세습가산설정
은 어떻게든 한 명의 아들이 원로원의원으로서의 지위와 정치적 경력을
이어갈 수 있도록 보증하는 유익한 수단이 될 수 있었을 것이다. 이러한
종류의 세습가산설정에 대해서는 중대한 법적 장애도 없었다. 그럼에도
불구하고 그러한 실례가 거의 없다는 것은 매우 이상한 일이다. 계승재산
설정에 관한 로마적 관념은 이러한 종류의 세습가산설정이 아니었고, 同
姓內의 계승재산설정이 가장 특징적이었다.

로마의 사망률은 상당히 높았으므로[46] 가문의 상속인을 직계에서 가질
수 없는 일이 종종 있었고 따라서 연속성을 확보할 수 있는 수단이 강구

---

44) Goody, Production and Reproduction (1976), 90
45) K.Hopkins, Death and Renewal, Cambridge 1983, 195
46) J. Goody에 따르면 산업화 이전 단계의 사회에서는 전체 가정 중 17%는 아들·딸을
   불문하고 자녀를 전혀 가지지 못할 것이라고 추산했고(Goody, op. cit., 92), Hopkins
   는 이러한 Goody의 추산이 로마에도 대체로 적용될 수 있을 것이라고 하였다
   (Hopkins, op.cit., 99f.).

되어야만 했다.

로마에서 채용된 하나의 분명한 '연속성 확보수단'은 入養으로서, 여기에는 自權者입양(adrogatio)과 他權者입양(adoptio)의 두가지 형식이 있었다. 또 하나의 수단은 원래는 직계의 가족구성원이 수행했어야 할 목적을 위해 피해방노예 집단을 사용하는 방법이었다.

2. 가문의 연속성에 대한 인식

가문의 연속성에 대한 로마인들의 인식 또는 태도는 어떠했을까? Keith Hopkins가 이 문제를 제기한 바 있는데, 그는 낮은 계층으로의 이동가능성을 염두에 둘 필요가 있음을 강조하면서, 단순히 귀족계층의 낮은 출산율로만 원인을 돌리기 어려울 정도로 한 가문이 집정관직을 계속 보유한 비율이 높지 않았다고 주장하였다. 그에 따르면, B.C. 249년부터 B.C. 54년 사이에 집정관을 지낸 사람 중에서 아버지가 집정관인 사람이 40%이고 할아버지가 집정관인 사람이 34%였다. 또 같은 시기에 집정관을 지낸 사람의 출신 가문을 살펴보면 6세대 중에서 3세대 이상이 집정관을 지낸 가문이 40%이고, 한 세대 뿐인 가문도 27%나 되었다[47].

---

47) Hopkins, (1983), 56~57. Hopkins가 주로 정치적 직위를 다루었고, 사회적 지위는 정치적 직위의 변동과는 약간 시차를 두고 일어나지만 양자간에는 밀접한 연관이 있다. 또한 Augustus이후로 원로원 의원으로서의 지위가 3세대간 남계의 직계비속에게 계승되었고 법무관이나 집정관은 이 원로원 의원 중에서 선출되었음을 고려할 필요가 있다.

Paul. Dig. 23.2.44pr.(1 leg. Iul. et Pap.) Lege Iulia ita cavetur: "Qui senator est quive filius neposve ex filio proneposve ex filio nato cuius eorum est erit, ne quis eorum sponsam uxoremve sciens dolo malo habeto libertinam aut eam, quae ipsa cuiusve pater materve artem ludicram facit fecerit. neve senatoris filia neptisve ex filio proneptisve ex nepote filio nato nata libertino eive qui ipse cuiusve pater materve artem ludicram facit fecerit, sponsa nuptave sciens dolo malo esto neve quis eorum dolo malo sciens sponsam uxoremve eam habeto".

'여러 세대에 걸쳐 혈통과 재산의 연속성을 유지하며 존속하는 오래된 가문(ancient families)은 로마사회의 특징이 아니었으며, 로마사회 전체에서뿐만 아니라 어떠한 특정 귀족계층에서도 장자상속제(primogeniture)가 시행되지 않았다'고 J. Crook는 주장한다[48]. 그에 따르면, 무유언법정상속에 관한 로마법의 준칙을 보면 남계친의 직계비속 모두가 자신의 상속분을 기대할 수 있는 분할상속제도가 채택되었음을 알 수 있고, 유언에 관한 준칙상 이론적으로는 장자상속제가 가능하지만 실제로 그렇게 작용한 것 같지는 않다. 유산이 너무 세분되는 것을 막고 싶은 의도가 로마 상류층의 극심한 저출산의 한 요인이었을지도 모르는데, 사망률이 높은 사회에서 자식을 많이 낳지 않으면 가계가 쉽게 단절될 우려가 있고, 그렇게 될 경우 가문의 명성을 보전할 수 있는 유일한 방법은 입양이라고 그는 주장한다.

한편, E. Champlin은 근래의 연구에서 Ligures Baebiani지역에서의 '부와 가문의 유구함과의 상관관계'를 분석하였는데, 동 지역의 향촌귀족(rural élite)이 기본적으로 안정적이고 응집력이 있었으며, '오래된 가문이 그들의 부와 지위를 유지하는 사회'였다고 하여 Crook의 입장과는 상반되는 듯한 결론을 도출하였다[49]. 이에 대해서 D. Johnston은 전체로서의 富 및 그에 따른 지위와 특정재산에 대한 소유권의 유지와는 구별해야한다고 하면서, 가장 오래된 가문이 가장 부유할지 모르겠지만 토지재산이 계속 동일한 토지로 구성된 것이었는지는 불분명하다고 주장한다. 틀림없이 상속과 혼인으로 인해 토지재산을 구성하는 세부 내역은 많은 변동이 있었을 것이라고 한다. Johnston은, 결과적으로 많은 토지가 상속으로 인해 분할되는 사회, 그리고 인구학적배경에서 볼 때 독신자(caelibes)와 자녀가

---

48) Crook, (1994), 132
49) E. Champlin, (1981) 249. 그러나 Champlin도 다른 연구에서는 유언이나 유증의 주된 목적이 당대 직계가족의 부양에 있었다는, J. Crook이나 D. Johnston과 유사한 취지의 주장을 펴고 있다. Champlin, (1991), 183~184.

없는 자(orbi)가 적지 않은 수에 이르러서 상대적으로 자주 직계혈통의 단절이 일어나는 사회에서는 특정목적물에 대한 소유의 연속성은 그리 강하지 못했을 것이라고 주장한다. 세습가산설정을 통해 재산의 연속성을 강제하려는 시도가 행해졌다고 하더라도, 혈통의 연속성의 단절로 인해 재산의 연속성 유지는 어렵게 되었던 것으로 보인다는 것이다[50].

家産世襲을 위한 계승재산설정은 제정기 로마에 있어서는 드문 일이었다. R. Saller는 학설휘찬의 신탁유증에 관한 개소들을 분석한 결과, 대부분의 신탁유증은 현재의 가족구성원에 관한 것이고, 가족과 가솔(household)의 범위를 넘어서는 신탁유증은 상대적으로 적으며, 다가올 세대에 있어서 가족재산의 운명에 관하여 정하는 신탁유증은 훨씬 적다고 말하고 있다. 실제의 사례로 발견되는 것은 '同姓內의 계승재산설정(settlements within the nomen)'이다[51]. 이것은 가산세습을 위한 계승재산설정과는 현저하게 다른 것으로서, 피해방노예는 직계의 후손이 없을 경우의 재산의 통상적 상속을 위해서 이용된 것이 아니라 보다 제한적인 임무, 즉 유언자의 이름 보전 또는 墓祀 관리를 위한 계승재산설정을 하는데 이용되었다. 직계의 후손이 단절될 때의 재산의 계승과 관련하여서는 연속성 유지의 수단으로서 오히려 입양과 같은 방법이 사용되었을 가능성이 많다. 이것이 신분(status)에 관하여 로마인들이 일반적으로 지니고 있던 관념에도 보다 잘 합치된다. 피해방노예의 역할의 핵심은 상속이 아니라 봉사였다. 정례적인 기념은 로마의 유언자들에게도 분명히 중요하였다. 따라서 그들은 자연히 일단의 피해방노예의 충성심에 의존하여 그것을 확보하려고 시도하였고 피해방노예에게는 비용에 충당하기에 충분한 수입과 유언자의 지시를 심각하게 받아들일 유인으로서 약간의 보너스를 제공하기 위해 재산권을 설정해주었다. 피해방노예에게 의존할 필요성은 직계후손의 연속성이 빈약한 결과로 초래되었다. 그러나 그렇다고 해도 유언자가 피해방

50) Johnston, RLT(1988), 105~106.
51) Saller, (1994), 179.

노예를 1순위의 상속인으로 지정하는 일은 거의 없었다. 그렇게 되면 그들의 신분에 불행한 영향을 줄 우려가 있었기 때문이었다.

직계 후손의 빈약, 즉 낮은 수준의 혈통의 연속성, 분명히 이것은 세습가산설정에 대한 실질적인 제약요인이다. 그러나 그것은 그로 인해 설정자의 의도가 좌절될 때에야 매우 큰 의미를 갖는다고 할 수 있을 것이다. 그런데 로마에서는 재산권을 계승적으로 설정하려는 욕구 자체가 미약했던 것처럼 보인다. 전체적으로 로마사회는 적통의 아들을 상속인으로 지정하는 일을 그다지 중시하지 않았고 많은 재산이 다른 방향으로 散逸한 모습의 사회였다.

요컨대, 가장 결정적인 요인은 로마인들이 세습가산설정에는 거의 흥미가 없었다는 데 있었던 것처럼 보인다. 즉, 그들은 그들의 토지재산권을 보전하고 그것을 통해서 가문의 지위를 보전하려고 의도하지 않았다. 그 대신 로마에 있어서의 계승재산설정은 기념식, 墓祀, 기념관 건립을 확보하기 위한 부수적인 조치였다. 가문의 전략이라는 중요한 일은 다른 수단에 의해 수행되었다.

IV. 고전기 이후의 전개

1. 유스티니아누스 황제 이전

영구구속적 家繼信託遺贈에 있어서 고전기 이후 유스티니아누스 황제 이전까지는 특별히 뚜렷한 변화는 보이지 않는다. 유스티니아누스 황제의 칙법휘찬(Codex)에서도 특별히 눈에 띠는 것은 없다. 신탁유증을 다루고 있는 章에는 디오클레티아누스 황제와 유스티니아누스 황제 사이의 기간 중에 반포된 칙법은 없는 것으로 나타나 있다. 테오도시우스 칙법전도 4

세기의 세습가산설정을 살피는데 마찬가지로 별 도움이 되지 못한다. 신탁유증을 다루는 칙법이 극히 소수이고 어느 것도 家繼信託遺贈과 밀접한 관계가 없다[52].

2. 유스티니아누스 황제 시대

1) 家繼信託遺贈에 있어서 'familia'의 범위에 대한 칙법 (C.6.38.5, AD 532)

CI. 6.38.5

Suggestioni Illyricianae advocationis respondentes decernimus familiae nomen talem habere vigorem: parentes et liberos omnesque propinquos et substantiam, libertos etiam et patronos nec non servos per hanc appellationem significari.

(1) Et si quis per suum elogium fideicommissum familiae suae reliquerit, nulla speciali adiectione super quibusdam certis personis facta, non solum propinquos, sed etiam his deficientibus generum et nurum. et hos enim nobis humanum esse videtur ad fideicommissum vocari, ita videlicet, si matrimonium morte filii vel filiae fuerit dissolutum. nullo etenim modo possint gener vel nurus filiis viventibus ad tale fideicommissum vocari, cum hi procul dubio eos antecedant: et hoc videlicet gradatim fieri, ut post eos liberti veniant.

(2) Hoc eodem valente, et si quis rem immobilem cuidam legaverit vel fideicommiserit eamque alienari prohibuerit adiciens, ut, si hoc fideicommissarius praeterierit, familiae suae res adquiratur.

(3) In aliis autem casibus nomen familiae pro substantia oportet intellegi, quia et servi et aliae res in patrimonio uniuscuiusque esse putantur.

Illyria의 변호인의 제안에 대한 응답으로 우리는 '家(familia)'라는 어휘에는 다

---

52) 테오도시우스 칙법전 중에서 신탁유증을 다루는 개소는 C.Th. 2.4.6; 3.8.2; 4.4.7; 8.18.5; 8.18.7; 12.1.107; 16.2.27; 16.5.17; 16.9.4; N.Th. 22.2.2; 22.2.14; N. Mai. 6.1; N. Marc. 5.1이 있으나, 대부분 재산을 취득하는 방법의 하나로서 유증과 함께 언급된 경우로서 특별히 신탁유증 자체의 법리상 중요한 의미를 가진 개소는 없다. Johnston, RLT(1988), 270~271 참조.

음과 같은 효력이 있다고 결정한다. 즉, 부모와 자녀, 그리고 모든 친족과 재산, 그리고 피해방노예와 후견인 그리고 노예가 이 명칭에 의해서 지칭된다.

(1) 그리고 만약 어떤 사람이 자신의 유언에서 특정인을 특별히 언급함이 없이 그의 家에게 신탁유증을 한 경우 그 어휘(家)에는 친족뿐만 아니라 친족이 없을 경우에는 사위와 며느리도 포함된다. 왜냐하면 만약 혼인이 아들이나 딸의 죽음으로 인해 해소되었다면 그들(사위나 며느리)에게도 신탁유증을 인정하는 것이 人道에 부합하는 것으로 보이기 때문이다. 그러나 자녀가 생존해 있는 경우에는 사위와 며느리에게는 결코 그러한 신탁유증이 인정될 수 없다. 왜냐하면 자녀들이 의심할 여지 없이 그들보다 우선하기 때문이다. 그리고 이것은 확실히 친등에 따라 이루어지며, 따라서 그들 다음에는 피해방노예가 인정된다.

(2) 만약 어떤 사람이 부동산을 누군가에게 유증하거나 신탁유증하면서 그것의 양도를 금지하고 만약 수익자가 이(양도금지)를 위반하면 그것(부동산)이 家에 의해서 취득됨을 추가로 정한 경우에는 동일한 내용이 적용된다.

(3) 그러나 다른 경우에는 '家(familia)'라는 어휘는 재산을 의미하는 것으로 이해된다. 왜냐하면 노예와 그밖의 다른 물건도 각 개인의 家産에 속하는 것으로 생각되기 때문이다.

동 칙법은 가족신탁유증과 양도금지 위반시의 청구권자의 범위와 그 순위를 규정하였다. 즉, ① 부모와 자녀, ② 친족(propinqui), ③ 사위와 며느리, ④ 피해방노예(liberti)의 순으로 규정하였다.

동칙법에 있어서 특별히 언급할 사항은 유스티니아누스 황제가 첫째로, 결혼이 이혼에 의해서가 아니라 사망에 의해 종료되었을 경우에 사위와 며느리에게 권한을 부여하였다는 점, 둘째로, 최초로 분명하게 피해방노예에게 권한을 부여하였다는 점, 셋째로 가장 중요한 것이지만, 家繼信託遺贈과 양도의 금지를 구별했다는 점이다.

2) 不確定人(incertae personae)에 관한 칙법
(C. 6.48.1, AD 528-9)

종래의 통설은 영속적 가족신탁유증과 관련하여 유스티니아누스 황제가 가져온 가장 중요한 변화는 '不確定人에 관한 칙법'에 의한 것으로서,

하드리아누스 황제치세의 원로원의결에 의해 박탈되었던 확정되지 않은 자의 訴求權이 이 칙법에 의해서 비로소 인정되었고, 이러한 변화로 인해 영구구속(perpetuity)이 발흥할 수 있는 계기가 마련되었다고 한다[53].

이에 대해 David Johnston은 동 칙법이 불확정인인 후세대의 訴求權을 인정했다는 통설의 주장은 타당하지 않다고 반박한다[54].

첫째, 동칙법은 분명히 확정되지 않은 자와 관련이 있지만, 많은 부분이 집합적 증여, 법인을 위한 처분, 유복자(postumi)의 지위 등에 관한 것이다. 법인 관련 부분이 대부분을 차지하고 있는데, 법인은 확정된 것으로 간주된다고 선언되었다. 그러나 동칙법은 가이우스의 기본적 예시, 즉 '내가 죽은 후에 최초로 집정관이 된 자' 또는 '내 장례식에 맨 처음 오는 자', 또는 '그의 딸이 나의 아들과 결혼하게 되는 자'를 상속인이나 수증인으로 지정 또는 지명할 수 있느냐에 관하여, 이러한 자들은 여전히 不確定人에 해당한다고 선언하였다[55].

둘째, 동칙법이 不確定人, 보다 구체적으로, 태어나지 않은 세대나 시간적으로 먼 후대의 세대들에게 소구권을 부여하였는지 여부와 관련이 있는 것처럼 보이는 부분 중의 하나가 c. 19이다. c. 19는 年金 형태의 유증이 있을 경우에 가족이나 군단의 청구권은 '세번째 계승(succession)'까지 인정된다고 규정하고 있다. 그러나 이 것은 세 번째 세대를 의미하는 것이 아니다. 이 경우 연금지급은 '가족이나 군단 소속원'에 대한 집합적 증여로서 표현되는데, 이에 대한 청구권이 한 당사자에서 다른 사람으로 계승될 수 있지만, 영원히 계승이 허용되는 것이 아니고 세 번까지 계승될 수 있고 그 이후에는 소멸된다는 뜻이다.

셋째, 관례적으로 모데스티누스의 텍스트[56]가 유스티니아누스의 광범위

---

53) Buckland, TRL(1990), 359~60; Kaser, RP Ⅱ(1975), 554; Thomas, TRL(1976), 514.
54) Johnston, RLT(1988), 109~111.
55) C. 6.48.1.27.
56) Modes. 9 reg. D. 31.32.6 cit.(104~105)

한 개혁의 증거로 인용된다. 이 개소는 가족신탁유증된 재산을 청구할 수
있는 범위는 첫째, 유언에서 이름이 지칭된 자, 둘째로, 유언자의 사망시에
유언자의 이름을 지니고 있는 자, 셋째로, 그들의 직근 직계비속이라고 정
하고 있다. 동 텍스트의 마지막에 있는 "유언자가 특별히 그의 의사를 그
이상의 사람으로 확장시키지 않은 이상에는(nisi specialiter defunctus ad
ulteriores voluntatem suam extenderit)"의 문구는 로마법대전편찬자들이 삽
입한 것으로 일반적으로 받아들여진다[57]. 통설은 삽입의 동기로, 확정되지
않은 자에 관한 유스티니아누스의 칙법 반포 후에 훨씬 먼 세대도 소구할
수 있게 되었으므로 권리자집단에 대한 모데스티누스의 제한은 더 이상
적용되지 않게 되었다는 점을 든다. 이러한 해석은 라틴어 'ulteriores'를
'더욱 먼'의 뜻으로 이해하는 것을 전제로 한다.

그러한 이해는 타당하나, 이 경우 멀다는 것을 반드시 시간적 개념(즉,
보다 후의 세대)로 이해해야할 필요는 없다. 통설이 오류를 범하게 된 원
인도 여기에 있다. 멀다는 것은 친소관계를 나타내는 관계적 개념(예컨대,
남계친족agnati이 家內人sui보다 멀다)으로 이해해야 한다. 이렇게 볼 때
모데스티누스 자신이 그의 개소의 마지막 문구를 썼다고 볼 수도 있다.
만약 그가 실제로 그 문구를 썼다면 그가 염두에 둔 것은 보다 후세대의
직계비속(more distant descendants)이라기 보다는 혈족(cognati)이나 피해
방인이었을 가능성이 많다. 결국 그의 개소가 확정되지 않은 자에 관한
칙법이 보다 후 세대의 권리주장을 인정했다는 결론을 정당화한다고 할
수는 없다는 것이 Johnston의 주장이다.

3) AD 555년의 신칙법(Nov. 159)

로마법의 부활과 함께 발전한 信託受遺者 代替(substituones fideicom-

---

57) Kaser, RP II(1975), 554 n.44; Thomas, TRL(1958), 586 n.53; Johnston, RLT(1985),
246 n.81. Johnston도 1985년의 논문에서는 해당문구가 수정된 것으로 보았다.

missariae)에 관한 법에 가장 많은 영향을 미친 법이다.

구체적 사안에 있어서 히에리우스(Hierius)라는 사람의 가족계승재산 설정은 유언서와 유언보충서(codicilli)에 표현되었는데[58], ① 유언서는 유언자의 자녀에 대해서만 적용되는 토지재산권 양도의 금지가 포함되어 있는 것으로 해석되어져서, 그 이후의 점유자에 의한 재산권의 처분에는 적용되지 않는 것으로 보고 있다[59]. 이러한 해석은 고전기의 해석과 같다. 유스티니아누스는 일정 집단으로부터의 양도 금지를 그 집단에 대한 신탁유증과 동일시하는 해석을 다시 한번 거부한다. ② 유언보충서는 토지양도를 보다 일반적으로 제한하는 것으로서, 직근의 수익자만 제한하는 것으로 해석할 수는 없다. 동칙법에서는 제4세대까지의 영구구속적인 세습가산 설정이 가능한 것으로 해석한다[60].

칙법이 이렇게 4세대까지로의 한계를 설정한 이유에 대해서 통설은, 유스티니아누스가 보다 자유로운 '不確定人'에 관한 법(C. 6.48.1)을 반포함으로써 본의 아니게 영구구속의 발흥을 허용한 함정에 빠졌고, 이로 인해 감내할 수 없는 결과가 잇따르자 30년이 채 못되어 히에리우스(Hierius)의 사건에 이르러 그의 관대함을 축소수정하게 되었다는 것이다[61].

이에 대해 David Johnston은 앞서 보았듯이 유스티니아누스가 '不確定人'의 범위에 관하여 훨씬 자유로운 칙법을 반포하였다는 통설의 설명을 부인하며, 세습가산설정이 미치는 효력범위를 4세대까지로 제한한 것도 일반적으로 계승적 재산설정에 의한 구속이 너무 오래 지속되는 것을 방지하기 위해서 설정한 것이라고 주장한다[62]. 즉, 히에리우스의 사건은 모데스티누스의 준칙 등 고전기의 준칙내에서 해석이 가능하며, 특별히 유스티니아누스 자신의 입법에 의해서 새롭게 초래된 위협을 내용으로 담

---

58) Nov. 159 pr.
59) Nov. 159.1
60) Nov. 159.2
61) Kaser, RP Ⅱ(1975), 554; Thomas, TRL(1976), 514
62) Johnston, RLT(1988), 115

고 있는 사건이 아니다. 유스티니아누스는 동 사건의 결론에 이어서 동사건과는 구체적 정황이 다를 수 있는 미래의 사건들에 대한 입장을 정리하였는데, 단순히 '사안들이 너무 오래 지속되어 왔다' 고 언급하면서 4세대까지로의 제한을 설정하였다[63]는 것이다. 동칙법은 전체적으로 고전기법의 구조내에서 고전기 법의 준칙에 대해서 일정한 제한을 가한 것이다.

Johnston에 의하면, 유스티니아누스 황제가 영구구속을 무제한으로 허용하도록 영구구속에 관한 법준칙을 자유화하였다는 일반적 관념은 신기루에 불과하며, 그가 한 일은 오히려 네번째 세대 이후의 영구구속적 가족계승재산설정을 제한한 것이었다. 유스티니아누스 황제 시대의 법준칙은 고전기의 그것과 유사하였으나, 비잔틴계의 유언자(예 : Nov. 159의 Hierius)의 의도는 상이했다. 결국, 법준칙에 있어서의 변화보다는 사회적 인식의 변화가 Nov. 159가 후대에 영향을 많이 미치게 된 이유라고 본다.

---

63) Nov. 159.2

제3장

독일법상의 가족재산제도와 로마법 계수

제1절 독일법상의 가족재산제도(고대-중세)

Familienfideikommiss의 근저를 이루는 思考, 즉 가문의 명성을 보전하기 위하여 토지가 양도되지 않도록 가문내에 묶어두고 가계를 따라 계속 상속되어 가도록 하려는 思考는 독일 고대법이 본래부터 지닌 하나의 특성이었다. 고대 독일법에서의 토지소유권에 대한 가족법적 구속은 로마법에서와는 그 의미가 완전히 달라서, 상속재산에 대한 유언자의 의사에 의한 것이 아니라 법에 의해 존재하는 소유자의 처분권에 대한 제한이었다[1].

토지소유권에 대한 고대 독일법의 구속은 게르만적 법사고의 특징인 협동공동체 원리(genossenschaftlichen Prinzip)[2]와 밀접하게 관련되어 있었다[3]. 그에 따르면 개별적인 권리능력주체가 아니라 그가 속한 그때그때의 인적결합체가 전면에 등장하였다. 집페(Sippe)와 가족, 共用地用益共同體(Markgenossenschaft), 상인단체(Gilde)와 수공업자단체(Zunft), 合手的結集體(Gemeinderschaft) 등의 법적 지위와 권능의 뒤로 개별 구성원의 법적 지위와 권능이 물러나 있었다. 이것이 로마법과 근본적으로 다른 점이었다. 따라서 재산을 가족에 법적으로 구속시키는 일을 로마법에 비해서 보다 용이하게 할 수 있었다. 가족구성원 개인의 처분권능을 대폭 축소하는 가운데 가족의 복지를 확보하기 위한 조치를 취할 수 있는 것 또한 독일의 법관념으로서는 당연한 것이었다[4]. 세습신탁의 의도를 실현하기 위해서 특별한 법률행위를 실행하는 것 자체가 원천적으로 불필요했다. 고대

---

1) Rosin, (1893), 327f.
2) 게르만법상의 협동공동체(Genossenschaft)에 관하여는 HRG, 1522~1527; 현승종·조규창, 『게르만법』, (2001), 125~130 참조.
3) Eckert, KFD(1992), 37.
4) Rosin, (1893) 328.

게르만법에서는 재산, 특히 토지소유권은 본래부터 법적으로 양도금지를 통해서 가족에게 불가분적으로 묶여 있었다.

법적으로 당연시되던 양도금지가 후대에 이르러 점점 완화되어 부동산의 양도가 빈번해지자 재산을 가족에게 묶어 놓는 일은 법률행위에 의한 세습재산의 설정을 통해서 실행되었다. 상급귀족들은 이미 14세기 이래 법률행위적 조치를 통해서 자신들의 재산을 가족에 구속시키는데 성공했다. 하급귀족도, 비록 다른 수단을 통해서 그리고 상대적으로 효과도 적었지만, 즉시 이러한 시도를 흉내 내었다.

I. 독일법상의 "엄격 世系財産制度 (strenge Stammgutssystem)"

1. 고대 게르만사회에서의 토지의 의미와 가족의 관념

고대 독일법에서 토지소유권을 가내에 구속시키는 제도의 근원을 이해하려면 고대 게르만법에 이미 존재하던 두가지 요소, 즉 토지점유가 지닌 특별한 의미와 가족집단의 친밀성을 먼저 이해해야 한다.

당시의 법생활에서 동산은 부차적 의미 밖에 가지지 못하였고 토지와 부동산에 대한 점유가 한 가족의 경제적 사회적 지위를 위한 토대가 되었다. 토지소유권에는 가장 중요한 공적 권리 의무가 결부되어 있었다. 토지소유자는 善人(die boni viri)으로서 중요한 자유권(Freiheitsrechte)을 단독으로 보유하였다. 토지소유권에 공동체 투표권, 유효한 증언을 할 수 있는 명예, 부족회의에의 참가권, 그리고 재판관 및 參審人 職의 수행권이 결부되어 있었다[5].

---

5) Beseler, SGDP Ⅱ(1885), 686.

토지소유권이 가족에게 보증하는 이러한 권한을 생각할 때 개인이 토지를 보유한 한 가족에 소속되어 있다는 것은 중요한 의미를 가졌다. 가족은 개별 가족구성원에게 일련의 이익, 특히 전생애를 통하여 광범위한 보호와 지원을 제공했다. 이와 같은 견지에서 이웃간에 평화롭게 살고 있는 경우에나 서로 분쟁을 벌이고 있거나 간에, 가족집단에의 소속의 의의는 가족이 개별구성원에게 평화공동체로서의 의미를 지녔다는 데에 있었다. 실제로 가족은 가족구성원을 위해서 血讐(Blutrache)를 행하였고 人命金(Wergeld)과 벌금(Busse)을 지불하거나 수령하였으며 그를 위해서 법정에서의 원조와 지원을 하였다. 그밖에도 가족에 따른 거주와 토지분배가 이루어졌다[6]. 또한 家長이 善人이나 정주인이 아니게 되었을 때에는 가족은 사법적 보호를 상실하였다[7]. 토지소유권이 가족이나 가족구성원에 대해 지녔던 이러한 중요한 의미를 고려해 볼 때, 토지를 보유한 가족이 가족의 경제적 사회적 지위의 기초로서 그 토지를 오래도록 확보하는 데에 큰 관심을 가졌던 것은 분명하다.

고대 게르만법은 재산 특히 토지소유권의 家內의 보전에 호의적이었다. 즉, 게르만 상속법은 남계친을 여성 후손보다 우선시하였다. 여성 후손은

---

6) Rosin, (1893), 329.
7) 게르만 사회에서의 가장 最古이면서 중요한 공동체로서 집페(Sippe)가 지적된다. 집페는 원래 공통의 시조 한 사람으로부터 비롯된 男性親의 전체를 지칭하는 개념이었다.
   하인리히 브루너(Heinrich Brunner)에 의해 수립된 고전적 이론은 집페를 國制의 한 요소로 보며 일련의 공식적 임무를 수행한다고 한다. 즉, ① 평화공동체로서 구성원에게 평화를 보장하며, ② 보호공동체로서 구성원에 대한 침해에 대한 페-데(Fehde), 血讐 등을 통해서 구성원을 보호하며, ③ 권리공동체로서의 집페의 總有權으로부터 재산처분에 대한 後代의 혈족이의권(Beispruchsrecht)이 생겨났으며, ④ 집페는 軍의 단위로서 기능했다는 것이다.
   이러한 전통적 학설은 집페를 하나의 조직체적 권력으로 보아 이에 여러 가지 기능을 귀속시켜왔으나, 오늘날의 견해는 집페는 명확한 기구를 갖는 조직체가 아니고 오히려 하나의 생활권으로 보아야 한다고 한다(Mitteis/Lieberich, (1992), 25면; Kroeschell, (1960), 1ff).

토지점유의 계승에서 완전히 배제되었거나 아들에 비해서, 통상은 손자에 비해서도 후순위였다. 또한 토지의 처분은 게르만사회에서는 생소하였다. 즉, 부동산점유에 대한 권리승계자로서 자녀와 최근친의 혈족만이 고려범위에 들어왔으므로 유언이라는 것이 없었다. 살아 있는 者간의 토지의 양도는 통상적이지 않았고 허용되지도 않았다[8].

 개인의 자유로운 재산처분에 대한 가장 중대한 제한은 게르만적 가족공동체 내부의 가족재산의 합유적(Gesamthänderischen) 구속으로부터 비롯되었다. 이러한 구속은 토지뿐만 아니라 개별 가족구성원의 개인적 사용에 제공되지 않는 동산에까지도 미쳤다. 가장에게는 가족재산의 처분이 완전히 금지되지는 않았지만, 가족공동체구성원, 그중에서도 아들이 부친의 생전에 이미 가족재산에 대한 상속기대권(Wartrechte)[9]을 가졌으며 이로 인해 부친의 처분권은 제한을 받았다. 재산의 구속성은 상속인이 상속재산에 관하여 가지는 물적 효력이 있는 상속기대권에 상응하는 것이었다. 이 상속기대권은 家長이 허용되지 않는 처분행위를 하였을 경우에 제3 취득자에 대해 효력을 갖는 반환청구권을 권리자에게 부여한다.

 가족재산을 가족공동체 내부에 구속시키는 것은 가족에 관한 게르만 사람들의 관념과 관련이 있었다. 그들은 가족을 시간을 뛰어넘는 세대간의 사슬로 보았으며, 거기에는 죽은 자뿐만 아니라 살아 있는 자, 심지어는 아직 태어나지 않은 자까지도 속한 것으로 보았다. 그때 그때의 家長 개인이 아니라 合手體(Gesamthand)로서의 가족이 가족재산의 소유자였다. 가족재산은 법적으로 단일성을 가지고 있어서, 家長에게는 그의 생전 기간 동안만 맡겨지고 이용과 관리가 위임되었을 뿐이며, 그가 그것에 대해서 별개의 소유권(Sondereigentum)을 가진 것은 아니었다. 따라서 그는 아들의 동의와 협력 없이 가족재산을 처분할 수 없었다. 그가 이 재산을 아버지로부터 물려받았고 마찬가지로 그것을 자식에게 넘겨주어야 했기

---

8) Lewis, RF(1868), 22.
9) 현승종·조규창, 게르만법(2001), 284 참조.

때문이다. 만약 가장이 이러한 제한을 무시하고 제3자에게 증여나 처분을 하였을 경우에는 이는 법위반을 의미하였고 가족들은 이를 가족으로서의 의무에 대한 매우 심각한 침해로 인식하였다[10].

2. 自由分의 영향

가족재산의 가족에의 구속은 후대에 이르러 교회의 영향 아래서 깨뜨려졌다. 신심깊은 행위가 지니는 속죄와 구원의 힘에 관한 기독교의 교리가 교회와 수도원에 대한 자선적 증여를 통해서 영혼을 구원하려는 종교적 열망을 불러 일으켰다. 성 아우구스티누스(Augustinus)는 하느님의 아들 예수에게도 아들 하나의 몫을 마련해 주도록 촉구했다. 영혼의 안식을 위한 기증(donatio pro salute animae)이 행해질 수 있기 위해서는 自由分(Freiteil, propria portio), 즉 家長이 완전한 처분의 자유를 가지는, 가족재산 중 관념상의 일부분을 인정할 필요가 있었다[11]. 자유분에 대한 처분은 근본적으로 가족공동체의 해체와 가장과 아들간의 분할정리를 전제로 하였다. 가장의 자유분에 대해서는 아들은, 그것이 분할 되기 이전에 이미, 더 이상 기대권을 갖지 않았다. 기대권은 가장의 자유분을 공제하고 남는 잔여분에만 미쳤다.

프랑크 왕국 시대에 이미 작센과 튜링겐 지방의 법을 제외한 대부분의 법이 그러한 종류의 자유분을 인정했다[12]. 그 크기는 서로 다른 방법으로 정해졌다. 어떤 부족법에서는 아들 몫으로서 아들 수에 따라서 정해졌고 어떤 부족법에서는 고정된 몫으로 정해졌다.

자유분법은 다양하게 활용이 확산되었다. 자선행위를 통해 자신의 영혼

---

10) Rosin, (1893), 329; Heusler, Ⅱ(1886), 54; Eckert, KFD(1992), 40.
11) HRG, W. Ogris의 설명(1249~1251); 현승종·조규창, 게르만법(2001), 479; Mitteis-Lieberich, (1992), 173 참조.
12) HRG, 1249(W.Ogris).

을 돌보려는 종교적 욕구가 약해진 곳에서는 교회가 무언의 압력을 통해서 적지않게 지원하였는데, 교회는 영혼을 위한 자유분의 설정을 중단한 사람들에게는 면죄와 기독교적 장례식을 거부하는 방법을 택했다. 영혼분(Seelteil)으로서의 자유분이 생겨났고 이는 교회의 義務分(Pflichtteil)으로 발전했다.

중세가 경과하는 동안 자유분법은 변화하였다. 좁은 의미의 영혼분으로부터 모든 종류의 증여를 위한 자유분이 일반적으로 발전하였다. 단지 교회에 대한 증여 뿐만이 아니라 국왕, 친족, 배우자 기타 그밖의 사람에 대한 증여까지도 허용되었다. 이러한 발전에는 사망 이후의 시기에 대한 배려 그 자체가, 비록 그것이 교회에 도움이 되지 않는다고 할지라도, 영혼의 안식에 봉사하는 행위라고 할 수 있다라는 해석이 결정적으로 기여하였다.

자유분법은 고대 게르만법상의 가족재산제도와 대립관계에 있었으며, 자유분법의 발전이 진행되어 부동산의 처분과 유언에 의한 증여, 특히 교회에 대한 토지증여가 증가됨에 따라 독일법상의 세습재산제도를 위태롭게 하기도 하였다. 그러나 시간이 흐르면서 교회의 영향력이 후퇴하고 자유처분권의 범위가 재산의 일정비율로 축소됨에 비례하여 자유분의 위상도 퇴색되기 시작했다. 중세 말기에 이르면서 자유분권은 점차로 유언의 자유의 원리에 동화되어 갔다[13].

3. 血族異議權(Beispruchsrecht)

혈족이의권이란 부동산의 처분에 대하여 최근친의 상속인이 동의 또는 반대의 의사표시를 할 수 있는 권리를 말한다. 이러한 혈족이의권의 태동에 관해서는 의견이 나뉘어져 왔다. 우선 고대 게르만법에서부터 존재하

---

13) HRG, 1251(W. Ogris)

는 일반적인 법원리로 보는 견해이다[14]. 즉 부동산의 처분에 있어서 상속인의 이익을 침해하지 않아야한다는 이 원리가 상속에 있어서 남계혈족이나 남계친의 우선권과 함께 고대 게르만 사회에서 家의 경제적 사회적 지위와 공적 권리 의무를 유지하는데 있어서 토지소유권이 지니는 본질적 의미를 표현하는 법형식이라는 것이다[15]. 이와는 다르게 혈족이의권이 작센법을 제외하고는 11세기 이후에야 성립된 것이라는 견해[16]가 있다.

혈족이의권은 전적으로 부동산에만 관련이 있었다. 최근친 상속인의 동의 없이 토지소유권의 양도되었을 경우, 혈족이의권자는 그 목적물을 취득자와 모든 제3자로부터 1년 1일 이내에 소송을 통하여 반환받을 수 있었다[17]. 단지 교회에 대한 양도와 순수하게 곤궁한 경우의 양도에 한해서 일찍부터 동의 없이도 유효했다. 家長으로부터 사망시의 양도를 통해서 현존하는 상속질서를 변경시킬 수 있는 힘을 박탈하였으므로 토지는 통상적으로 家內에 보존되었고 이렇게 혈족이의권에 의해서확보된 가족재산제도를 소위 "엄격 世系財產制度(strenge Stammgutsystem)"라고 부른다[18].

이러한 상황은 法書의 시대[19]에 이르기까지도 존속했다. 그러나 가족연합체의 해체, 토지의 균등한 분할의 배제 및 소수에로의 토지 집중, 자유인들 상호간의 종속관계 구축 등을 통한 특권 귀족계층의 형성과 더불

---

14) Rosin, (1893), 328~329; Heusler, Ⅱ(1886), 54ff; HRG의 W. Ogris의 설명도 이것의
    근거를 부동산에 대한 Sippe소유권으로 설명하는 것으로 보아 여기에 가깝다.
15) Rosin, (1893), 329.
16) Beseler, Erbverträge Ⅱ/1(1837), 48ff; W. Lewis, (1864), 7~23
17) Eckert, KFD(1992), 42; HRG, 356(W. Ogris의 설명); 현승종·조규창, 게르만법
    (2001), 284~285; Rosin, (1893), 331; Sachsenspiegel Ⅰ 52 §1
18) Zimmerle, (1857), 183.
19) 통상 작센슈피겔(Sachsenspiegel, 1180년경), 남독일슈피겔(süddeutschen Spiegel,
    1265년경), 슈바벤슈피겔(Schwabenspiegel, 1275년경) 작성된 시기를 묶어서 12~13
    세기를 법서의 시대라고 부른다. 상세한 내용은 Mitteis/Lieberich, (1992), 299~302
    참조.

어 혈족이의권 또한 변화를 겪지 않을 수 없었다. 공법적 권리들은 더 이상 고유의 순수한 토지소유권에 의존하지 않게 되었지만, 그렇다고 해서 토지소유권이 그로 인해 현저하게 중요한 법적 정치적 의미를 잃지는 않았다. 대규모의 자유토지점유는 계속해서 여전히 기본적인 자유권의 전제조건이었다. 예를 들어서 작센슈피겔(Sachsenspiegel)에 의하면 자유재산(Freigut, Handgemal)이 상속된 家의 사람만이 參審貴族(Schöffenbarfreien)이 될 수 있었다20).

후대에 이르러 參審貴族 계층이 쇠퇴하고 기사계층(Ritterbürtigen)에게 그 자리를 넘겨주었을 때에도 토지소유권의 중요성은 전혀 변하지 않았다. 기사계급의 사회적 정치적 기초는 여전히 중요한 토지재산이었다. 즉, 기사계층은 자신의 고유한 존재의의를 전쟁과 관련한 역할에서 찾을 수 있었으나 당시의 전쟁봉사의 성격에 비추어 볼때 이러한 역할은 중요한 재산 없이는 전혀 수행할 수 없었다. 토지소유권의 중요성은 도시에서도 유지되었는데, 도시에서는 富가 상공업을 통해서 획득된 화폐재산이었음에도 불구하고 상인과 수공업자는 대부분 그러한 화폐재산을 다시 부동산을 구입하는데 사용하였다. 그런 까닭에 도시 參審귀족과 이로부터 생겨난 기사계층의 문벌의 영광은 마찬가지로 우선적으로 토지점유에 의존하였다21).

경제적 상황의 변화가 법에 반영되면서 혈족이의권에도 비로소 변화가 일어났다. 이는 상업과 화폐경제의 번성, 도시의 발흥, 당시의 상업중심지 간의 활발한 화폐거래의 형성과 관련이 있었다. 일반적 거래의 발전과 도시 상공업에서의 동산자본 도입의 강화와 더불어 토지소유권의 가치는 감소하였고 화폐자본이 중요성을 획득하였다. 지금까지 家의 사회적 지위의 유일한 기초를 이루고 있던 토지가 이제와는 다른, 순전히 경제적인 의미를 가지게 되었다. 이제부터는 오로지 토지로부터 얻을 수 있는 사용

---

20) Sachsenspiegel Ⅰ 51 §4, Ⅲ 29 §1
21) Lewis, RF (1868), 22; Eckert, KFD(1992), 43~44.

가치를 통해서 정해지는 토지의 재산적 가치가 전면에 부각되었다. 이제
는 일차적으로 중요한 것이 더 이상 상속된 가족재산에 대한 배려가 아니
라, 그로부터 나오는 수익으로 살아 갈 수 있도록 토지점유를 증대하고
새로운 자본을 형성하는 일이었다. 사람들은 이 자본을 활용하였는데, 구
체적으로 도시에서 주택을 임대해주거나 농촌에서 토지를 농사용으로 임
대해주었다. 이러한 까닭에 토지재산의 획득에 대한 일반적인 이익이 발
생했고 토지거래의 수요 또한 증가하였다. 이에 따라 원래 모든 토지에
대해서 적용되던 최근친 상속인의 혈족이의권은 점점 더 성가신 족쇄로
인식되게 되었고 점차 완화되었다[22].

혈족이의권은 처음에는 도시에서 약화되었다. 이와 관련하여 일찍이 독
일법에서 인정된 "상속받은" 재산과 "자신이 취득한" 재산과의 구분이 중
요하였다. 혈족이의권은 우선 상속을 통해서 획득한 세습재산(bonum
hereditarium)에 국한되었다. 여기에는 토지점유가 지닌 그밖의 정치적 의
미, 즉 재판관직 및 參審人職을 수행할 능력이 밀접히 연결되어 있었다.
이에 반하여 "자신이 취득한" 획득재산(bona acquisita), 예를 들어 소유자
가 生前行爲를 통해서 획득한 부동산은 자유롭게 양도할 수 있었다[23]. 개
별 도시에 따라서는 상속받은 토지와 모든 토지점유에 대해서도 혈족이
의권이 폐지된 곳도 있었다. 후대에 가서는 혈족이의권은 도시뿐만 아니
라 영방법(Landrecht)에서도 상속재산과 世系財産(Stammgüter)에 국한하
여 적용되었으며 최종적으로는 여기에서도 일반적으로 폐지되었다[24].

이러한 객관적 제한 이외에도 혈족이의권자의 범위가 축소되어 직계비속
만으로 한정되었고 단지 최근친의 상속인에게만 인정되었다. 계속해서 혈
족이의권은 내용상으로도 상속인이 양도된 토지를 취득자로부터 직접, 매
매대가의 보상도 없이 반환받을 수 있는 물권적 취소권(Revokationsrecht)으

---

22) Rosin, (1893), 333; Lewis, op. cit., 23
23) Heusler, Ⅱ(1886), 58
24) H. Rosin, (1893), 333; J. Eckert, KFD(1992), 45

로부터 단순한 물권적 선매권(Näherrecht, retractus gentilicius)으로 약화되었다25). 이와 함께 혈족이의권을 통해 확보되었던 토지처분의 자유에 대한 제한, 소위 "엄격 世系財産제도(strenge Stammguts-system)"는 배제되었다. 이러한 세습재산제도의 붕괴로 인해 家에 속한 토지재산과 家의 사회적 경제적 정치적 지위에 생긴 위험은 딸의 상속권이 점차적으로 개선되는 등 남녀동등권의 증진추세가 진전됨에 따라 더욱 증가되었다. 부친으로부터 남겨진 상속재산이 이전보다 더 많은 부분으로 분할되고 딸의 출가로 인해 외부의 家에 속하게 될 수도 있었다.

II. 상급귀족의 법률행위에 의한 세습재산 설정

세습재산 설정에 관한 배경 설명에 들어가기 전에 상급귀족과 하급귀족에 관하여 간단히 설명한다. 상급귀족과 하급귀족의 구별과 유래에 관하여는 많은 논란이 있어 왔는데, 여기에서는 독일제국이 해체되기 이전(1806년 라인연방 수립 이전)의 상황에 한정하여 설명한다.

먼저 상급귀족은 제국직속지위(Reichsunmittelbarkeit), 領邦高權(Landeshoheit), 제국신분(Reichsstandschaft)의 세 가지 특성을 동시에 지니고 있는 계층에 한정되었다. 따라서 여기에는 통치권을 가진 諸侯家와 제국 내에서의 지배권이 제후가에 견줄 만한 소수의 伯爵혈통가문(gräflichen Geschlechter)만이 속했다.

이에 대해서 하급귀족은 전쟁에서 공적을 세운 기사계급이나 제후가의 家臣으로 봉사한 계층이 이에 해당하며, 공훈을 통한 영광, 주군에 대한 충성 등을 덕목으로 숭상했다.

상급귀족은 오직 같은 혈통으로부터의 출생과 같은 계층간의 혼인에

---

25) HRG, 356~357(W.Ogris); 현승종·조규창, 게르만법, 337~9 참조.

의해서만 재생산될 수 있었고, 가문내에 적용되는 법규를 제정할 수 있는 자치입법권이 있었다. 이에 대해서 하급귀족은 출생의 의한 귀족(Uradel) 이외에도 12세기 이후에는 授爵書에 의한 귀족(Briefadel)이 생겨났다. 레-엔 재산과, 가족재산, 그리고 공적 직위를 보유할 권능이 주어졌다[26].

엄격 世系財産制度의 점진적 약화로 인해 13세기 중반 이후 귀족들에 있어서도 세습재산의 해체가 훨씬 빈번해졌다. 이는 독일 제후가문이 상속대상이 된 것과 밀접한 관련이 있었다. 제후국 지위가 男系 비속에게 계승되어 가는 일이 관행이 됨에 따라 제국레-엔(Reichslehen)과 제국지위 (Reichswürde)의 公位的 성격(Amtsqualität)은 한층 더 퇴색하였고, 公位 (Amt)의 중요성도 감소되었다. Friedrich 2세가 1231년에 영방소유권 (dominium terrae)을 승인[27]한 후로 제국지위는 오히려 영지에 결합되었다.

公職位가 일신전속적 성격을 상실하고 제후국의 상속성이 인정됨에 따라 영역은 순수한 私的 소유권으로 간주되었고 그 자체가 무한정으로 분할될 수 있었다. 독일 황제는 당시 나타나기 시작한 제후국의 분할을 환영하였다. 왜냐하면 제후국이 영세화될수록 자신의 권력은 증대되었기 때문이다. 그러나 분할제도는 제후국에만 한정되지 않았다. 公職位적 성격을 상실하여 독립적 소유권화한 레-엔이 일반적으로 상속될 수 있고 분할가능한 것으로 인식된 이후 분할제도는 13세기와 17세기 중반 사이에 다른 귀족에게도 확산되었다. 그 결과 귀족 가족재산의 지나친 파괴와 낭비가 초래되었고[28], 이는 많은 귀족 가문에게 경제적 황폐와 사멸을 의미했다.

이러한 진전이 귀족측의 반동을 초래하였다. 반대방향의 움직임도 마찬가지로 제후가에서 시작되었다. 왜냐하면 분할제도의 지속으로 가문의 수가 증가하고 이로 인해 통치 영역과 대상이 축소되는 것은 통치하는 지위

---

26) 상세한 내용은 Walter, (1855), 512~516; Beseler, SGDP Ⅱ(1885), 785~826; Lewis, (1869), 687~707 참조.

27) Statutum in favorem principium(1231)

28) Rosin, (1893), 334

에 있는 가문으로서는 견디기 어려운 결과였기 때문이다. 즉, 분할은 가문의 '영광'과 '권위' 또는 '명성'을 위하여 중단되어야만 하였다.

분할제도의 위험은 우선 세속 選帝侯國에서 드러났다. 왜냐하면 이 제도하에서 몇몇 제후국이 황제선출권의 행사를 둘러싸고 자주 다투었기 때문이다. 이 때문에 Karl 4세가 1356년 제정한 金印勅書에서는 선출권의 중복행사를 방지하기 위해서 선제후국에 대해서 장자상속권을 승인하고 투표권과 選帝侯영지에 관한 분할금지원칙을 확정하였다[29]. 이 규정은 선제후국에 대해서만 적용되었지만 이로 인해 주어진 자극은 매우 영속적이어서 여타의 제후국에 대해서도 결정적으로 영향을 미쳤다.

일반 제후국들이 선제후국을 모방했고 그밖의 상하급 귀족들이 그 뒤를 따랐다. 토지소유권의 유동성이 증대하면 할수록 귀족들은 자신들의 정치적 사회적 지위가 토지의 家로부터의 유출과 가문내에서의 토지세분화를 통해서 위협받게 됨을 심각하게 인식하였고, 그만큼 더욱 더 이러한 변화에 저항하였다. 가문의 위상이 높을수록 가문의 영광과 권세라는 관념에 애착을 느꼈고 家 전체의 이익을 위하여 기꺼이 개별가족구성원에게 희생을 강요하려고 하였다. 특히 騎士계층보다 상위의 領主계층(Herrenstand) 가문들은 그들의 토지점유를 분할 없이 유지하는데 관심이 컸다. 아직 私的 권리와 공적 권리의 엄격한 분리가 존재하지 않는 한, 세습영지의 소유는 동시에 정치적 권력의 소유를 의미했다. 따라서 이미 14세기 이래로 상급귀족 가문에서는, 영방법(Landrecht)이 더 이상 제공해주지 않는 보호를 기술적 방법에 의한 제한을 통해 확보하기 위해, 법률행위적 규율을 통해서 재산을 분할 없이 부계혈통내에 보존하려는 시도를 하게 된다[30].

귀족의 재산이 레-엔의 대상일 경우, 독일의 레-엔법은 여러 가지 방법으로 레-엔체제에 속한 재산이 세분화하는 것을 방지했다. 레-엔은 상속될

---

29) Mitteis/Lieberich, (1992), 247
30) Rosin, (1893), 334; Eckert, KFD(1992), 48.

수 있고 따라서 분할될 수 있었지만, 통상은 유언을 통한 처분으로는 거의 변경할 수 없는, 엄격한 규율에 따른 상속이 이루어졌다. 그밖에 레-엔법은 레-엔재산의 상속에서 부인을 배제하거나 후순위에 놓았으며, 레-엔의 계승에서 長子를 우선시하였고, 마지막으로 레-엔의 양도나 담보제공에 있어서 양도자의 子에게 물권적 선매권(Näherrecht)을 인정하였다. 이러한 보호는 自由보유재산(Allodialgüter)에도 확장되기도 하였다. 레-엔보유와 自由보유가 한 사람의 수중에 귀속된 경우에는, 레-엔보유가 自由地의 상속에도 결정적으로 영향을 미치는 일이 빈번했기 때문이다.

여타의 自由地 보유는 일반적인 領邦法에 따라서 상속되었는데, 이를 분할 없이 보존하려면 개인적인 법창조의 방법을 강구해야만 했다. 귀족들이 재산을 영구히 가문에 구속시키고 부계혈통내에 보존하기위해 사용한 수단은 상급귀족의 경우와 하급귀족의 경우에 있어서 근본적으로 상이했다. 상급귀족은 가족재산의 양도와 분할 불허, 부계혈통내에의 보존, 장자상속을 달성하기 위해 특히 상속형제맹약(Erbverbrüderungen), 家女의 상속포기계약(Töchterverzichte), 가문율례(Hausgesetz)를 이용했다.

1. 상속형제맹약(Erbverbrüderungen)

상속형제맹약이란 몇몇 귀족가문들이나 동일 가문의 몇몇 家系들이 그들 중 어느 하나가 대가 끊길 경우에 대비하여 그들의 영지에 대한 상호간의 상속권을 약속한 계약이었다[31]. 14세기 이래 행해지기 시작한 이러한 계약의 대상은 역시 일차적으로는 형제의 의리를 맺은 家 상호간의 상속권에 관한 것이었다[32]. 그밖에도 이들 사이에서는 통상 상속형제맹약과 더불어 마찬가지로 후손들을 구속하는 攻守同盟이 체결되었다.

---

31) Beseler, Erbverträge, Ⅱ/2.Bd.(1840), 93; Walter, (1855), 543; 현승종·조규창, 게르만법(2001), 484~485.
32) Beseler, Erbverträge Ⅱ/2(1840), 102f.

계약은 家의 개별 구성원이 아니라 家자체에 의해서 체결되었다[33]. 계약의 형식은 처음에는 死因贈與의 형식을 띠었고[34], 따라서 자유재산에 있어서는 물권법적으로 살아 있는 자간의 인도를 통해서, 부동산의 경우에는 司法的인 Auflassung을 통해서 실행되었다. 이를 위해서 계약당사자들은 대상 재산을 재판관의 수중에 인도하였고 재판관은 이것을 그들에게 다시 되돌려주었다. 17세기 이후에 가서야 비로소 법률가들은 상속형제맹약을 순수한 상속계약으로 해석하여 오로지 상속법적 원칙에 따라서 판단하였다[35].

목적물에 대해서는 형제관계를 맺은 家들 또는 家系들의 合有(Gesamthandseigentum)가 발생했다. 이것은 대외적으로는 상속형제맹약의 대상이 된 영지에 관해서는 合手的으로만 처분될 수 있다는 점으로 나타났으며, 대내적으로는 형제관계를 맺은 家들 중 하나의 絶孫시에 그 家의 점유는 계약에 구속되는 다른 家들에게만 귀속될 수 있다는 점으로 표현되었다. 이러한 조건부 계승권의 존재는 종종 상호간의 臣從誓約(Huldigung der Untertanen), 상호간 방패 및 紋章의 사용에 대한 승인 등을 통해서 대외적으로 현시되고 확정되었다[36]. 그럼에도 불구하고 양 영지에 대한 통치는 분리되었다.

제국레-엔, 제국관직, 제국지위에 대해서 상속형제맹약을 유효하게 체결하기 위해서는 황제의 인가가 필요했는데, 1658년 레오폴드(Leopold) 1세의 선거협약(Wahlkapitulation)에서 기존의 맹약에 대해서 일반적으로 인가가 주어졌다[37]. 이후 체결되는 맹약은 후대의 선거협약에서 종종 인가되었다.

유효하게 체결된 상속형제맹약은 家 자체를 구속하였으므로, 그 계약이

---

33) Beseler, Erbverträge Ⅱ/2(1840), 93.
34) Beseler, Erbverträge Ⅱ/2(1840), 94.
35) Walter, (1855), 543
36) Heusler, Ⅰ(1885), 234; Beseler, Erbverträge Ⅱ/2(1840), 94.
37) Mitteis/Lieberich, (1992), 363

공동의 계약으로 취소될 때까지 후대의 모든 세대들도 구속하였다. 종종 부계혈통의 후손들이 일정한 연령에 도달할 때 상속형제맹약에 대해서 서약하는 일이 있었다. 이것은 형제관계를 맺은 家들의 구속에 대한 인식을 새롭게 하고 영역의 변경 등 변화된 상황을 맹약에 반영하기 위한, 확실한 목적을 가진 행위였다. 그렇지만 맹약의 주된 내용, 즉 상속권에 관해서는 그러한 종류의 상속형제맹약의 갱신과 강화가 없어도 후손들은 구속을 받았다[38].

가장 중요한 상속형제맹약으로는 1373년과 1457년에 브라운쉬비크(Braunschweig), 작센(Sachsen)과 헤센(Hessen) 사이에 체결된 계약과 1442년에 브란덴부르크(Brandenburg)와 메클렌부르크(Mecklenburg) 사이에 체결된 계약 등이 있다[39].

2. 貴族 家女의 상속포기계약(Erbverzichte)

13세기 이후 상급귀족의 딸의 상속포기계약이 통용되었는데[40], 이는 상속법상의 子·女의 동등대우를 배제하고 "가문의 영광(splendor familiae)"을 위해서 가족재산의 세분화의 위험을 방지하는 데 기여했다[41].

家女는 이를 위해 혼인시 또는 일정한 연령에 도달하였을 때 일정한 지참금을 받는 대가로 자신의 상속권을 포기했다. 포기는 원칙적으로 포기자의 후손도 구속하였다[42]. 그러나 상속포기는 특정한 사람만을 위하여

---

38) Beseler, Erbverträge Ⅱ/2(1840), 105f; 같은 필자, SGDPⅡ(1885), 806

39) HRG, "Erbvertrag"(W. Sellert의 설명), 985.

40) 13세기초의 사례로 1214년 Mathilde von Lothringen과 Lorenz von Holland사이의 혼인계약에서 Mathilde가 그녀의 시아버지, 남편과 함께, 자신이 받은 지참금에 만족하고 그녀의 부계 및 모계로부터의 상속을 포기한다는 규정이 있는 것을 든다. Beseler, Erbverträge Ⅱ/2(1840), 273 n. 29.

41) Beseler, Erbverträge Ⅱ/2(1840), 271 ff; 같은 필자, SGDPⅡ(1885), 803; Walter, (1855), 530

한정적으로 이루어질 수도 있었다. 예를 들어, 딸이 자신의 형제나 남계친만을 위하여 상속을 포기하는 일이 종종 있었다. 결국 부계혈통이 단절될 때까지만 상속을 포기함으로써 예비적인 상속권을 유보할 수 있었다.

상속포기는 원래 요식적인 의사표시가 없어도 유효하였으나 후에 Bonifaz 8세의 教令[43])의 영향으로 誓約된 상속포기만이 승인되고 구속력을 갖게 되었다.

독일법상 귀족 여성에게 어느 정도로 상속권이 인정되었을까? 상속권이 인정되지 않았다면 여성의 상속포기는 단순한 예방책 즉, 의미 없는 요식행위이거나 단순한 가장행위에 불과하였다고 할 수 있고, 여성에게 상속권이 인정되었다면 귀족 가녀의 상속포기는 실질적으로 효력을 갖는 법제도였다고 할 수 있을 것이다[44]). 시대와 지역에 따라서 상당한 편차가 있어서 일률적으로 말할 수 없지만, 대체로 프랑크왕국의 법률의 영향력이 미치던 권역 이외의 지역에서는 딸에게 아들 다음 순위의 상속권이 인정되었다고 할 수 있다[45]). 프랑크 부족법이 적용되던 지역에서조차도 13세기 이후 동산과 화폐의 중요성이 증가함에 따라 남계친의 토지에 대한 상속권의 우위만으로는 귀족 가문의 요구를 충족하는데 부족하였다. 귀족 가문의 지속적인 번영에 위협이 될 수 있는 이와 같은 상황에 대응하기 위하여 귀족권력이 활용한 수단이 딸에 대한 상속포기계약이었다[46]). 따라

---

42) Beseler, Erbverträge Ⅱ/2(1840), 290; 같은 필자, SGDP Ⅱ(1885), 804; Walter, (1855), 531

43) cap. 2. de pactis. in 6. Quamvis pactum patri factum a filia, dum nuptui tradebatur, ut dote contenta nullum ad bona paterna regressum haberet, improbet lex civilis. Si tamen juramento non vi nec dolo praestito firmatum fuerit ab eadem, omnino servari debebit. Cum non vergat in aeternae salutis dispendium, nec redundet in alterius detrimentum.

44) Beseler, Erbverträge Ⅱ/2(1840), 264.

45) Beseler, op.cit., 264~269.

46) Beseler, op. cit., 269~271. Beseler는 貴族家女의 상속포기계약이 생겨난 배경 내지 목적에 관한 자신의 설명이 전통적 견해와는 다르다고 설명한다.

서 본래부터 딸에게는 상속권이 주어지지 않았던 레-엔재산에 관한 경우
이외에는 상속포기계약은 본디부터 존재하는 법상황의 단순한 확인이 아
니고 상속권의 진정한 포기로 평가되었다[47].

그러나 동일 家內에서의 家女상속포기계약의 반복을 통해서 이 家의
관습법, 家慣例가 확립되거나 家法 내지 家契約이 남계친의 단독상속을
규율했을 때에는 상속권의 포기는 법상황의 단순한 확인으로 볼 수 있었
다. 領邦法이 家女를 상속으로부터 배제할 것을 규정한 경우에도 마찬가
지였다. 예컨대, 선제후 Ferdinand Maria가 1672년 4월 20일 Kurbaiern 詔
勅에서 "앞으로 모든 귀족 家女는, 더 이상의 상속포기가 없어도 부, 모,
형제로부터의 상속재산을 법률상 당연히(ipso iure) 포기한 것으로 간주된
다" 라는 규정을 설정하여 "상속포기하는 家女"를 원칙적인 경우로 했다.
이와 같은 소위 "당연포기(notwendigen Verzichts)"의 경우에는 상속포기
계약은 잉여적인 것으로 단지 家의 보다 큰 안전을 확보하기 위한 예방책
으로서의 의미를 가졌다[48].

3. 家門律例(Hausgesetze)와 家慣例(Hausobservanz)

상급귀족이 자신의 재산을 분할 없이 家內의 남계친에 영구히 보전

전통적 견해는 상속포기계약에 대해 귀족들이 전통적 부부재산에 관한 법
(Güterrecht)에 있어서 자신들의 권리를 로마법의 위협으로부터 방어하기 위해서 사
용한 수단이라고 설명한다(.Eichhorn, (1845), §349(822~823); Phillips, Ⅱ(1846),
§175(300~302)).

이에 대해 Beseler는 15세기 후반기 이전에 로마법이 독일에서 중요한 영향을 미쳤
다고 보는 것은 잘못이며, 따라서 13세기부터 나타나기 시작한 귀족여성의 상속포
기계약에서 로마법을 방어하기 위한 흔적을 찾을 수 없다고 주장한다. Beseler,
op.cit., 273~274.

47) Beseler, op.cit., 278 ff; Walter, (1855), 532
48) Eckert, KFD(1992), 53~54.

하기 위해 사용할 수 있는 가장 중요한 수단은 상급귀족가문들이 자치권(Autonomie)을 근거로 그들의 세습재산에 관하여 창조한 특별법(Sonderrecht)이었다. 자치권은 개별 家에 형성된 관습법, 家慣例, 家門律例(Hausgesetz)을 통해서 행사되었는데 특히 장자상속제(Primogenitur)와 家女의 상속배제, 신분이 다른 당사자간의 혼인금지, 家産의 처분금지 등을 규정하였다. 규약에 의한 자치입법권의 기초는 상급귀족 家의 협동공동체적(Genossenschaft) 성격이었다. 이러한 성격은 14세기 이후 위험한 수준에 이른 분할상속제도가 미친 파괴적인 영향, 즉 家의 해체와 세분화의 진전과 개인적 이익이 중시되는 추세에 대한 반작용으로서 형성되었다[49]. 이러한 반대방향의 움직임과 함께 상급귀족은 대내외적으로 법적 단일성을 보유하는 가족협동적공동체를 추구하였으며, 여기에서는 개별 가족구성원의 권리는 家의 자치적 권리에 의해서 제한되었다.

　대부분의 家門律例에 대해서 동일한 불변문구로 된 황제의 확인서(Bestätigung)가 교부되었다. 통상 제국고문관에게 신청하였고 고문관은 家門律例의 법적 허용성을 판단하고 아직 태어나지 않은 가족구성원의 이익을 보호할 의무가 있었다. 황제의 확인은 家門律例가 법적 효력과 구속성을 갖기 위해서 꼭 필요한 것은 아니었지만, 제국의 상층부로부터의 반대를 막는데 도움이 되었고 동시에 家門律例가 제국법률과 결합될 수 있고 제3자의 권리를 침해하지 않는다는 사실을 확인해 주었다. 다시 말해서 확인은 안전장치 또는 예방수단으로서의 목적을 지녔지만 필수적인 것은 아니었다.

　14세기 이후에는 모든 상급귀족 가문에서 단순히 재산의 분할금지를 규정한 家門律例가 반포되었다. 특히 1356년 Karl 4세의 금인칙서는 다수의 분할금지 관련 규정을 두었는데, 이러한 규정들은 즉시 選帝侯 뿐만 아니라 다른 제후가들에게도 채택되었다.

---

49) Rosin, (1893), 337f.

이러한 분할금지규율의 논리적 결과는 장자상속제(Erstgeburtsfolge)였
다. 왜냐하면 상급귀족은 엄격한 장자상속법의 확립만이 가족재산의 세분
화를 지속적으로 배제할 수 있다는 것을 인식하였기 때문이다. 그밖에도
시간이 경과함에 따라 家의 이익 외에도 영방 또는 국가의 이익이 점점
개입하게 되었는데, 이러한 영방 또는 국가의 이익은 양도 및 분할의 금
지에 더하여 특히 개인상속을 수반하는 확정된 상속규정을 요구하였다.
무엇보다도 분할제도가 지니는 정치적 결점에 대한 인식이 장자상속제의
점진적 형성에 결정적이었다. 제국권력이 약화한 시기였던 14세기 이래로
영지가 정치적 이익의 전면에 등장하였다. 많은 領邦국가가 토지에 대한
점유로부터 발전하였다. 정치적 권력의 침강과 무제한적 재산분할간의 관
계뿐만 아니라 토지소유권의 정치적 의미가 명백하게 밝혀졌다. 결과적으
로 개별 가족구성원의 개인적 이익이 家와 영방의 우월적 이해의 뒤로 물
러났다. 장자상속제 원칙이 몇몇 상급귀족 가문에서는 이미 일찍이 실행
되었고 금인칙서 또한 그런 점에서 모범을 제공했음에도 불구하고 장자
상속원칙이 상급귀족에 일반적으로 통용되기까지에는 매우 오랜 시간이
걸렸다. 개인상속의 도입이 독일인의 법감정에 크게 반하였던 것이다.

독일적 법관념은 형제간의 동등한 권리를 요구했다. 따라서 공공의 선이
그것을 요구하는 경우에도 사람들 자신은 장자상속의 도입, 아니 개인적 상
속의 도입 자체를 반대하였다. 그럼에도 불구하고 종국에는 장자상속이 상
급귀족에서 일반적으로 통용되었다. 거의 모든 家基本法(Hausverfassung)에
서 영지의 분할금지와 양도금지, 그리고 家襲財産(Hausgüter)의 남계친내
의 상속 및 장자상속권이 규정되어 실행되었다.

상급귀족들은, 15세기에 로마법이 일반에 확산되기 이전에, 자신들에게
보전되어 있던 자치권에 근거하여 家門律例나 家관례에 의한 실행을 통
해서, 자신의 家의 고래의 世系財産에 대하여, 통일된 원칙에 입각한, 그
리고 일반적으로 효력을 갖는 개별법(Sonderrecht)을 창조하는 데 성공했

다. 이러한 과정을 거쳐서 귀족들에 대해서 상속법 및 관련된 가족관계에 관한 원칙들의 체계가 확립되었는데, 이것은 보다 특정되고 포괄적으로 규정된 신분법(Standesrecht), 즉 후대의 소위 諸侯私法(Privatfürstenrecht) 의 기초가 되었다[50].

Ⅲ. 하급귀족의 법률행위에 의한 세습재산설정

상급귀족의 모범은 하급귀족들에게 이를 본받도록 자극하였다. 하급귀족 역시 영속적인 재산집중을 통하여 자신들의 가문의 영광과 명성을 오래도록 확보하려고 노력했다. 그럼에도 불구하고 그들은 상속법상의 분할제도를 쉽게 극복하지 못했다. 이는 무엇보다도 하급귀족들은 상급귀족들과는 달리 帝國直屬地位(Reichsunmittelbarkeit)를 주장할 수 없었고 따라서 자신의 家를 자치권에 의해서 협동공동체(Genossenschaft)와 연결시키지 못한 데에 기인했다[51]. 하급귀족의 첫 번째 위치를 차지했던 제국직속 기사단만이 유일하게 제정법 혹은 家慣例를 통해서 자신들의 세습재산을 유지하는 데에 성공했다. 이에 반해서 여타의 하급귀족들은 자신들의 家에 대해서 자치적 입법의 방법으로 일반적인 영방법(Landrecht)과 다른 규정을 적용할 수가 없었다. 하급귀족들에 있어서 세습재산에 관한 고래의 권리는 領邦의 입법이나 관습법에 의해서 인정될 때에만 유지되었다. 그러나 개별법이 재산의 양도 및 분할 금지를 규정하는 것은 매우 드문 일이었다. 이에 해당하는 관습 역시 밀려 들어오는 로마법에 의해 인정되지 않거나 완전하게 인정되지는 않았으므로 하급귀족은 家에 대한 私的 명령에서의 명시적인 양도금지를 통해서 자신의 재산을 보전하려고 시도했

---

50) Eckert, KFD(1992), 58
51) Lewis, RF(1868), 24; Rosin, (1893), 337f.

다. 이와 함께 하급귀족들은 개별적인 경우에 자신의 재산의 지나친 세분화를 방지하기 위해서 家女의 상속포기계약을 수단으로 이용했다. 그러나 이 수단은 효과가 미약했다. 왜냐하면 영방법이나 관습법에 해당규정이 없을 경우에는 상속포기계약은 포기한 家女의 상속인에게는 효력이 없었기 때문이다.

개별사례에서 하급귀족에게도 상속형제맹약이 생길 수 있었지만, 하급귀족들은 유사한 목적을 위해서 대부분 소위 共同相續人團體(Ganerbschaften)를 이용했다. 공동상속인단체는 13세기 이후에 기사계급에서 시작된 약정으로서 복수의 家 또는 동일 家內의 복수의 가계가 특정 재산, 특히 성곽을 공동으로 이용하고 방어할 목적으로 체결한 합의를 가리켰다[52]. 계약 체결당사자 간에는 고래의 농민의 가족결집체(Familiengemeinderschaft)와 유사한 合手的共同體(Gesamthandsgemeinschaft)가 성립되었다[53]. 공동상속인단체는 공동의 城砦를 동등한 권리를 가지고 보유했으며, 이용권과 방어의무도 공동으로 귀속되었다.

공동상속인에는 처음에는 친족관계에 있는 자만이 포함되었다. 공동상속인단체의 효력도 우선은 선조로부터 상속한 세습재산에 대해서만 미쳤다. 그러나 기사계급 가족들을 공동상속인단체로 묶는 것이 경제적으로뿐만 아니라 군사적으로도 큰 이익이 되었으므로 이미 일찍부터 새로 획득한 재산도 공동체에 귀속되었고 외부의 가족도 공동상속인단체에 편입되었다[54].

騎士공동상속인단체(Die ritterschaftliche Ganerbschaft)는 레-엔의 경우에는 合手的 受封(Gesamtbelehnung)을 통해서, 그밖의 경우에는 城砦平和協約(Burgfrieden) 또는 家系結社(Stammvereine)와 이를 뒷받침하는 선서

---

52) Walter, (1855), 544
53) 공동상속인단체(Ganerbschaften)에 관하여는 현승종·조규창, 게르만법(2001), 500~502, 合手的공동체와 관련해서는 동 143~145 참조.
54) Rosin, (1893), 336

로 성립되었다. 이를 통해서 체약당사자 뿐만 아니라 그들의 상속인도 구속되었다. 후손들은 일정한 연령에 도달하는 즉시 城砦平和協約에 마찬가지로 서약해야 했다. 공동상속인단체는 복수의 성, 도시 그리고 촌락과 거기에 속한 토지점유를 포괄할 수 있었다. 그것은 일차적으로 공동생활상의 군사적 의무와 경제적 기초를 규정했다. 그밖에도 공동체적 생활을 규율하고 공동상속인 상호간의 개인적 관계를 규율하기 위한 규정을 포함하였다. 예를 들어 성채에서의 평화, 성채법원의 관할권, 그리고 상속 등이 규정되었다. 부분적으로는 대내외적으로 활동할 공동상속인단체의 기구를 두기도 하였다.

공동상속인단체는 영구존속의 의도로 체결되었으므로 모든 공동상속인의 합의를 통해서만 폐지될 수 있었다. 공동체의 점유에 대한 공동상속인의 지분은 양도할 수 없거나 공동상속인 전원의 동의 하에서만 양도할 수 있었다. 진정한 곤궁의 경우에만 예외가 인정되었으나, 이 때에도 그 지분은 다른 공동상속인의 선매권의 대상이 되었다. 지분이 이러한 규칙을 위반하여 제삼자에게 양도될 경우에는 처분자는 자신의 권리를 상실하였고 최근친의 상속인 또는 공동상속인이 철회권을 가졌다. 즉, 그 지분을 취득자로부터 취득대가의 보상 없이 반환 받을 수 있었다.

하급귀족들의 경우에도 공동체의 여러 가지 형식들을 통해서 가족점유를 오랫동안 분할 없이 유지하는 데 제한적인 효용밖에 거둘 수 없다는 것이 곧 드러났다. 하급귀족에 있어서도 연령순위에 기초한 개인상속의 설정만이 가문의 영광과 명성을 유지하는 데 적합해 보였다. 따라서 14세기 이후에 하급귀족들도 개인상속의 조항을 가진, 법률행위에 의한 세습재산출연을 개시하였다[55].

일반적인 법관념은 여전히 오랫동안 그러한 처분에 대해 호의적이지 않았다. 즉, 공동의 토지점유에 대한 제한을 한정된 범위내에서만 허용하

---

55) H. Rosin, (1893), 338

려고 하였던 것이다. 그러한 처분(個人相續)은 하급귀족에 있어서도 매우 점진적으로 확산되었다.

결과적으로 상급귀족에서와 마찬가지로 하급귀족에서도 양도와 분할 금지에 관한 규율, 家女의 상속포기 등 특별한 상속규율로 구성되는 구속적 가족재산에 관한 완결된 체계가 아직 로마법이 독일에 일반적으로 확산되기 이전에, 그것의 영향과는 무관하게 확립되었다.

그럼에도 불구하고 世襲家産制(Familienfideikommiss)의 근원을 오로지 독일 또는 게르만 古法에서만 찾는 것, 그리고 그 법제도를 단지 공동상속인단체(Ganerbschaft) 또는 상속재산 또는 세습재산의 갱신으로만 보는 것은 너무 일면적이라 할 수 있다. 게르마니스트의 견해는, 보통법적인 敎義가 이러한 독일법상의 제도를 "로마법의 범주에 교묘하게 강제적으로 포함시킴으로써, 그리고 로마법대전을 계수한 랑고바르드 레-엔법의 '父祖의 協約과 규정에 기한 계승(successio ex pacto et providentia maiorum)'을 이용함으로써" 로마법적으로 변형하였다고 하는데[56], 이 견해는 특히 스페인의 장자상속제(Majorat)가 근대 독일법상의 世襲家産制(Familienfideikommiss)의 형성에 미친 영향을 소홀히 하였다고 할 수 있을 것이다[57].

---

56) Pfaff/Hofmann, Commentar(1884), 266; Gengler, (1892), 197 ff.; Zimmerle, (1857), 277 ff

57) Eckert, KFD(1992), 62~3

제2절 로마법의 계수와
독일법상의 가족재산제도의 변형

로마법계수의 직접적인 원인이 1495년 설치된 제국최고법원인 제실법원(Reichskammergericht)에서 사안의 해결에 독일고유법을 배척하고 로마법을 적용한 사실에 있다는 데 견해가 일치한다.

帝室法院令은 모든 사안을 제국의 보통법인 로마법과 교회법에 따라 재판할 것을 규정하고, 다만 예외적인 구제규정으로 유보조항을 두어 당사자가 독일고유법의 적용을 원용할 경우 법관은 이 고유법이 확실히 존재하며 法源性을 믿을 만하고 나아가 내용이 부당하지 않다고 판단될 경우에 한하여 이를 재판의 기초로 할 수 있다는 고유법 적용의 재량권을 법관에게 부여하였다. 그러나 법관은 로마법이 제국의 일반법이며, 독일고유법은 특별법이라는 확신에 따라 「특별법은 엄격하게 해석해야 한다」는 법리를 도입하여 고유법의 적용을 주장하는 당사자에게 고유법의 증명책임을 부과했다. 그런데 독일고유법은 대부분 민중의 법감정과 법의식으로 전승된 정의관념에 기초를 둔 생활관행의 누적으로 형성된 불문의 관습법이므로 증명하기가 불가능한 경우가 대부분이었으며, 따라서 고유법을 원용한 당사자는 패소를 면할 수 없었다.

이러한 최고법원의 태도는 도시법원과 분방법원에 영향을 미쳐 제국내의 모든 하급심은 상고심에서 파기를 면할 목적으로 사안에 로마법을 적용하기 시작했다. 로마법의 적용은 대학에서 로마법의 교육을 받은 법률가만이 할 수 있었으므로 종래의 참심원에 갈음하여 법률가가 재판을 관장했고, 이는 도시법원을 비롯하여 지방의 민중법원에 이르기까지 법관이 모두 법률가로 대체되는 파급효과를 가져왔다. 이와 같이 로마법의 계수는 입법의 방식이 아니라 司法的인 재판활동을 통하여 이루어졌다[1].

로마법의 계수와 더불어 독일법상 보장되던 귀족들의 世系財産(Stammgut)의 家에의 구속가능성에 의문이 제기되었다. 즉, 로마법에서는 개인에게 재산권에 관한 형성의 자유가 보장되었기 때문이었다. 동시에 이러한 로마법으로 인하여 가족재산의 철저한 散逸을 초래할 우려가 생겼고 이로 인해 귀족가문의 경제적·정치적 권력의 토대가 파괴될 가능성이 발생하였다.

상급귀족들은 자치입법권을 통해 기존의 가족법 및 상속법의 특별원칙을 보다 특정되고 독립적인 신분법의 한 내용으로 수용하여 존속시킴으로써 로마법 계수의 영향을 회피할 수 있었다.

그러나 하급귀족들은 자치입법권이 없었으므로 모든 私法的 법률관계, 특히 가족에 관한 법률관계에서 계수된 로마법의 적용을 받게 되었다. 로마법에서는 상속에 있어서 장자의 우선권을 인정하지 않고 비속의 상속분을 동등하게 인정하였다. 1495년 이후 로마화된 법원에서는 로마법적 형식을 갖춘 권리나 제도만이 인정되었으므로 하급귀족들은 특성상 가장 적합하다고 생각되는 로마법적 형식을 부여함으로써만 자신들의 世系財産 설정행위를 존속시킬 수 있었다[2].

독일의 법률가들은 여기서 스페인과 이태리에서의 모범을 따라 로마법상의 家繼信託遺贈(fideicommissum quod familiae relinquitur)에 착안하여, 이 제도를 계수된 로마법에 대항하여 독일법상의 世系財産의 비양도성을 보존하는 데 사용했다. 로마법상의 家繼信託遺贈 역시 마찬가지로 家의 富를 유지하기 위해 재산을 특정가문에 묶어놓을 목적에 사용되었는데, 그것이 양도를 금지할 수 있고 상속을 몇 세대에 걸쳐서 법률과 다르게 규율할 수 있다는 점 등을 통해서, 독일법상의 재산구속의 특성을 계속

---

1) 로마법 계수의 원인과 결과 등에 관하여는 현승종·조규창, 게르만법(2001), 76~99 참조.
2) Lewis, RF(1868), 24; Rosin, (1893), 338

유지하고 법적으로 뒷받침하기 위해 필요로 하는 거의 모든 것을 제공해
주었다. 이렇게 해서 사람들은 처음에는 로마의 家繼信託遺贈法을 16세
기말 이태리 법학자들이 이해하고 있던 형태로 받아 들였다.

　이와 관련해서 독일 법률가들 역시 16세기 이래로 귀족들이 채용한, 家
의 특별재산의 유지를 목적으로 하는 다양한 규율들을, 이태리에서 이미
오랫동안 통상적으로 그러하였듯이, 로마법적 표현을 사용하여 信託受遺
者 代替(fideicommissarische Substitution)로 지칭하기 시작하였다3). 사람
들은 다양한 법제도를 서로 혼합하기 시작하였다. 즉, 이미 존재하던 세습
재산출연행위가 로마법적인 신탁유증 개념하에 놓여졌고 이 위에 독일법
적인 원칙이 옮겨졌다. Charles Dumoulin은 1554년의 「의견(Gutachten)」
에서 독일법적 사고에 기초한 형식의 家소유권계승(Weitergabe)을 계약에
의한 世襲家產制(Familienfideikommiss)로서 승인하였다. 그는 독일재산법
상의 제도를 家繼信託遺贈이라는 로마법 제도에 대입하여 계수시대의 로
마법에서의 승인을 확보하였다. 그러한 종류의 신탁유증적 출연행위가 16
세기 초 이래로 다양한 계층의 토지소유자 층에서 일상화되었다. 大商人
들은 자신의 가족기업을 자신의 생애를 넘어서 존속시키고 가능한 한 계
속해서 자신의 후손들의 지도하에 있도록 보장하기 위해서 世襲家產을
설정하였다.

　이러한 세습가산(Fideikommiss)은 처음에는 기존의 독일법적 제도에 단순
히 로마적 형식을 덮어씌운 것에 불과하였고 독자적으로 완성된 모습을 보
여주지는 못했다. 그것은 근대의 통일적인 독일법상의 Familienfideikommiss
와는 다른 법적구조를 가졌다. 16세기 독일에서 설정된 많은 Fideikommiss
는 로마법상의 信託受遺者 代替와 소위 "古 이태리식 신탁유증"과 같은
특징을 지녔다. 특히 그것들에게는 개인적 계승의 관념은 본질적인 것이
아니었다.

---

3) Söllner, (1976), 660.

제4장

스페인 마요라트(Majorat)의 영향과 근세 독일법상의 世襲家産制의 성립

위와 같은 상황은 17세기, 즉 30년전쟁(1618~1648) 이후가 되어서야 비로소 변화했다. 이 때에 오스트리아와 프랑드르로부터 스페인 식의 세습가산제, 즉 마요라트(Majorat)[1]가 독일에 밀려들어와서 당시 급격히 증대하고 있던 세습가산 설정의 모범이 되었다. 이 새로운 스페인적 세습가산제의 형식은 장자상속제의 규칙에 따른 확정된 개인상속규정을 제시했다[2].

---

1) 스페인어로는 "mayorazgo"라고 하고 후에는 "primogenia"라고도 불렸다. Gengler, (1892), 199

2) Bühler, (1969), 136; Hübner, (1930), 339.

제1절 스페인 마요라트의 생성

스페인 사람들은[1] '신탁적 출연'(Fideikommiss)을 통해서 토지를 묶어 놓는다는 관념을 아랍인들로부터 받아들였다[2]. 아랍인들은 자신들의 재산을 칼리프의 자의적인 몰수로부터 보호하기 위해 종교적 출연을 이용했다. 예를 들어, 가난한 사람들을 위한 기부, 국경의 방어를 위한 기부, 메카와 메디나 兩도시를 위한 기부와 같은 자선행위에 헌납된 부동산은 이슬람법에 의해서 양도할 수 없고 출연자의 동의하에서만 본래의 목적에서 벗어날 수 있었다. 그 경우에 출연자는 스스로에게 또는 가족구성원 중 어떤 사람에게 수익의 관리를 유보하거나 사망시에 대비하여 가장 연장의 직계비속이 관리자가 되어야함을 규정할 수 있었다. 이렇게 하여 자선행위로부터 가족재단(Familienstiftungen)이 형성되었는데 본질적으로 세습가산제와 매우 유사하였다[3]. 기독교인들 역시 아랍인들의 스페인 점령 기간동안에 자신들의 재산을 몰수로부터 보호하기 위해서 이 출연행위를 모방하였다. 694년의 Fuero Juzgo[4]에 따르면, 父는 총재산을 유지하기 위

---

1) 스페인에서의 Majorat의 생성에 관해서는 Eckert, KFD(1992), 66~72; Rauchhaupt, Geschichte(1923); Thompson, 'The Nobility in Spain(1600~1800)', in : H.M. Scott(ed.), The European Nobilities in the 17th and 18th Centuries I, 1995, 174~236을 주로 참고하였다.

2) Eckert, KFD, (1992), 66.

3) 이슬람의 구속적 가족재단, 소위 Wakf 또는 Wakuf에 관하여는 Bayer, SF(1999), 56~65; Weber, (1922), 643~644 참조.

4) 654년 비시고트의 왕 레케스빈토(Reccesuinth, 649~672)가 공포한 「비시고트족의 법」을 토대로 694년 11.9일에 대법전이 편찬되었다. 이 법전은 당시에는 고트서(Liber Gotorum), 법서(Liber judicis) 등으로 불렸는데, 13세기 이후에 Fuero Juzgo라고 통칭되었다. Rauchhaupt, (1923), 34; 레이몬드 카 外 저 / 김원중·황보영조 옮김, 스페인사(2006), 78~79.

해서 특정한 아들의 상속분을 다른 遺留分 권리자들에 비해서 최고 자기 재산의 3분의 1까지 증액시켜주되 이 "Mejora"의 양도를 제한할 수 있다고 규정되어 있었는데5), 기독교인들은 이 규정에 기초하여 가족출연재단("平信徒會堂財團 capellanias laicales")을 고안하였고 이 재단은 교회의 보호하에 놓여졌으며 결과적으로 이슬람법에 의해서도 존중되었다. 아랍인들이 스페인으로부터 퇴각함에 따라서 이러한 재단도 점차 중요성을 잃어갔지만 장기간동안 재산을 家에 묶어 놓기 위한 분위기를 조성하였다.

고유한 마요라트의 토대는 이베리아 반도에 대한 아랍인 지배를 축출하기 위해 거의 8세기에 걸쳐 지속된 투쟁기간 동안에 구축되었다. 스페인 왕들은 국토회복운동(Reconquista) 동안에 大公들(Grande)의 군사적 봉사를 통한 원조에 의존하고 있었다. 당시 사람들은 스페인 전 지역을(무어인 지배지역도 포함하여) "terra irredenta", 즉 항상 국왕에게 속한 땅으로 보았다. 무어인에 의해서 지배되었다가 국왕에 의해서 수복된 지역의 토지에 대해서는 국왕이 상급소유권과 授封權을 보유하였다. 국왕은 대공들의 군사적 원조에 대해서 박탈할 수 없는 레-엔을 수봉하여 보답하였다. 국왕은 이미 13세기에는 그 지역에 대한 재판권을 대공들로부터 회수함으로써 자신의 권위를 다시 강화하는데 부분적으로는 성공하였다. 그렇지만 역으로 대인적으로 생애동안 授封된 레-엔이 상속가능하게 되었다. 그것은 受封家의 絶孫으로 봉지가 국왕에게 회복되어 귀속되기 전까지는 수봉가의 상속가능한 地代附레-엔(Rentenlehen)으로서 지속되었다.

이러한 상속가능한 레-엔에 있어서 국왕은 우선 레-엔 보유자의 아들이나 다른 남계친족 중에서 상속인을 선택했다. Ocafia의회(1422년)와 Palenzuela의회(1425년)에서 각 신분의 대표들은 家內의 분쟁을 방지하기 위해서 레-엔 권리자를 미리 결정해줄 것을 국왕에게 요청하였고, 이에 국왕은 항상 최연장의 아들이 레-엔을 보유한다고 정하였다. 이를 통하여

---

5) Fuero Juzgo Ⅳ.5.1; Rauchhaupt, (1923), 42~43 참조.

長子相續制가 도입되었다. 이러한 재산들에 대해서 이제부터는 분할과 양도의 금지, 남계친으로의 개인상속이 국왕에 의해서 일반적으로 보장되었다. 이렇게 해서 군사 레-엔으로부터 남계친으로의 장자상속제로서의 마요라트가 형성되었으며, 그것은 또한 이러한 상속을 보장한 국왕의 의사를 통해서 형성되었다.

그러나 근본적으로 보다 더 큰 범위에서 마요라트는 상속가능한 地代附레-엔과는 다른 국왕재산에 관해서 형성되었다. 이것은 국왕의 私的 재산에 속하지 않고 법률에 의해서 양도가 금지된 국가재산이었다. 그것은 원래 길어야 생애동안의 레-엔으로서 수봉될 수 있었다. 국왕은 계속되는 아랍인과의 전쟁과 합스부르크 왕조의 세계정책으로 인해 큰 재정상의 어려움에 처하게 되자 이 국왕재산의 상당 부분을 대공들의 호의를 얻기 위해서 증여하게 되었다. 이때 국왕은 법률에서 요구하고 있었음에도 불구하고 재산의 復歸權조차 확보하지 않았다. 카스티야 왕국의 엔리케2세 (Enrique Ⅱ, 1369~1379) 시기에 城과 토지에 대한 이러한 낭비적 증여는 최고조에 달했으나, 그는 이러한 국가재산 낭비의 부정적 효과를 완화하기 위해서 1374년 5월 29일의 유언서에서(그의 사후 1379년에야 공개됨) 유보 없이 이루어진 증여들을 사후적으로 마요라트로 선언하였다. 즉, 長子에게만 계승되고 受封家의 男系親의 絶孫시에는 국왕에게로 복귀된다고 선언하였다. 이 "Enrique 조항"은 수봉가들로부터 거센 반발을 불러일으켰다. 그들의 위임을 받은 법률가들이 국왕에로의 재산의 복귀를 규정한 처분의 법률적 효력을 다투었다. 그럼에도 불구하고 그 조항은 가톨릭 공동왕 이사벨(Isabel)1세와 페르난도(Fernando) 2세의 칙령을 통해서 법률의 효력이 부여되었는데, 동 칙령은 후에 1488. 7. 30 Nursia에서 공포되고 동년 10.8 Valladolid에서 보완되었다.

그후 왕실은 증여에 대한 사후적 제한을 따르지 않은, 엔리케 2세로부터의 모든 수봉자들에 대해서 조사를 개시하였다. 증여된 국왕토지가 엔리케 2세의 조항에 위반하여 장자상속원칙에 따라서 상속되지 않았다는 이유로 많은 증여가 몰수되었다. 이제 다른 레엔 보유자들은 그 조항을 만족하기 위하여 서둘러서 장자상속을 그들의 家規範속에 채택하였다. 이렇게 하여 국왕은 그가 수봉한 재산에 대한 상속을 장자와 그 직계비속에 한정하는 것을 실현하였다. 국왕은 차남과 가녀, 그리고 그들의 후손들을 상속으로부터 배제함으로써 이 재산의 보다 빈번한 국왕에로의 복귀를 야기하려고 하였다. 즉 국왕은 주로 재정적 이유에서 귀족에게 마요라트를 강제하였다.

그밖에 일반 家들이 왕가의 선례를 모방하여 스스로 분할과 양도를 할 수 없는 세습가산을 설정하였는데, 이것들은 상속가능한 地代附레-엔과는 달리 男系親의 絶孫시에도 국왕에게 귀속하지 않았다. 그와 같은 처분은 우선 카스티야에서 13세기 후반 이후에 통상적으로 시행되었다. 이에 관해서는 이미 알폰소10세 치세(1252~1284)중에 편찬된 七部法書(Las Siete Partidas)[6]가 재산은 유언에 의해서 양도가 금지될 수 있는데, 다만 수익자와 대상물이 특정되어 표시되고 처분을 할 적절한 이유(alguna razon guisada)가 제시될 경우에 한한다고 규정했다[7]. 그러한 이유의 예로서 상속인이 계속 보유하고 점유해야 한다는 것이 제시되었다. 알폰소 10세의 치세에 이미 몇몇의 마요라트가 설정되었는데, 이러한 처분은 카스티야에서 시작하여 매우 급속하게 이베리아 반도 전 지역으로 확산되었다[8].

특히 이슬람의 스페인 지배를 종식시킨 1492년 그라나다 획득 이후 마요라트의 설정은 급속히 증가하였다. 그때까지 귀족은 완결배타적인 신분을 이루지 못했다. 왜냐하면 수복된 토지에 그들 家의 점유를 창출한 새로운 가문들이 계속해서 추가로 등장했기 때문이다. 국토회복운동의 종료

---

6) 1256년부터 1263년 까지 7년에 걸쳐서 완성. 상세한 것은 Rauchhaupt, (1923), 112~129 참조.

7) Gengler, (1892), 198.

8) Coing, Ⅰ(1985), 385; Gengler, (1892), 199.

와 더불어 관계들이 고착화됨에 따라 귀족들은 국왕에 대한 자신들의 지
위를 안정시키는 데 힘썼다. 이러한 필요는 국왕이 상비군을 도입함에 따
라 귀족들이 자신들의 고유한 존립근거인 전쟁봉사를 상실하게 되자 더
욱 강화되었다.

　마요라트 설정의 현저한 증가는 이 밖에도 후일 프랑스나 독일에서와
마찬가지로 국왕의 귀족정책 및 세습가산제 정책의 변천과 관련이 있었
다. 봉건적 군사체제의 종언과 더불어 토지귀족과 레-엔귀족의 궁정귀족
으로의 변화가 시작되었다. 국왕은 스스로 화려한 궁정국가를 구축하였
다. 국왕이 궁정으로 불러들인 귀족들이 부유하면 할수록 국왕 자신의 광
휘도 그만큼 더 찬란했다. 그리고 귀족들이 이전의 독립성을 상실한 이후
로는 궁정에서 화려한 영광을 발휘하는 것은 귀족 자신들의 이익과도 일
치하였다. 귀족들은 국왕의 주의를 자신에게 끌고 그의 호의를 획득할 수
있어야만 입신할 수 있었다. 家長이 궁정에서 베푸는 富가 크면 클수록
그의 명성과 영향력은 더 컸다9). 후손들 또한 가장이 궁정에서 화려한 영
광을 발휘할 수 있는 위치에 자리하는 것에 큰 관심을 가졌다. 그의 명성
과 영향력에 후손들을 보호해 줄 수 있는 이익이 따랐기 때문이었다10).
예전에는 귀족의 家 자체가, 공동점유를 통해서든 再下封 또는 연금을 통
해서든, 후손들을 부양하였던 데 비해서, 이제는 장자가 家를 국정에서 영
광스럽게 대변할 수 있는 지위에 자리잡도록 家의 점유를 장자에게 집중
시켰다. 그 대가로 특권을 부여받은 家長은 빈털터리가 된 동생들에게 벌
이가 되는 직위나 성직을 만들어 주고 국가의 비용으로 그들의 부양을 확
보해야 했다11).

　이렇게 가장이 후손들을 돌보기 위해 관심을 기울여야 했기 때문에 대
가문들이 국왕에 대해 종속관계에 놓이게 되었다. 국왕이 이러한 궁정의

---

9) Brentano, (1924), 13.
10) Brentano, (1924), 13.
11) Brentano, loc. cit.

施惠에 대한 종속을 국왕 권력의 버팀목으로 보았고 家가 재산점유를 세습재산으로 구속하면 할수록 이러한 종속이 커졌기 때문에 국왕은 마요라트에 의한 구속을 적극적으로 장려하였다[12].

이 새로운 세습가산제 정책은 이사벨 1세와 페르난도 2세가 제일 먼저 수행하였다. 이제 새로운 마요라트가 도입되어 대량으로 설정되면서 부분적으로 서로 모순되거나 불명확한 내용을 갖는 경우가 있게 되자 마요라트 제도를 법적으로 확정할 필요가 생겼다. 1505년의 토로(Toro)의회에서 제정된 토로법(Leyes de Toro)은 제27법에서 귀족들의 마요라트 수립을 용이하게 하였을 뿐만 아니라 모든 계층에게 마요라트의 설정을 허용하였다[13]. 마요라트의 수립은 점유의 크기에 제한 받지 않게 되었다. 카스티야 상속법과는 다르게 모든 사람이 자신의 점유 중 3분의 1 또는 5분의 1을 마요라트의 형식으로 상속시킬 수 있었다. 이외에는 토로법이 새롭게 규정한 것은 별로 없었다. 제45법이 보유자의 사망과 동시에 마요라트 재산이 법상 당연히 그의 상속인에게 이전함을 규정하였다. 이는 설혹 사망자 스스로가 점유를 이전하여 제삼자가 재산을 점유하고 있을 때에도 적용되었다. 마요라트 점유자의 사망으로 당시 존재하던 임대차계약도 해제되었다[14]. 그밖에 제46법은 모든 마요라트의 증가된 가치와 과실은 상속인에게 마요라트에 대한 보상청구권이 주어지는 일 없이 항상 마요라트에 귀속한다라고 규정함으로써 이 제도를 장려하였다[15].

토로법에 의해서 평민(Pecheros)의 지위가 상승되었다. 왜냐하면 토로법 제27법에 의해서 상류층 뿐만 아니라 일반 평민들도 그들이 보유한 재산의 일부를 마요라트로 설정할 수 있게 됨에 따라 이들은 이를 대단히 빈번하게 활용하였다. 이 과정에서 세 가지 상황이 중요한 역할을 하였다.

---

12) Brentano, loc. cit.
13) Gengler, (1892), 199.
14) Roscher, (1886), 293
15) Rauchhaupt, (1923), 178; Eckert, KFD (1992), 71

첫째로, 내란죄나 이단의 죄를 범하였을 경우에 부과되는 재산의 몰수를 회피하는 데 마요라트를 설정하는 중요한 이유가 있었다. 토로법의 규정에 따르면 마요라트 점유자가 내란죄나 이단죄의 책임을 지게 되었을 때에는 재산에 대한 자신 개인의 점유는 상실하지만 이것을 몰수당하지 않고 최근친의 상속인에게 이전하여 계속해서 家를 부양하도록 할 수 있었다. 둘째로, 귀족을 모방하려고한 평민(Pecheros)의 열망이 중요한 역할을 하였다. 귀족들의 특성은 모든 스페인 사람들의 이상형이었다. 즉, 전장에 나가 용감하게 싸우고 평화시에 유유자적하는 것이 전국민에게 인생의 최고목표로 자리 잡았다. 마지막으로 마요라트 점유는 면세라는 귀족의 특권을 제공하였다.

이러한 이유로 한정된 재원밖에 지니지 못한 모든 사람들이 그 수단에 의지해서 마요라트의 설정을 통해서 자신의 이름을 영원히 하려고 하였다. 소상인과 수공업자는 적은 재산일망정 그것을 마요라트로 설정함으로써 자신들의 자존심을 추구하였다. 여러 경로로 매우 작은 토지까지도 마요라트로 전환되었다. 매우 짧은 시간내에 그야말로 "마요라트 열풍(furor de los mayorazgos)"이 휩쓸어서 전 국토가 세습가산으로 구속되었다[16]. 이로 인해 국가경제와 산업의 활력이 침체되고 시민들의 생활이 퇴보되었다.

마요라트법은 스페인 법학의 한 영역을 이루었고, 마요라티스트(los majorazguistas)들은 고유한 하나의 주석학파를 형성하였다. 가장 유명한 마요라트 옹호자 몰리나(Ludovicus de Molina)의 1570년 저작 "스페인 장자상속제의 기원과 본성(De Hispanorum primogeniorum origine ac natura)"은 널리 보급되었고 스페인을 넘어 이태리와 독일에서까지 높은 명성을 얻었다[17].

---

16) Stern, Ⅱ(1913), 42; Roscher, (1886), 292

17) Gengler, (1892), 199

제2절 이태리 및 오스트리아로의 확산

I. 이태리

마요라트는 스페인으로부터 남미, 플랑드르, 특히 나폴리와 시실리로 확산되었는데, 이들은 아라곤 인근국가로서 16세기 초에 "가톨릭 왕" 同君聯合(Personalunion)을 통해 스페인 왕실에 속해있던 나라들이었다.

이 시기에는 이태리남부(Unteritalien)에는 왕위계승과 레-엔계승에 대한 장자상속권 원칙이 이미 알려져 있었다. 그 지역에서 노르만인들은 이미 11세기 말에 대규모의 레-엔에 대해서 장자상속제(Primogenitur)와 개인상속을 도입하였다[1]. 15세기 후반의 아라곤왕 페르난도의 나폴리왕국 지배 역시 강력한 대귀족에 대한 계속적인 투쟁이었는데, 이 귀족들의 거대한 재산점유지위는 노르만의 법관행에 따른 개인상속과 장자상속에 기초한 것이었다[2]. 대귀족 지도자 Giovanni Antonio Orsini del Balzo 한 사람에게 전체 왕국의 약 3분의 1이 직간접으로 속해 있었다.

2차에 걸친 귀족전쟁에서 구 귀족들이 궤멸된 이후 스페인 왕실은 권력의 안정을 꾀하기 위해 자신에게 의존하는 신 귀족들을 창출하기 시작했다. 이를 위해 그들은 다수의 작은 레-엔들을 설정하고 이들 중 많은 부분에 스페인의 군사 및 관료귀족을 배치하였다[3]. 그러나 교황의 후예들이나 이태리의 부유한 상인들의 후손도 유효하게 대가를 지불할 경우 높은 지위의 레-엔을 수여받았다[4]. 당시의 수봉자들은 자신들의 명성의 고양을

---

1) Noack, (1911), 1.
2) Noack, (1911),5ff.
3) Noack, op.cit., 13
4) Noack, op.cit., 14ff.

위하여 경쟁적으로 스페인 궁정으로부터 새로운 지위, 작위, 그리고 수봉을 획득하기 위해 노력하였다. 모든 관직과 지위를 살 수 있었고 그것들은 고정된 정가를 가지고 있었다[5]. 이태리의 백작, 대공, 남작, 제후들의 대부분은 이 시대로부터 유래한다.

작위와 관직의 거래는 스페인 왕실에게는 풍부한 수입의 원천이 되었고 귀족들에게는 채무가 증가하는 결과를 초래하였다. 보다 신용이 있는 것처럼 보이고 보다 쉽게 채무를 얻기 위하여 레-엔 보유자는 레-엔에 대한 보다 큰 처분의 자유를 얻기 위해 노력했다. 그들은 왕실에 채권자법의 제한된 적용범위를 확대해주도록 수많은 청원을 행하였다[6]. 결과적으로 그들의 채무는 크게 증가하였고 결국에는 많은 家들이 그들의 채무의 희생물이 되었다. 기존의 채무자의 자리에 그들의 채권자가 들어서서 결과적으로 새로운 귀족 이외에 보다 최신의 귀족이 등장하였다[7]. 이들 '최신 인간들(Homines novissimi)'은 거의 위로 오르지는 못하고, 아래로부터 귀족의 차단을 위해서 힘썼다. 17세기 초에 그들은 그때까지 존재하던 부인상속권을 배제하고 자신들의 재산을 철저하게 세습가산제에 의해서 구속하였다. 그리하여 그들은 자신들의 레-엔재산이 새로운 채권자들에 의해서 다시 압류되는 것을 저지하였다[8].

이러한 목적을 위해서 그들은 스페인의 마요라트를 이용하였고, 이에 따라 마요라트가 1600년 이래로 이태리남부에 통용되게 되었다. 이 법제도의 수용에는 이태리와 스페인간의 밀접한 관계가 큰 영향을 미쳤다. 16세기 초 이래로 많은 명망있는 스페인 가문들이 이태리 남부에 정착하였다. 스페인인들은 이태리인 從士를 두었고 반대로 이태리인들도 스페인인 종사를 두기도 했다. 유명한 이태리와 스페인 가문들은 서로 혼인을 통해

---

5) Noack, op, cit., 48ff.
6) Noack, op.cit., 50ff.
7) Noack, op.cit., 80ff
8) Noack, op.cit., 89ff

긴밀하게 연결되었다. 이에 따라 스페인의 제도와 관습이 도입되었다. 언어뿐만 아니라 스페인 법제도도 이태리 남부에서 통용되게 되었다.

스페인의 마요라트가 이태리에 도입된 시점에는 아직 세습가산제 관념은 그곳에서는 알려져 있지 않았다. 이미 로마법적인 信託受遺者 代替(fideikommissarische Substitution)가 도입되어 재산을 구속하는 데 이용하고 있었다. 그 제도에 관한 학문적 연구가 상당히 이루어졌는데, 특히 페레그리누스(Marcus Antonius Peregrinus), 페트라(Petrus Antonius de Petra)와 푸사리우스(Vincentius Fusarius)는 16세기 말에 자신들의 저작에서 로마법적 관점에서 계승재산설정제도를 고찰하였다[9]. 그들은 아직 세습가산제(Familienfideikommiss)를 독립적인 법제도로 다루지 않았고 단지 그들의 主연구대상인 로마법적 신탁수유자 대체(fideikommissarische Substitution)의 특별한 형태로 다루었다[10]. 신탁수유자 대체 및 家繼신탁유증(fideicommissum familiae relictum)과 여러 지방에서 레-엔상속에 대해서 적용되던 규칙과의 결합을 통해서 새로운 법제도, 즉 Fideikommiss라고 부르는 법제도가 형성되었다.

그러나 이 과정에서 이태리 법률가들은 이미 스페인의 마요라티스트들, 특히 몰리나(Ludovicus de Molina)의 저작의 영향을 강하게 받았다. 그들은 로마법적 제도를 현저하게 변화시켜서 그 본질적 특성을 제거하였다. 즉, 스페인의 모범을 따라서 신탁유증에 의한 구속을 4세대로 제한하는 신칙법 159(Nov. 159)의 제한[11]을 없애고 영속하는 Fideikommiss를 인정하였다[12]. 또한 그들은 스페인의 영향을 받아서 Fideikommiss가 그 상속법적 특성에 반하여 유언상의 처분뿐만 아니라 살아 있는 사람들 간의 법률행위를 통해서도 설정될 수 있도록 허용하였다[13].

---

9) M. A. Peregrinus의 "Tractatus de fideicommissis(1594)" 등. Gengler, (1892), 199 참조.
10) Gerber, (1857), 67; Lewis, RF(1868), 25
11) 전술한 126~127 참조.
12) Lewis, RF(1868), 25; Hübner, (1930), 339.
13) Hübner, loc. cit.

그러나 이 古이태리식 Fideikommiss는 법적 구조가 나중의 일원적 세습가산제(Familienfideikommiss)와 본질적으로 다르다. 그것에는 특히 분할금지, 부인과 家女의 배제, 그리고 특정·불변의 상속순위 등이 결여되어 있었다[14]. 이러한 사정은 남부 이태리에 스페인의 마요라트가 도입되면서 비로소 변화하였다. 이 새로운 형태의 세습가산제(Fideikommiss)는 17세기에 스페인의 영향 아래서 이태리 남부로부터 전국으로 급속하게 확산되었다[15].

그때 세습가산제의 발전과 제후가에서의 장자상속제(Primogenitur)의 도입이 함께 이루어졌다. 이 시기 이전에는 북부 및 중부 이태리에서의 장자상속(Erstgeburt) 원칙은 분명하게 드러나지 않았다. 17세기가 경과하면서 그곳에서도 스페인의 영향 아래서 장자상속법(Erstgeburtsrecht)이 지배적 가문들에 일반적으로 실현되었을 때 비로소 귀족들은 토지점유의 상속에 관하여 스페인의 마요라트를 도입하였다.

이태리 법률가들과 스페인 법률가들의 상호간의 인용과 새로운 스페인식 세습가산제와 古이태리식 세습가산제 사실상의 병존으로 인해 이후 양 제도의 접근이 이루어졌다. 스페인 사람들에게서 베낀 마요라트가 이태리 법률가들에 의해서 세습가산제(Fideikommiss)와 함께 자리잡거나 그것의 특수한 형태로 이해되었다. 이미 켄살리우스(Franz Censalius)가 1659년에 "영속적 장자상속제(perpetua primogenia)"와 "영속적 fideicommissa"의 개념을 동의어로 사용하였다. 점차적으로 법전화되고 보다 완결된 체계의 마요라트가 우위를 점하게 되었고 "장자상속제(primogenitura)"가 상위개념을 차지하고 그 아래에 양 법제도가 일원적인 세습가산제(Familienfideikommiss)로 통합되었다. 그리하여 서로 다른 요소들이 그 법제도에 융합되었는데 로마법으로부터는 이름이, 스페인법으로부터는 내용과 경제적 목적, 그리고 노르만법으로부터는 봉건적 계층구조가 수용되었다.

---

14) Pertile, Ⅱ(1893), 52ff
15) Pertile, Ⅱ(1893), 53.

1609년 1월 24일 傍系親族(相續擔當)評議會(Kollateralrat)의 법령을 통해서 이태리식 세습가산제에 대해 특별등록을 수행해야 하는 관청이 설치되었다. 세습가산제는 이 등록을 필하였을 때에만 법적 효력을 가질 수 있었다.

이태리 법률가에 의해서 수정된 스페인식 마요라트는 특히 17세기 중반 이후에 새로운 형태로 전 이태리에 널리 확산되었다. 법제도는 여기에서도 귀족과 도시귀족이 앙샹레짐 사회에서 지니는 경제적·정치적 권력을 유지하기 위한 도구였다. 세습가산의 설정이 일반적으로 허용된 후, 이전에 스페인에서 그러하였듯이, 세습가산을 설정하여 아무리 작은 재산이라도 구속하려는 일반적인 경쟁("una gara generale")이 촉발되었다. 17세기 말에 이미 토스카나 지역 토지소유권의 4분의 3이 세습가산제가 설정되었다[16]. 18세기 중반에 이태리의 私的 토지점유의 대부분이 세습가산제에 의해 구속되어 자유로운 거래로부터 퇴장되었다.

II. 오스트리아

스페인으로부터 이태리를 거쳐서 세습가산제(Familienfidei-kommiss)는 오스트리아로 확산되었다[17]. 여기에서는 당시 많은 독일인, 즉 독일-오스트리아인들이 북부 이태리의 대학에서 법을 공부하였다는 점이 영향을 미쳤다. 게다가 오스트리아는 스페인과 왕조간에 밀접한 관계를 맺고 있었다[18]. 양국의 유명한 가문들은 혼인을 통해서 서로 결합되어 있었다.

---

16) Pertile, II(1983), 53f.
17) Eckert, KFD(1992), 76~79 참조.
18) 오스트리아에서는 1276년부터 1740년까지 합스부르크家가, 1740년부터 1918년까지 합스부르크·로트링겐 家가 왕위를 계승하였고 스페인에서도 1516년부터 1700년까지 합스부르크家가 왕위를 계승하였으며, 특히 스페인의 카를로스 1세(1516~1566)는 오스트리아 왕과 신성로마황제(카알 5세)를 겸임하였다.

합스부르크 왕가에 봉사하는 공직과 관직에 스페인과 이태리로부터 사람
들이 와서 종사하다가 돌아갔다. 황제의 조정과 궁정사회 또한 비엔나와
마드리드간에 관계를 맺고 있었다. 17세기 비엔나와 프라하의 상류사회에
서는 스페인어를 사용하였다. 따라서 스페인의 풍습과 스페인의 법이 곧
바로 오스트리아에서 수용되었다.

이것은 17세기 오스트리아의 많은 세습가산 설정자들이 분명하게 스페
인의 마요라트 또는 카스티야 대공의 법을 참고했다는 사실에서 확인할
수 있다[19]. 스페인에 주재하던 황제의 사절 Johann von Khevenhüller가 귀
향후 1605년의 유언에서 오스트리아의 프랑켄버그 백작령을 스페인식의
마요라트, 즉 장자상속의 세습가산으로 설정하였던 예를 들 수 있다. 그는
최초로 신형 세습가산제를 설정하였다고 할 수 있다[20]. 오스트리아에도
이 이전에 이미 Fideikommiss가 있었으나 그것은 본질적으로 16세기에 이
미 이태리 법학과 함께 침투되어 있던 비일원적인 古 이태리식 형태의 것
이었다. 오스트리아에서 발견할 수 있는, 스페인식 신형 세습가산제로서
가장 오래된 것은 1559년, 1571년, 1590년에 이루어진 세 개의 사례였다.
그것들은 주로 베네치아 시대로부터 유래한 것이었다. 그 지역에서 자신
의 정치적 지배를 위해 토지를 안정시키고자 했던 이태리 가문이 자신의
고향의 마요라트에서 그 모범을 발견해서 그것을 식민지에 차용했던 것
이다[21].

오스트리아의 초기 세습가산들은 대부분 황제의 증여로부터 생겨났다.
오스트리아 왕실은 그것을 통해서 권력정책상 또는 종파적 이익을 추구
하였다. 왕실은 그것을 통해서 오스트리아의 가톨릭 귀족들의 충성을 유
지하고 교회국가에 대한 좋은 관계를 설정하고자 하였다. 특히 오스트리
아 選帝侯國인 뵈-멘(Böhmen)과 메-렌(Mähren)에서의 세습가산제는 반종

---

19) Pfaff/Hofmann, (1884), 26ff. u. 30ff.

20) Pfaff/Hofmann, (1884), 26 n. 91

21) Pfaff/Hofmann, (1884), 26

교개혁운동의 수행이 목적이었다. 이 지역에서 증가된 수많은 세습가산은 17세기 전반, 즉 30년전쟁과 가톨릭의 이상을 실현하기 위한 투쟁의 시대에 설정되었다.

1620년 바이센버그(Weißen Berg)전투 이후 황실은 제국과 신앙에 충실한 충성스런 귀족들을 진압지인 뵈-멘의 귀족자리에 배치하기 시작했다. 이를 위해서 황제는 카톨릭을 믿으려하지 않는 수백 가문의 재산을 몰수해서 자신의 충성스런 카톨릭 신봉자에게 세습가산으로 이전해 주었다[22]. 예를 들어, 뵈-멘에서의 반종교개혁운동의 정점에 자리했던 제후 Karl von Liechtenstein에게 1614년에는 트로파우(Troppau)제후 지위가, 1622년에는 예겐도르프(Jägerndorf)제후의 지위가 수여되었다. Wallenstein은 1622년 Friedland를 "상속레-엔이자 영속하는 세습가산으로서" 받았다. 1623년에는 Bunzlauer圈에 있던 막대한 재산과 더 많은 다른 재산이 추가되었다[23].

황제의 이러한 토지점유정책은 반종교개혁운동의 실현에 도움을 주었다. 지역에 대한 지주의 지속적이고 철저한 감독을 통해서 프로테스탄트 신앙이 가혹하게 섬멸되었다. 세습제국신분(Standesherren)의 종교가 결정적으로 중요했으므로 무엇보다도 지역영주와 대토지점유자가 훌륭한 카톨릭교도이어야 했다. 세습가산 상속자가 카톨릭 교회로부터 전향하는 것을 방지하기 위해 설정서에 통상 카톨릭교로부터 이탈할 경우 세습가산의 상속에서 배제된다는 조항이 채택되었다[24].

17세기가 경과하는 동안 세습가산제는 오스트리아 전역으로 확대되었다. 스페인과 이태리에서와 같이 이제 오스트리아에서도 양도제한에 대한 열망이 널리 확산되었다. 이 때 사람들은 30년전쟁을 통해 야기된 경제적 위기속에서 재산을 보호하기 위해서 토지재산에만 머무르지 않고 도시저택, 자본, 채권과 동산도 세습가산제로 구속하였다.

---

22) Ranke, (1872), 15ff.; Pfaff/Hofmann, (1884), 28
23) Ranke, (1872), 16
24) Pfaff/Hofmann, (1884), 31

제3절 독일에의 도입과 새로운
世襲家産制의 성립

I. 독일에의 도입

　오스트리아와 플랑드르로부터 스페인식의 세습가산제가 마침내 독일에
도달하였다. 그것은 이곳에서도 17세기, 즉 30년전쟁 이후에 급속하게 확
산되었다[1]. 여기에는 당시 압도적이었던 스페인-합스부르크 왕가의 정치
적 영향력 이외에도 경제적 이유도 한 몫을 하였다. 즉, 귀족들은 세습가
산제를 30년전쟁의 여파로부터 자신들의 재산을 보호할 가장 효과적인
수단으로 인식하였다.

　그런데 세습가산제는 이제 도시귀족과 하급귀족에게만 한정되지 않았
다. 상급귀족들도 家襲財産(Hausgüter)과 함께 이 수단을 사용했다. 이렇
게 하여 18세기에는 예를 들어 Bayern과 Pfalz와 같은 세속 선제후국의
지위도 제국헌법에 의해서 이미 세습가산(Hausfideikommiss)으로 간주되
었다. 규모가 큰 독일제국 제후국 지위를 세습가산으로 취급한 예로서
1796년 Pfalz-Zweibrücken 家와 Birkenfeld-Geinhausen 家의 新傍系親族
(jüngeren Seltenlinie) 사이에 체결된 Ansbacher 家門相續盟約(Hausunion
= Erbverbrüderung))을 들 수 있다. 이밖에도 독일 영방국가들내의 제후가
들이 세습가산제에 의해 보장된 재산을 보유했다. 예를 들어, 프로이센의
Friedirich Wilhelm 1세가 1713년 8월 13일 공포한 家門律例(Hausgesetz)
에 의해 왕가의 모든 제후로서의 지위와 토지, 왕령지, 삼림 등을 영구적
으로 세습가산제로 설정하였다.

---

1) Bühler, (1969), 136.

II. 독일법학에 의한 이론적 체계화

1. 울리히 차지우스(1461~1535)

독일법학도 곧 가족재산의 구속을 목적으로 하는 법률행위를 다루었다. 그러나 이것을 법적으로 파악하고 구성하는데 우선 애로를 겪었다. 차지우스(Ulrich Zasius)는 먼저 귀족들의 상속법적 규율을 탐구하여 이것을 법적으로 유효한 것으로 인정하였다. 그는 다양한 독일법적 제도를 하나의 특정한 로마법적 형식에 종속시키는 것을 포기하였다. 그는 스스로 그 제도를 다음과 같이 표현하는 데 머물렀다.

> "유언도, 유언보충서(codicillus)도, 혼인을 위한 증여(donatio propter nupt.)도, 단순한 합의도 아니며, 의사의 한 유형(voluntas in genere)이다"[2].

차지우스는 상급재판권, 즉 "형사 및 혼합재판권(imperium merum et mixtum)"에는 입법할 수 있는 권리도 포함되어 있다고 하는 바르톨루스(Bartolus)의 견해[3]를 옹호했다. 즉, 차지우스의 견해에 따르면, 영방군주(Territorialherr)는 자신에게 형사 및 혼합재판권이 속해 있기 때문에 자신의 가족구성원들을 위해 보통법과 다른 특수한 법규를 공포할 권한을 가졌다.

2. 니콜라우스 베트지우스

벨기에의 법학자 베트지우스(Nikolaus Betsius)는 세습가산제를 보다 세부적으로 다루었다. 영방백(Landgraf) Moritz 치하에서 헤센-카셀의 자문

---

2) U. Zasius, singularia responsa, Opera Ⅴ, Lib. Ⅱ, cap. 7.
3) Bartolus, In primam Digesti veteris Partem, ad. L. 9 D. 1.1 n.2, Opera Ⅰ, fol. 9

관(Rat)이었던 베트지우스는 1611년 발표한 "Tractatus de statutis, pactis et consuetudinibus familiarum illustrium et nobilium(명망귀족가문의 制令·협약·관습에 관한 논고)"라는 논문에서 부차적으로 세습가산제를 연구하였다. 그러나 베트지우스도 아직은, 귀족의 가족재산의 구속과 유지를 위해 사용되던 다양한 독일법적 규율들을 이 법제도로 통합하고 보통법체계로 포섭하여 有形化하기 위해서 세습가산제를 이용하지는 않았다[4]. 그는 오히려 그러한 법률행위들을 보통법체계로부터 배제하고 그것들을 특수한 경우로 파악하여 독일법과 특히 관습법에 대한 재해석 하에서 그것들에 효력을 부여하고자 하였다. 이를 위해서 그는 세습가산 설정을 家條例(Familienstatut)의 개념에 종속시켜서 貴族家에 존재하는 "조례제정권" 과 "관습도입권"에서 적용(효력)의 근거를 찾았다[5]. 즉, 베트지우스는 세습가산제를 단지 자치입법권(Autonomie)의 결과로 보았다. 그는 이전의 차지우스와 마찬가지로, 貴族家가 대상물에 대해서 지배권과 재판권을 갖는 한 이러한 권리, 즉 대상물과 관련한 조례를 제정하고 관습을 도입할 권리가 貴族家에 속하는 것으로 간주하였다.

"Princeps, Comites, Barones, civitates, et status Imperii generaliter omnes, sicut et nobiles immediate imperio subjectos, pro modo et ratione iurisdictionis eis competentis."

" 제후, 백작, 귀족, 도시, 일반적으로 모든 제국신분, 또한 제국직속귀족들은 그들에게 속하는 재판권의 정도와 종류에 따라서"[6]

베트지우스는 또한 이미 랑고바르드 레-엔법에서 형성된 父祖의 協約과 규정에 基한 상속(successio ex pacto et providentia maiorum)의 관념을

---

4) Beseler, Erbverträge Ⅱ/2(1840), 77

5) N. Betsius, Tractatus de statutis, pactis et consuetudinibus familiarum illustrium et nobilium(1611), 24ff; Lewis, RF(1868), 26.

6) N. Betsius, Tractatus(1611), 33.

인지하였다. 그것에 따르면 첫 번째 受封者의 의사가 가장 멀리 있는(최후의) 상속인에게까지 효력을 미치는 것으로 생각되었다. 따라서 최후의 상속인의 상속권이 최종(직전) 점유자와의 친족관계로부터 나오는 것이 아니라 최초의 수봉자로부터의 혈통(연원)으로부터 나오는 것으로 이해했다. 따라서 모든 수봉재산의 양도는 배제되었다. 왜냐하면, 양도를 인정하면 자손들의 수봉재산 상속을 불가능하게 하여 최초 수봉자의 의사에 반하게 되는 결과가 되었기 때문이다. 베트지우스는 '父祖의 協約과 규정에 基한 상속의 관념'을 인정하였으나 단지 제한적으로만, 정확히 말하면 설정자에 의해 확정된 장자상속(Primogenitur)의 경우에만 인정하였다.

베트지우스는 세습가산제가 토지점유를 분할없이 家의 男系를 따라 보존하는데 특히 적합한 것으로 보았다. 그는 가족재산에 관하여 유언처분에서 약속된 양도금지에 의해서, 양도된 물건을 모든 점유자로부터 물적 소송을 통해서 반환 받을 수 있게 되었다고 하였다. 그러나 그는 신칙법 159에 따라 양도금지가 4세대 동안만 효력이 존속한다고 함으로써, 상기 목적을 달성하는 데 있어서의 세습가산제의 유용성을 현저하게 제한하였다. 다만 그도 세습가산제에 의한 구속에 대한 이러한 제한이 박사들의 통설(communis doctorum opinio)에 일치하지 않음을 인정하였다[7].

3. 필립 크닙쉴트(1595~1657)

독일에서 로마법적 家繼신탁유증관념을 귀족들의 世系財産(Stammgut)법에 적용하기 위하여 철저하게 활용한 사람은 에쓰링겐(Eßlingen) 시의 법률고문이었던 필립 크닙쉴트(Philipp Knipschildt)였다. 1626년의 Straßburg에서의 박사학위논문에서, 그리고 이 논문은 1654년에 증보되어 Ulm에서 "Tractatus de fideicommissis familiarum nobilium, sive, de bonis, quae pro

---

7) N. Betsius, Tractatus (1611), 405.

familiarum nobilium conservatione constituuntur, von Stammgütern(귀족가족 신탁유증, 또는 貴族家門의 보존을 위해 구성된 재산, 즉 世系財産에 관한 논고)"로 출간되었는데, 이 증보된 논문에서 크닙쉴트는 독일의 세습재산법을 가계신탁유증이라는 로마법적 제도 속에 편입시키려고 시도하였다. 거기에서 그는 독일 법률가로서는 최초로 스페인식과 이태리식의 세습가산제도의 의미를 언급하였고 근본적으로 스페인과 이태리의 법조실무와 법학에 토대를 두고 있었으며, 이들로부터 세습가산제의 구조 또한 받아들였다. 이때 모범이 된 것이 특히 파리의 최고법원(Parlement) 자문관이었던 띠라껠(Tiraquellus)의 저작 "Tractatus de nobilitate et de iure primogeniturae(귀족과 장자상속법에 관한 논고)"와 스페인 몰리나(Molina)의 "De Hispanorum primogeniorum origine ac natura libri quattuor(스페인 장자상속제의 기원과 본성에 관한 4卷)", 포르투갈의 법관 사아(Jacobus a Saa)가 편찬한 "Tractatus de primogenitura(장자상속제 논고)"였다[8].

크닙쉴트는 세습가산제도의 세부적 내용을 로마보통법의 이론적 구조 속에 맞추어 넣었다. 즉, 모든 개별적 규율을 가능한 한 시민법대전으로부터의 인용문과 거기에 해당하는 주석에 의해서 증명했다. 이것은 법률행위이론의 원칙과 의사표시 이론, 양도금지의 효과, 물권법과 가족법의 기본개념에 관해서 특히 그러했다.

그에 따르면 세습가산 설정은 법률행위였고 그 법적 근거는 "오로지 설정자의 의사(sola fideicommittentis seu instituentis voluntas)"였다. 그는 광의의 세습가산제와 협의의 세습가산제를 개념적으로 구분하였다. 광의의 세습가산제는 가족세습재산이 남계친족의 이익을 위하여 보전되도록 하는 모든 규율(Anordnung)을 가리켰다. 모든 종류의 계약, 상속포기, 상속형제맹약, 증여, 상속계약 뿐만 아니라 법률과 제정법에 의해 세습가산이 설정될 수 있었다. 모두 합해서 25가지 종류의 세습가산 설정형태를 열거

---

8) Pfaff/Hofmann, (1884), 7.

하였다. 이러한 광의의 세습가산제 개념에 대하여 협의의 세습가산제를 대비시켰는데, 그는 그것을

> "donatio quaedam ab instituente ea lege facta, ut bona proximioribus eodem gradu, vel seniori in familia, ad eius conservationem perpetuo ac ordine successivo deferantur"

> "법에 따라서 설정자에 의하여, 재산이 家內의 가장 가까운 친등의 사람 또는 연장자에게 영구히 그리고 차례대로 계승되어서 보존되도록 제공된 증여"9)

로 정의하였다. 광의의 세습가산제 개념의 구축을 통해서 크닙쉴트는 로마법적 家繼信託遺贈의 존재를 해체하였다. 그는 그 대신에 새로운 世襲家産制의 개념, 즉 "절대·영구의 세습가산(fideicommissum absolutum et perpetuum)"의 개념을 설정하였다10).

크닙쉴트의 저작이 지니는 중요한 의미는 그가 스페인과 이태리의 세습가산제법의 영향 아래서 로마법적인 信託受遺者 代替 및 家繼信託遺贈(fideicommissum familiae relictum), 독일법적인 世系財産(Stammgut), 레엔법적 원칙을 융합했다는 데에 있었다. 이를 통해서 그는 당시 현존하는 세습가산제의 보통법상의 개념을 창조하였다11). 그는 이러한 보통법적 제도를 위하여 스페인과 이태리의 모범을 따라서 로마의 법제도와는 다른 특별한 규칙을 고안하였다. 즉, 그는 16세기 이태리 법실무와 관련하여서 신탁유증에 의한 구속을 4세대로 제한한 신칙법 Nov. 159를 당시 현존하는 세습가산제에 적용하기를 거부하였다12). 그렇게 함으로써 그는 실제적 요구뿐만 아니라 이미 베트지우스가 언급한 바 있는 '박사들의 통설'에도 부응하였다. 그밖에도 그는 영속적인 상속규율을 확정해 놓는 것도 허용

---

9) P. Knipschildt, Tractatus(1654), 46.
10) P. Knipschildt, Tractatus(1654), 54.
11) Eckert, KFD(1992), 83.
12) 신칙법 Nov. 159의 적용폐지의 이론적 근거에 관해서는 Söllner, (1976), 661ff 참조.

된다고 명언하였다.

가족재산에 대한 엄격한 양도금지의 법학적 근거 마련을 위하여 크닙쉴트는 '父祖의 協約과 규정에 基한 상속(successio ex pacto et providentia maiorum)'의 관념을 당시의 세습가산제에 전면적으로 채용하였다. 그에 따르면, 귀족들의 세습가산제에 있어서 상속은 항상 일종의 父祖의 協約과 규정에 基한 상속으로서,

> "quia in hisce fideicommissis non agitur de herditate et bonis gravati sive ultimi possessoris, sed ipsius primi institutoris, et sic ipsi testatori, et non ultimo defuncto sive gravato succeditur."

> "왜냐하면 여기에서는 현재의 또는 최종의 점유자의 상속재산과 재산으로부터 세습재산 수여가 이루어지는 것이 아니고 최초의 설정자 자신의 것으로부터 이루어지고, 또 마찬가지로 바로 그 유언자로부터 승계되는 것이지 최종의 사망자 또는 점유자로부터 승계되는 것이 아니다."[13]

크닙쉴트가 자유지였던 가족세습재산에 대해서도 이러한 관념을 적용함으로써, 세습가산(Familienfideikommiss)이 부여된 가족구성원들은 구속된 재산에 대해서 박탈할 수 없고, 독립적이며, 출연자의 처분에 근거를 두고, 세습가산의 최종(직전)보유자와는 관계가 없는 권리를 획득했다.

마지막으로 크닙쉴트는 세습가산제의 본질을 로마의 법제도와는 다르게 규정했다. 그의 견해에 따르면 세습가산제의 목적은 더 이상 유언상 처분을 통하여 피상속인의 재산으로부터 간접적으로 하나 또는 복수의 사람들에게 재산상의 이익을 부여하는 데에 있지 않고 '家의 영광과 번영의 유지'에 있었다.

참고로 크닙쉴트에 의해 구성된 세습가산제(Familienfideikommiss)의 이론적 체계중에서 핵심적 내용을 간략히 소개한다[14].

---

13) P. Knipschildt, Tractatus(1654), 440
14) 이하 Knipschildt의 논문의 내용 소개는 Klaus Luig, Philipp Knipschildt und das

(a) 수익자 적격

유언과 계약 그리고 증여를 통해 권리를 받을 수 있는 사람은 누구나 수익자가
될 수 있다는 원칙이 적용된다(4.1)[15]. 실무상으로는 세습가산제가 1차적으로, 그
들의 유지가 국가적으로 이익이 되는 귀족의 家를 위해서(4.2), 두 번째로는 도시
귀족을 위해서 설정되어 왔다(4.4). 私人의 家 또는 "서민의" 家를 위해서도
Familienfideikommiss를 출연할 수 있다(4.24).

(b) 세습가산의 목적물

원칙적으로 세습가산제는 부동산과 그 부동산의 구성부분, 그리고 법적으로 부
동산과 동일시되는 목적물을 대상으로 설정될 수 있다(5.1-4). 상속재산은 그 자
체로서, 부동산뿐만 아니라 동산도 포함하여 세습가산의 대상이 될 수 있다(5.7).
태공의 지위(Herzogtümer), 그라프 지위(Grafschaften) 같은 다른 총체적 재산집합
체도 목적물이 될 수 있다(5.14, 5.16). 동시에 단순한 領邦主權(superioritas
territorialis)도 목적물이 될 수 있다(5.15).

그러나 교회 재산(5.103), 레-엔 재산(5.104), 永借權(Emphyteusen, 5.118),법정
상속분(5.119)에 대해서는 세습가산제 설정은 불가능하다.

(c) 설정의 방법과 형식

유언에 의한 설정이 계약에 의한 설정보다 선호된다. 왜냐하면 계약은 다시 쉽
게 해소될 수 있고 유언에 의한 처분금지가 계약에 의한 그것보다 강력한 효력을
갖기 때문이다. 그밖에도 상속재산전체의 포괄세습가산설정(Universalfideikommiß)
은 계약에 의해서는 불가능하다. 유언은 문서 또는 口頭로 행할 수 있다. 5명의
증인이 필요하다. 유언보충서(Codizill)로도 충분하다. 재판권력을 가진 귀족계층도
격식을 갖춘 증언 형식을 이용해야 하는지에 관하여 다투어지는데, Knipschildt는
하급 귀족(Principes inferiores)는 형식을 갖추는 것이 바람직하다(6.21). 그러나
父가 자신의 子를 위해서 유언을 하는 경우에는 단순한 서식으로 충분하다(6.22).
의사가 확실한 한("modo de voluntate constet"), 특정한 어휘가 있어야 할 필요는
없다(6.26). 예를 들어, 형제간의 城砦平和協約(Burg-Frieden)(6.32) 또는 혼인계약
(Ehevertrag)(6.33)과 같은 生前契約(contractus, pactum)을 통한 설정을 허용한다
(6.25, 29). 그러나 이 경우 개별적 대상물에 관해서만 허용된다(6.35). 이에 관해서

Familienfideikommiß im Zeitalter des Usus modernus, in Itinera Fiduciae : Trust and
Treuhand in historical perspective (Berlin 1998), 370~386을 발췌인용하였음.
15) Knipschildt의 논문은 16장으로 구성되어 있는데 괄호안의 4.4는 Knipschildt의 원저
제4장의 여백번호 4를 의미한다.

는 보통법 뿐만 아니라 "게르만의 일반적 관습(generali Germaniae consuetudine)"에 의해서도 효력이 있는 귀족간의 쌍무상속계약(형제상속맹약 confraternitates = Erbverbrüderungen)에 대해서는(6.44) 예외가 있다.

세습가산제는 명시적 의사표시 뿐만 아니라 간접적으로, 몸짓(눈짓)을 통해서, 묵시적으로, 심지어는 추정에 의해서도 설정될 수 있었다. 이러한 모든 것은 주로 유언을 해석하는 데 역할을 하였다(6.86 ff).

그러나 모든 경우에 서식은 필요하였다(6.242). 거기에 황제의 확인이 부가되었다(6.245). 이것은 제후가문의 형제상속맹약에 있어서는 항상 필요하였다(6.246).

개별 경우의 양식은 출연자에 의해서 확정될 수 있었다(6.251). 가장 중요한 것은 그때 그때의 구체적 권리자를 확정하는 일이었다. 그 경우에 장자상속 원칙(Primogenitur)이 분명히 우세하였다. 세습가산제의 분할은 금지되었다(6.330). 설정하는 경우에 종종 처분의 금지가 특별히 강조되어 지적되었다(6.332).

원칙적으로 세습가산제는 家 자체와 마찬가지로 영원하였다(유스티니아누스에 의하여 정립된 4세대로의 제한은 적용되지 않는다)(6.380). 그러나 자발적인 시간상 제한은 허용되었다. 권리자에게 일정한 가문 출신의 사람과 혼인해야하는 부담을 부과하는 것도 가능했다(6.385). 설정자의 의사에 따라 특정한 종교나 종파를 신봉하는 사람만이 권리를 수령하여 주장할 수 있도록 하는 규정을 둘 수 있느냐에 관하여는 최종적으로 이를 부인했다(6.391-458). 공시는 필수적인 것이 아니다(6.458).

(d) 목적

Familienfideikommiss의 목적은 家의 명성과 영광, 그리고 재산을 국가 존재의 기초로서 유지하는 것이다(7.5). 長子상속제(Primogenitur)는 공동의 이익에 도움이 된다(7.59). 상속형제맹약(7.60), 귀족부녀의 상속포기(7.61), 처분금지(7.69), 물권적 선매권(Retraktsrechte)(7.73) 등도 귀족의 유지에 기여한다. 심지어 귀족의 가계의 유지를 위하여 귀족출신의 수도사는 때에 따라서 자신의 誓願으로부터 면제될 수도 있었다(7.80).

(e) 권리자의 승계

1차적으로 남계친족(Agnaten), 즉 남계혈족(Blutsverwandten im Mannesstamm)이 승계의 권리를 갖는다. 출연자에 의하여 지명된 자가, 출연시에 아직 태어나지 않은 어린이를 포함하여, 우선적으로 권리가 있다(8.9). 상속권이 박탈된 사람도 세습가산제 계승권에서는 남계친족(Agnaten)이 될 수 있다(8.16). 그리고 거기에는 방계친족도 속한다.

성직자의 역할에 관하여는, 수도원 소속자들의 세습가산 계승권에 관하여는 반대의 의견을 표했으나(8.28), 교구사제(8.43)와 기사단 소속자(8.88)에 대해서는 반대하지 않았다. 모든 해법의 기준은 항상 "家와 부계친족의 영광과 보전(familiae et agnationis splendor et conservatio)"이다(8.71). 그러나 총각이나(8.92) 현저하게 남성으로 보이는 남녀추니(8.96)를 배제하지는 않는다. 장애자에 관해서는, 벙어리, 귀머거리, 맹인, 말더듬이, 사팔뜨기, 절름발이, 곱사등, 허약, 나약, 추함에 관하여 승계를 저해하는 장애로 논해진다(8.99). 거기에 정신착란박약자 – furiosi et mente capti – 가 추가된다(8.113).

여성은 승계대상에서 배제된다. 왜냐하면 그녀들은 혼인과 함께 父의 家를 떠나서 배우자의 家로 편입하게 되기 때문이다(8.127). 혼인외 출생자(8.291)와 認知(8.327)의 문제가 승계권을 가지지 못하는 예로, 양자(8.399)와 異婚子 평등상속권계약(Einkindschaft)(8.436)이 승계권이 제공되는 사례로 논해진다. 계속해서 貴賤相婚으로부터 출생한 자녀(8.440), 이교도(8.447) 등이 승계권으로부터 배제된다.

(f) 승계의 방법과 형식

개별적인 경우의 승계의 방법과 형식에 관하여는 1차적으로 출연자의 규정이 기준이 되었다(9.1). 그 밖의 경우, 즉 출연자의 규정이 없는 경우에는 보통법상의 무유언상속법의 규정에 따랐다(9.7-9). 레-엔법은 적용되지 않았다. 따라서 보통법은 출연자의 규정이 해석을 필요로 하는 경우에도 일차적으로 그 기준이 되었다.

대습상속권(Repräsentationsrecht)의 규정은 추정되지 않고 다투어졌다(9.21 ff.). 핵심적인 문제는 사망한 보유자의 손자가 보유자의 장남이 먼저 사망했을 경우 차남보다 우선권을 갖느냐 여부였다(9.62). 이는 역사의 경과 속에서 왕위계승의 경우에 반복해서 문제가 되었다. 결론적으로 대습상속의 일반적 원칙으로부터 손자에게 숙부에 대한 우선권을 인정한다(9.65).

설정자(der Einsetzende)가 "최근친 상속인(nächsten Erben)"을 언급(규정)한 경우, Familienfideikommiss 보유자가 자녀 없이 사망하였을 때 설정자의 최근친 상속인을 의미하였는지 아니면 최종보유자의 최근친 상속인을 의미한 것인지의 문제가 논의되었는데, 설정자의 최근친 상속인이 되어야 한다고 결정하였다(9.77).

이와 관련하여 Familienfideikommiss가 신칙법 Nov. 159에 따라서 직계로 4촌을 넘지 못하거나 4세대를 넘어서 연장될 수 없는가 하는 문제가 있는데, 세대에 따른 어떠한 제한에 대해서도 반대했다(9.103). 결과적으로 세습가산제 규정은 영원히 적용된다.

(g)보유자의 권리

개개의 보유자는 소유권(dominium)을 취득하며, 이는 1차적으로 D. 22.1.42에 따라서 수취된 과실이 그에게 귀속된다는 데서 나타난다(10.1).

Knipschildt는 보유자가 진정한 소유자(verus dominus)라기 보다는 용익권자가 아닌지(10.5), 즉 "상급소유권(dominium directum)"이 아니고 "하급소유권(dominium utile)"을 가진 것이 아닌지(10.9) 숙고를 하는데, 그러나 종국에는 진정한 소유권으로 결론을 내린다(10.10). 그러나 설정자는, 항상 실제의 보유자는 용익권자인 반면에 가장 가까운 대기자(Aspirant)가 소유자이고, 이 대기자는 다시 목적물을 취득함과 동시에 자신의 소유권을 그 다음의 가장 가까운 기대권자(Anwärter)에게 상실하는 식으로 규정할 수도 있다. Molina에 따르면 스페인의 Majorat가 이러한 경우였다고 한다(10.18).

보유자가 사망할 경우 세습가산은 곧바로 다음 순위자에게 이전한다(10.19). 왜냐하면 설정자가 그 이후의 모든 보유자에게 효력을 갖는 물권을 설정하였기 때문이다. 그에 따라서 취득자에게는 대물반환청구권(rei vindicatio)이 자신의 권리를 실현하는 수단이 된다.

보유자의 권리중 가장 중요한 것이 이용권(Nutznießungsrecht)과 과실수취권이다(10.33). 이용권에 해당하는 것으로는 수렵권과 어업권(10.79, 84), 선량한 가장(bonus paterfamilias)의 기준에 따른 비둘기 사육, 삼림이용(10.89), 그리고 영역지배권의 행사 및 시민과 도시에 대한 입법권과 조세징수를 포함한 포괄적 관할권(10.100) 등이다.

(h) 보유자에 대한 제한, 특히 양도의 금지

양도의 금지를 통해 목적물이 매번 바로 다음 순위의 권리자에게 온전하게 이전될 수 있어야 했다(11.2). 연속되어 있는 상속기대권자들 전체가 문제되므로 바로 다음 순위의 권리자가 양도에 동의한다고 해도 아무런 소용이 없었다(11.3). 세습가산의 양도는 본질에 반하기(contra naturam) 때문에 설정시에 반드시 명시적으로 규정될 필요도 없다(11.8). 유언에 의해서든 아니면 법률에 의해서든, 양도금지가 명시적으로 표현된 경우에는 양도는 곧바로 무효이고 따라서 소유권이전은 발생하지 않는다(11.14). 바로 다음 순위의 권리자는 바로 반환청구를 할 수 있다(11.15). 그러나 금지가 계약에 의해서 삽입된 경우에는, 다수의 견해는, 소유권이전이 여전히 가능하고 권리자는 단지 손해배상청구권만을 취득한다(11.15). 그 논거로서 계약은 계약의 목적물 자체를 포착하는 것이 아니라 계약상대방인 사람을 구속할 뿐이라는 일반적 계약법리가 제시된다(11.16). 그러나 Knipschildt는 이 견해에 반대하여 금지에 위반하여 행해지는 모든 양도는 무효라고 주장한다(11.30).

이 밖에도 증여(11.43), 대물변제(11.47), 入質과 저당권설정(11.52), 보증계약
(fideiussio)에의 삽입(11.59), 교환(11.64), 嫁資로서의 인도(11.78) 등등은 무효이
다. 세습가산은 타인에게 레-엔으로 주어질 수도 없다(11.134). 심지어는 모든 형
태의 사용대차도 허용되지 않는다(11.138).

그러나 특정한 상황에서 일정한 사후적 변경은 가능하다. 예를 들어, 최후의
기대권자는, 만약 자기 이후에 어떠한 기대권자도 있을 가능성이 전혀 없다면
(11.151), 또 모든 관계자가 동의하고 보유자가 목적물을 개량하였다면(11.152,
153), 자유롭게 처분할 수 있다.

주된 문제 중의 하나는 사인처분의 일반적 자유와 Familienfideikommiss에 부
과되는 구속간의 대립이다(11.154-202). 여기에서는 궁극적으로 출연자가 확정된
상속순위를 사전에 정하였는지 아니면 단순히 家에게 주는 것으로(家를 수익자로
하는 것으로) 정하였는지가 문제가 된다. 후자의 경우에는 보유자에게 사인처분
시 가족내에서의 선택의 여지가 주어진다.

이러한 모든 것에도 불구하고 Familienfideikommiss의 양도가 가능한 경우가
약간 있다. 예를 들어, 설정자 또는 그의 유산의 상태가 채무초과(무자력)인 경우
에 그러하다. 또 보유자가 嫁資를 설정해야 하는 경우가 있고(11.234) 교회를 위
해 특정한 처분을 예정해 놓을 수도 있다(11.281). 유류분권(11.309)이나 부양청구
권(11.310)의 침해를 방지하기 위해서, 자녀의 학자금 지불을 위해서(11.321), 인
질로 잡힌 자녀의 석방 등등을 위해서(11.332) 일정한 처분을 할 수 있다.

세습가산이 조건부로 주어진 경우 조건이 아직 확정되지 않은 동안은 처분이
가능하다(11.357). 세습가산임을 모르고 선의로 한 양도 또한 유효하고(11.358),
모든 이해관계자의 동의를 얻어서 이루어진 양도도 유효하다(11.379).

그렇지만 이러한 원칙들에 따라서 허용된 양도의 경우에도 다시 일정한 조건
이 준수되어야 했다. 유지하기 곤란하고 과실을 생산하지 않는 구성부분이 먼저
양도되어야했고(11.485), 동산이 부동산보다 먼저 양도되어야 했다(11.486). 바로
다음 순위의 상속기대권자에게는 선매권이 부여되어야 했다(11.488). 모든 경우에
가능한 한 상급자의 허락을 얻어야 했다(11.493).

(i) 상속기대권자의 권리와 소권

원칙적으로 상속기대권자는 자신에게 목적물이 이전되기 전에는 그것에 대한
권리를 전혀 갖지 않는다. 그러나 이에 관해서는 일련의 예외가 있다. 즉, 설정자
가 권리자에게 목적물 자체의 점유를 허용한 경우(13.6), 상속인 자신이 점유하고
있지 않은 경우, 상속인이 용인하는 경우 등에 예외가 인정된다.

세습가산의 회복 내지 점유취득을 위해 권리자에게 귀속하는 소권과 권리중에
서 가장 중요한 것은, 세습가산제가 유언에 의해 설정된 경우, 반환청구(revocatio)

를 위한 유언에 기한 대인소권(actio personalis ex testamento)으로서, 세습가산으로 설정된 물건이 설정자의 의사에 반하여 양도되었을 경우에 기대권자에게 발생한다. 1차적으로 이 소권은 당연히 설정자의 의사에 따라서 Familienfideikommiss를 승계하도록 규정된 사람에게 주어진다. 소권을 행사할 수 있는 상대방은, 우선 수탁자인 상속인과 무엇인가를 양도한 사람이 대상이다. 그러나 상속기대권자는 양도가 명시적으로 금지된 경우가 아니면 양도자의 사망을 기다려야 한다(13.33). 소권은 대인소권으로서 목적물의 취득자를 대상으로 행사할 수 없다(13.35).

그밖의 소권은 다음과 같다(13.60). 상속재산이 세습가산의 목적물인 경우, 모든 점유자에 대해서 물건의 반환을 청구하는 소권인 상속재산반환청구소권(hereditatis petitio)이 인정된다. 대물반환청구권(rei vindictio)은 특별히 중요하다. 그것은 목적물이 허가를 받아서 양도되었을 경우에도 기대권자가 행사할 수 있다. 그러나 기대권자는 매매대가를 배상하여야 한다(13.70). 매각이 금지된 경우에는 매매대가를 보상할 필요가 없지만, 이 경우에도 선의의 매수인은 매도인에게 추탈담보에 기한 청구권(Anspruch wegen Eviktion)을 갖는다.

(j) 소멸

세습가산제는 우선 대상이 되는 목적물의 소멸로 종료한다(16.11). 家의 소멸의 경우에도 같다(16.17). 유언에 의해서 설정된 세습가산제는 유언의 철회와 같은 방식으로 철회할 수 있다(16.39-82).

세습가산이 설정된 재산을 금지에 위반하여 양도한 사람은 자신의 권리를 상실하며(16.100), 세습가산으로 인한 권리도 포기에 의해서 상실된다(16.119). 권리자의 잘못된 사용(16.133), 보유자가 조건이나 부담을 위반한 경우(16.144)에도 소멸한다.

세습가산제는 조건의 불성립이나 불이행의 경우(16.181), 기한의 도래(16.183), 종료 선고 판결(16.190)의 경우 완전히 종료한다. 특히 판결 선고에 의한 종료는 장래의 모든 경우에 효력을 미친다(16.194). 다만 보유자가 일정 재산을 세습가산에 의한 구속으로부터 벗어나게 하기 위해서 假裝節次를 수행한 경우에는 적용되지 않는다(16.197). 불명예에 해당하는 보유자의 범죄(16.199), 상속기대권자의 품위 없는 생활태도(16.200)의 경우에도 세습가산제는 종료한다.

크닙쉴트의 저작에 대한 평가는 나뉘어 진다. 한편에서는 "형식과 내용에서 정말 보잘 것 없는 졸작"이라고 평가되며, 본질적으로 단지 "이태리와 저명한 스페인의 저작들과 몇몇 독일 실무자들의 작품을 열심히 편집해서 정치적 역사로부터의 자료로 장식해 놓은 것"에 불과하다고 폄하된다[16).

그러나 다른 한편으로는, "크닙쉴트가 당시대의 조류에 대한 엄청난 학식과 법학문헌에 대한 풍부한 지식을 가지고, 그리고 현존하는 것을 확보하려는 활동적인 노력으로, 그리고 매우 철저하고 열정적으로 자신의 이론을 진술함으로써 그 이론이 전반적으로 승인되고 받아들여졌다"고 강조되었다[17].

어떤 경우이든 저작이 미친 결정적 영향에 대해서는 다툼이 없다. William Lewis는 크닙쉴트의 저작을 실질적으로 중요한, 논쟁의 여지가 없는 기본서라고 표현했다[18]. 그것은 당시대에 많은 주목을 받았다. 예컨대, 1653년 2월 10일부터 12일까지 제국도시 에쓰링겐(Eßlingen)에서 개최된 Neckar-Schwarzwald, Kocher와 Kraichgau의 세 騎士地區(Ritterviertel) 위원회의 집회에서 다음과 같이 의결하였다.

> "크닙쉴트 박사에게 일반 기사도에 명예가 되는 작업(즉 fideicommissum에 관한 논문의 저술)을 수행한 공로에 대하여 100 탈러 가치의 紀念杯를 공동으로 수여하여 감사의 뜻을 표한다."

그 저작은 지역을 초월하여 획기적 영향을 미쳤으며 거기에 수록된 성과들은 이후 세습가산제법의 기초가 되었다. 그 저작은 실무에 있어서 거의 법전과 같은 효력을 가졌다. 이후의 문헌들은 기본적으로 크닙쉴트의 책에 기초를 두고 있으며 그 책은 19세기에 들어가서까지도 이 법영역에서 표준적 작품으로 여겨졌다. 그러한 결과는 독일의 세습가산제법이 발전이 거의 없었고 동 법제도가 이미 널리 보급되어 있었음에도 불구하고 세습가산제에 관한 문헌, 즉 그에 관한 체계적인 이론서가 없었던 상황에 기인하였다.

크닙쉴트의 이론이 전적으로 옛 스페인과 이태리의 법문헌에 의존하고

---

16) Pfaff/Hoffmann, (1884), 32; Lewis, RF(1868), 29; Meyer, (1914), 229 f.
17) Zimmerle, (1857), 286
18) Lewis, RF(1868), 29

있었고 스페인과 이태리, 그리고 독일에서의 세습가산제법의 발전이 직접적으로 서로 연관되어 있었기는 하지만 그렇다고 해서 세습가산제를, 독일법으로서는 전혀 낯선 대상으로서, "외국의 발명" 또는 "로만 민족으로부터의 수입품"으로 간주하고 크닙쉴트를 이 외래물의 소개자로 보는 것은 너무 일면적이라 할 수 있다. 세습가산제는 스페인의 마요라트의 단순한 복제품이 아니었다. 비록 크닙쉴트의 작품이 독일법상의 세습가산제를 형성하는 데 결정적 영향을 미쳤다고 하더라도 세습가산제법을 순수한 이론적 창작으로 보고, 크닙쉴트를 이 이론의 기초자로 보는 것 역시 마찬가지로 잘못된 것이라고 할 수 있다.

세습가산제가 비록 옛날의 이태리식 형태이기는 하지만 독일의 몇몇 지역에서 오스트리아에서보다 먼저, 그리고 크닙쉴트 보다 오래 전에 전 지역에서 나타났다는 사실이 그 시각이 잘못되었음을 반증하고 있다. 세습가산제는 이미 16세기 초 이래로 번성하였다[19]. 그러므로 그때까지 독일법이 전혀 알지 못했던 완전히 새로운 관념을 계수한 것은 결코 아니었다. 외래의 요소들은 단지 국내의 경향을 강화하고 고양시켰을 뿐이었다[20]. 다만, 새로운 형태의 세습가산제가 17세기 중반 이후에야 비로소 독일에서 확산되었다는 사실은 옳다고 보아야 할 것이다.

크닙쉴트는 그의 논문제목에서도 알 수 있듯이, 현존하는 세습가산제의 일반적 개념으로 상급귀족과 하급귀족의 가족재산법(Güterrecht)을 포괄하고 협의와 광의의 세습가산제 간의 비법률적인 구별을 도입하였는데 이는 부정확하고 잘못된 것이었다. 이로 인해 불필요하고 거의 해결불가능한 논쟁이 유발되기도 하였다[21].

---

19) Söllner, (1976), 662 n.27
20) Rosin, (1893), 337
21) 사람들은 예를 들어 세습가산제가 계약에 의해서 수립될 수 있는지에 관하여 다퉜다. 이 문제에 대해서는 로마법적 주장을 하는 사람은 이를 부정했고 독일법적 주장을 하는 사람은 긍정했다.

4. 크닙쉴트 이후

이와 같은 개념적 혼란에 대해서는 18세기 중반이후 비판의 목소리가 커졌다. 뵈머(Justus Henning Böhmer, 1674~1749)가 이를 제기하였는데, 그는 그의 "판덱텐 연습(Exercitationes ad Pandectas)"에서 세습가산제에 관한 크닙쉴트의 이론을 비판적으로 재검토하였다. 그는 거기에서 상급귀족의 가족재산법과 세습가산제(Familienfideikommiss)와의 차이에 대해 주목하였다. 그밖에도 그는 계약에 의한 세습가산제의 기원이 독일법에 있고 로마 법제도의 원칙과는 모순됨을 처음으로 제시하였다. 따라서 이러한 독일법적 제도는 로마적 법원칙이 아니라 독일적 법원칙에 따라서 다루어야 한다고 하였다.

뵈머가 제시한 학문적 방향은 후대에 Johann Stephan Pütter, Johann Jacob Moser(1701~1785)에 의해서 계속 추구되었다. 그들은 또 세습가산제(Familienfideikommiss)를 고유한 독일법상의 제도로 이해하였고 그 기원을 독일에서 찾으려고 하였다. 그들은 처음으로 관습법에 기초를 둔 世系재산(Stammgut)을 법률행위에 의해 설정된 세습가산제로부터 분리하였고 그들의 본질적 특성의 차이를 바로 이러한 구분에 따라 도출해 냈다. 이를 통해서 그들은 처음으로 상급귀족과 하급귀족의 가족재산법을 각각 별개로 취급하기 시작하였다. 그러나 이 일은, 즉 세습가산제(Familienfideikommiss)와 자치입법권에 기초한 상급귀족의 가족재산 간의 분리는 19세기에 가서야 그것도 일부의 이견이 제시되는 가운데 완성되었다[22].

그러나 뵈머가 제시한, 세습가산제의 기원을 독일법에서 찾는 견해도 그렇게 오래 지속되지 못했다. 크닙쉴트에서 비롯되는, 협의의 세습가산제를 로마법상의 신탁유증에 연결시키는 견해는 바로 다음 시대의 법학에서 유지되었을 뿐만 아니라 후대의 보통법에 있어서도 기본적인 의미를

---

22) Lewis, RF(1868), 35

계속 지녔다[23]. 그 이후로 세습가산제는 본질에 있어서는 독일법적인, 이론적으로 각인된 형식에 있어서는 로마법적인 보통법상의 하나의 제도로 형성되었다. Wiguläus Xaverius Aloysius von Kreittmayr는 독일적 요소와 로마적 요소의 특이한 혼합과 그것으로부터 성장한 혼성물을 "막시밀리안 바이에른 민법전 주해(Anmerkungen über den Codicem Maximilianeum Bavaricum Civilem)"에서 다음과 같이 표현했다.

> "주된 목적이 오로지, 항상 우리민족에게 아주 핵심적이었던 家의 유지를 향했던 이 오래된 독일 제도가 나중에 도입된 로마법에 의해서 절멸된 이후, 자신의 家의 보전을 생각하는 사람들은 다른 방법, 그것도 계약 또는 사인처분을 통해서 양호한 보전에 도움이 되도록 시도했다. 그리고 후에 이것이, 자신의 수중에 오는 모든 것을 오로지 로마법적으로 취급하는데 익숙해진 법률가들에 의해서 로마적인 Fideikommiss로 간주되었다. 또한 여러 가지 면에서 가지고 있던 유사점 때문에, 실질적으로 그렇게 불려졌다. 또 의심스러운 경우나 다투어지는 경우에는 이에 따라서 판결되었다. 이를 통하여 그것은 그 혼성물의 기초를 제공했는데, 사람들은 이러한 혼성물을 현재의 소재에서 고래의 독일법과 로마법 사이의 것으로 아직도 느낄 수 있다[24]."

III. 입법화

법제도의 교의적인 서술과 동시에 세습가산제는 개별 영방에서 입법을 통해 규정되었다. Bayern에서는 이미 1672년 4월 20일 選帝侯 마리아 (Ferdinand Maria)의 "Majorat, Fideikommiss, 그밖의 처분을 통한 기사계급과 귀족의 보전"에 관한 "訓令(mandatum)"에서 이것이 실현되었다. 오스트리아에서는 1674년 10월 2일 "Fidei-Commiß와 Majorat-Disposition의 가등기(gerichtliche Vormerkung)에 관한" 법률에 의해서 실현되었다.

---

23) Lewis, RF(1868), 30

24) Kreittmayr, Anmerkungen III 1237(제10장 §§ I II), Keip Verlag, 2001

　18세기와 19세기 초두의 대법전들도, 즉 1756년의 막시밀리안 바이에른 민법전(Codex Maximilianeus Bavaricus Civilis), 1794년의 프로이센 일반란트법, 1809년의 바덴란트법, 그리고 1811년의 오스트리아 일반민법전 등이 이에 관한 많은 규정을 포함하였다. 이 입법들은 우선 기본적으로 보통법적인 세습가산제(Fideikommiss) 개념을 채택하였고 교의상 형성된 세습가산제법을 법률로 구체화하는 데 그쳤다. 그렇지만 대법전 편찬과정에서 좀 더 독일법적인 법제도의 핵심을 강화하여 반영하려는 시도가 행해졌다[25]. 이는 보통법의 경직된 규정들을 제거한 19세기의 개혁입법에서 좀더 강하게 이루어졌다. 특히 많은 지방특별법들은 세습가산제의 예외 없는 양도불가성과 채무부담불가성(Unverschuldbarkeit)이라는 보통법상의 원칙과 절연하였다[26].

　19세기 후반에 법학은 세습가산제법의 정식화 절차를 종결하였다. 법학은 세습가산제를 교의상으로 구성된, 명확한 개념으로 파악하였다. 독일의 세습가산제(Familienfideikommiss)법은 게르마니스트의 영역으로 간주되었다. 이에 대하여 로마니스트들은 주로 로마의 신탁유증, 특히 신탁수유자 대체(substitutio fideicommissaria)의 학문적 탐구에 몰두하였다.

---

25) Bühler, (1969), 137; Rosin, (1893), 339; Hübner, (1930), 340.
26) ALR. Ⅱ. Tit. 4, §§ 78, 81~86, 104~114

제5장

근세 독일법상의 세습가산제

(Familienfideikommiss)

19세기에 법제도로서 완성된 독일의 세습가산제에 적용된 법원칙의 개요를 고찰한다[1]. 세습가산제는 실제로 독일 각 지역에 따라 명칭이 다른 경우가 있었다.

예컨대, 작센에서는 "가족상속기대권(Familienanwartschaft)", 바덴에서는 "世系財産(Stammgut)", 브라운슈비크에서는 "家族世系財産(Familienstammgut)"으로 불리워졌던 데 비해서, 하노버의 입법에서는 "영속하는 장자상속권(immerwährenden Majoraten)"으로 호칭되었다[2]. 따라서 다음에서 살펴보는 세습가산(Familienfideikommiss)의 개념상의 특성 및 유사개념과의 구별은 어디까지나 이론적 개념상의 구별임을 염두에 두어야 한다

---

1) 이에 관하여는 Bayer, Sukzession und Freiheit, (Berlin 1999), 66~71과 Eckert, KFD (1992), 91~109를 주로 참고하였음.
2) Eckert, KFD(1992), 25.

제1절 근세 독일 世襲家産의 개념적 특성 및 유사개념과의 구별

세습가산(Familienfideikommiss)은 법적인 동일체로 묶여있는 특별재산으로서, 가족의 명망과 영광을 유지할 목적으로 그 가족 내부에 계속해서 보존되고 원래부터 특정된 계승원칙 내에서 상속되도록 하기 위하여, 법률의 수권 위에서 출연자의 私的 의사표시를 통해서 양도불가능한 것으로 표시된 것이다.

세습가산의 개념적 특징은 다음과 같았다. 즉, 세습가산은 특별재산이었다. 그것은 그 자체로서 구분되고 분리된 재산집합체였으며, 따라서 특수한 법률관계를 가질 수 있었고 그때 그때의 세습가산 보유자의 여타의 자유로운 일반재산, 예를 들어 자유지(Allod)로부터 독립적으로 존립하였다. 세습가산제의 개념에서는, 그것이 봉사해야할 목적이 본질적으로 매우 중요한 의미를 가진다. 세습가산은 그것이 헌정된 가문의 명망과 영광(den Namen und das Ansehen, "splendor familiae et nominis")을 대대로 지탱해야 할 의무를 지녔으며 가문에 현저하게 우월한 경제적 사회적 지위를 확보해줄 책임을 지녔다. 이러한 특수한 목적에서부터 세습가산의 양도불가능성 및 부담불가능성이 나왔다[1]. 이 목적 때문에 또한 세습가산이 특정한 확정된 계승원칙에 따라 분할됨이 없이 상속될 것이 필요하게 되었다. 즉 "父祖의 協約과 규정에 기한 계승(successio ex pacto et providentia maiorum)"이 世襲家産制의 기초가 되어, 결과적으로 계승원칙은 오로지 출연자의 의사에 따라서 형성되었고 계승자는 최종보유자(직전점유자)의 일반상속자로서 세습가산을 승계하는 것이 아니라 출연자를 직접 상속하

---

1) Lewis, RF(1868), 222.

는 것으로 되었다[2]. 즉, 세습가산 계승자는 세습가산에 대해 최종보유자와는 관계없이 출연자의 처분에 근거하여 형성된 권리를 가졌다.

世襲家產制의 경우의 재산에 대한 구속이 법률행위, 즉 출연자의 사적 의사표시에 의해서 이루어졌다는 바로 그 점에 세습가산과 유사한 목적에 사용되었던 다른 구속을 받는 재산과의 차이가 있다.

첫째로, 家襲財産(Hausgut)은 가구성원의 총유(Gesammteigentum)로서 공동협동체적 관리를 받았다[3]. 가습재산은 귀족가문의 자율적인 성문법이나 개별가문에서 형성된 관습법, 즉 家慣例(Familienobservanz)에 근거를 두었다[4]. 世系財産(Stammgut)의 경우에도 제한이 일반적인 법규범, 보다 정확히 말하면 법률, 조례(Statut) 또는 관습법에 의해서 발생했다[5].

둘째로, 世襲家產制는 농촌법(Bauernrechts)상의 유사한 제도와는 목적의 설정에 차이가 있었는데, 世襲家產制는 "가문의 영광과 명망"의 유지가, 농촌법상의 제도는 농가 기업의 경제상황의 유지에 그 목적이 있었다.

셋째로, 가문재단(Familienstiftung)과 다른 점은, 세습가산은 고유한 법인격이 없는 특별재산일 뿐인데 비해 가문재단은 고유의 법인격과 기관을 갖는 법인이라는 점에 있었다. 또한 가문재단은 가문의 영광의 유지관리보다는 개별 가족구성원의 부양이나 보조에 주된 목적이 있었다.

넷째로, 레-엔과는 世襲家產에는 봉건영주(授封者)의 지위(Lehensherrlichkeit)가 존재하지 않는다는 점에서 구별된다[6].

다섯째로, 신탁수유자 대체(fideikommissarischen Substitution)와는 궁극적으로 영속성과 목적에 있어서 차이가 있다. 즉, 世襲家產制는 재산을 가문 내에 계속 보존함으로써 "가문의 영광과 명망"을 유지하려는 목적을 가졌음에 비해서, 신탁수유자 대체는 피상속인이 지명한 사람들에게 재산

---

2) Rosin, (1893), 355.
3) HRG에서 Ogris의 설명
4) Rosin, (1893), 342.
5) Lewis, RF(1868). 35.
6) Eckert, KFD(1992), 24

가치를 분배하는 것이 중시되었고, 증여된 목적물을 보유할 권리자간에 반드시 친족관계를 전제로 하지 않다[7].

그러나 이러한 개념 설정과 열거된 구별기준은 오로지 독일법상의 世襲家産制에 관한 것으로서 로마법상의 家繼信託遺贈(fideicommissum quod familiae relinquitur)과는 주로 다음의 점에서 차이가 있다[8]. 즉, 전자는 시간상의 제한을 받지 않으나 후자는 제 4세대와 함께 종료되었다[9]. 또한, 로마법상의 가계신탁유증은 "가문의 영광과 명망"의 유지를 목적으로 하지 않았다. 즉, 로마법상의 가계신탁유증에 관한 유스티니아누스 법에 있어서 "家(familia)"의 개념은 어떠한 경우에도 대내적·대외적으로 독립된 단일체로서의 권리주체를 의미하지는 않았다. 유스티니아누스 법에 따르면 혈족인 친족(Blutsverwandten)이 없을 경우에는 사위나 며느리, 죽은 가족구성원의 남편과 같은 인척(kognatische Verwandte), 심지어는 해방된 노예까지도 호명될 수 있었다[10]. 또한 로마법상의 가계신탁유증에 있어서는 확정된 승계원칙(Folgeordnung)이 결여되어 있었다. 그때 그때의 보유자가 일정한 제한을 받는 재산을 임의로 가족구성원에게 줄 수 있었다[11].

---

7) Eckert, KFD(1992), 25
8) 전술한 Ⅱ.2 참조.
9) Rosin, (1893), 348; 전술한 126~127 참조.
10) 전술한 122~124 참조. Lewis, RF(1868)12f.; Rosin, (1893), 325f.
11) Eckert, KFD(1992), 25

제2절 19세기 독일 世襲家産制法의 개요

I. 世襲家産制의 法源

世襲家産制는 항상 설정자의 명시적 의사표시에 의해서 성립한다. 이러한 법률행위는 보통법 또는 지방특별입법의 적용을 받게 되는데, 이 법들은 한편으로 강행규정을 통해서 世襲家産 설정의 자유를 내용상 또는 형식상으로 제한하기도 하고, 다른 한편으로 출연증서(원인행위)상의 흠결이 있을 때 이를 보충해주기도 한다.

독일의 지방에 따라서 世襲家産制에 적용되는 法源에 차이가 있다.

첫째 부류는 본질적으로 보통법이 적용되고 특별한 형식을 갖춘 개별 법률규정에 의해서만 수정이 되는 지역이다. 뷔르템버그, 메클렌부르크-슈베린, 작센-알텐부르크 등 많은 지역이 이에 속한다[1].

둘째 부류는 世襲家産制가 보통법의 기초 위에서 비교적 큰 법률의 적용을 받는 경우이다. 예를 들어, 바이에른에서는 "世襲家産制에 관한 고시"(1818.5.26 시행)의 적용을 받고, 브라운슈비크(Brauschweig)에서는 "봉건적 권리의 폐지 및 家族世系財産(Familienstammgut)의 설정에 관한 법률"(1837.3.28시행)과 "家族世系財産(Familienstammgut)의 설정에 관한 법률"(1858.5.20시행)의 적용을 받았다. 헷센과 프로이센 지역의 하노버도 여기에 속한다.

이에 대하여 지방특별법이 포괄적으로 世襲家産制에 적용되고 보통법은 적용이 완전히 배제되거나 본질적으로 수정되어 적용되는 경우가 있었다. 프로이센 일반란트법(1794)[2], 작센왕국민법전(1863.1.2 시행) 중 가족상속

---

1) 상세한 지역 내역은 Eckert, KFD(1992), 91 참조.

기대권편[3]), 바덴 란트법(1809)중 世系財産(Stammgut)편[4])이 그 예이다.

II. 世襲家産의 설정

1. 世襲家産의 설정과 취득을 위한 능력

보통법에 의하면 자신의 재산을 자유로 처분할 수 있는 사람은 누구나 世襲家産을 설정할 수 있었다. 특별히 世襲家産으로 특정된 목적물에 관하여는 일반적인 행위 및 처분의 자유 이외에 그에 관한 처분능력도 필요했다. 레-엔, 世系財産(Stammgüter), 遺襲財産(Erbgüter)과 같은 경우에는 처분의 자유가 제한됨을 유의해야 했다. 출연에 의해서 유류분권이나 必然상속권이 약화되거나 배제되어서는 안 되었다[5]). 世襲家産制가 행해지는 경우는 귀족의 경우가 압도적으로 많았지만 世襲家産의 설정은 귀족에게만 부여된 특권은 아니었다. 이러한 원칙에는 대부분의 지방특별법과 보통법이 모두 일치하였다. 오직 바덴에서만은 기사신분과 영주신분의 사람만이 世系財産(Stammgüter) 설정을 할 수 있었다[6]).

설정자는 世襲家産을 자신의 가족을 위해서 뿐만 아니라 타인의 가족을 위해서도 설정할 수 있었다. 보통법과 대부분의 지방특별법에서는 권리능력 있는 자연인이면 누구나 원칙적으로 세습가산의 수익자가 될 수 있었다. 그러나 독신자, 혼인외 출생자, 종교적 수도서약을 한 자(professio religiosa)는 예외였다. 몇몇 지방특별법에서 일반시민의 세습가산 취득능력을 제한하는 경우가 있었다. 예를 들어, 바덴에서는 앞에서 설정을 제한

---

2) ALR Ⅱ. 4, §§ 47-226

3) GVOBl. 1863, S. 6, §§ 2527~2541

4) LRS. 577 ca-cv.

5) G. v. Beseler, SGDP Ⅱ(1885), 815; Lewis, RF(1868), 36ff u. 56ff.

6) Eckert, KFD(1992), 93

한 것에 상응하여 기사신분과 영주신분에 속하는 자에 한하여 세습가산의 점유취득권이 인정되었고7), 바이에른에서는 世襲家産은 귀족과 귀족 가족의 이익을 위해서만 설정될 수 있었다8).

2. 世襲家産의 목적물

보통법상으로는 世襲家産의 목적물로서 世襲家産制 의 본질에 걸맞게 지속적인 수익이 보장되는 목적물만이 고려되었다. 예를 들면, 종물이 있는 부동산, 이용가능한 사법권, 상환의무가 있고 이자가 있는 자본, 수입이 보장되는 재산 일체가 가능했다. 기타의 동산은 부동산의 종물로서만 세습가산을 설정할 수 있었다9).

이에 대하여 특별법에서 보석이나 미술품, 또는 서적과 같이 집합적 유체물도 독자적인 세습가산의 목적물이 될 수 있다고 정한 경우도 있었다10). 그러나 또 한편으로는 몇몇 특별법에서는 세습가산 출연의 허용을 부동산과 자본에11), 어떤 경우에는 부동산 또는 아예 토지소유권의 경우로 제한하기도 하였다12).

3. 설정의 종류와 형식

보통법에 따르면 世襲家産의 설정은 출연자의 명시적 의사표시를 통해서 행해졌다. 이 행위는 일방 또는 쌍방의 死因處分 뿐만 아니라 일방 또

---

7) LRS. 577 cd 참조.
8) Bayr. Ed., § 1.
9) Beseler, SGDP Ⅱ(1885), 816; Lewis, RF(1868), 47ff u. 53ff.
10) Cod. Max. bav. civ. Ⅲ. c. 10 § 7 Nr.4.
11) Preuß. ALR. Ⅱ, 4, §§ 48, 59
12) Bayr. Ed., §§ 2, 3; bad. LR., LRS. 577 cb

는 쌍방의 生前者간의 처분행위일 수도 있었다. 개별 지방특별법들은 제한하는 규정들을 가지고 있었다. 그것들은 예컨대, 사망시의 일방적인 의사표시[13] 또는 유언처분만을 허용하였다[14]. 바덴 란트법은 설정행위로 가족의 약정이나 가족의 결정만을 언급하였다. 그러나 대부분의 지방특별법들은 보통법을 따랐다[15]. 바이에른에서는 世襲家産이 보통법에서 허용된 형식 이외에도 왕의 賞與(Dotation)를 통해서도 설정되거나 증대될 수 있었다[16].

의사표시는 의도된 법률행위에 맞게 일반적으로 기술된 형식을 필요로 하였다. 보통법상으로는 영주나 관청의 인가이건, 법원의 공고나 공시이건, 세습가산 출연을 하는데 있어서 어떠한 특별한 형식에도 구속되지 않았다[17]. 이에 대하여 작센 일반민법전을 제외하고 모든 지방특별법들은 설정이 서면으로 이루어질 것을 요구하였다. 대부분의 경우에는 그 밖에도 법원의 공고, 영주의 인가나 법원의 확인의 형식에 의한 국가의 협조를 요구하였다[18].

公然性의 필요에서 영방(란트)의 법률들은 특별 世襲家産등기부[19]나 일반 토지 또는 저당권등기부[20]에 설정원인이 등재될 때, 그리고 세습가산 설정에 대한 공적인 공지행위가 있을 때에 비로소 世襲家産制가 대외적으로 효력을 발생하도록 하였다[21].

---

13) Sächs. BGB, §§ 2507, 2527, 2529.
14) Sachs.-Weim. Ges., § 1
15) Preuß. ALR. Ⅱ, 4, §§ 28, 62; bayr. Ed., §§ 17f.
16) Bayr. Ed., § 31
17) Beseler, SGDP Ⅱ(1885), 814; Lewis, RF(1868), 110ff.
18) Bad. LR., LRS. 577 ce; bayr. Ed., § 14, 22, 31; preuß. ALR. Ⅱ, 4, §§ 29, 56, 63.
19) Bad. LR., LRS. 577 cb; bayr. Ed., §§ 16, 22, 30.
20) Preuß. ALR. Ⅱ, 4, §§ 64-69; sachs.-weim. Ges., § 7.; sächs. BGB, §§ 2530~2534
21) Bayr. Ed., §§ 26-30; preuß. ALR. Ⅱ, 4, §§ 65, 66, 68.

III. 世襲家産制의 법률관계

1. 世襲家産 보유자의 법적 지위

보통법에 따르면 세습가산 보유자는 세습가산 목적물의 진정한 소유자로 간주되었으며, 상속기대권자의 물적 권리 및 대상물의 목적규정에 의한 구속을 받았다[22].

지방특별법은 대부분 이와는 다른 관점을 취했다[23]. 몇몇 지방특별법은 세습가산 보유자와 기대권자 사이의 분할소유권을 인정했다[24]. 프로이센 일반란트법은 세습가산 보유자에게 이용소유권만을 주었고 상급소유권은 家 자체에게 부여했다[25]. 프로이센법은 家를 그때그때의 구성원에 의해서 일정한 방법으로 대표되는 법인으로 파악하였다.

모든 법은 世襲家産 보유자에게 점유권과 관리권, 그리고 과실수취권을 인정하였다. 그는 世襲家産에 속해 있는 권리를 행사했고 절차상에서 그것을 대리했다. 이러한 모든 권리들은 세습가산을 손상되지 않은 상태로 다음 승계인에게 넘겨줄 의무를 이행해야 하는 그의 입장을 고려한 것이었다. 따라서 世襲家産 보유자는 세습가산의 실체를 더 부담스럽게 해서도 안 되고 변경시켜서도 안 되었다. 그는 부담을 이행해야 했고 필수적인 수선을 해야 했으며, 목적물을 자유로 경영할 수는 있었으나 가치를 악화시켜서는 안 되었다[26].

---

22) Beseler, SGDP II(1885), 818f.; Lewis, RF(1868), 186ff.
23) Baden과 작센민법전만 보통법을 따랐다. Bad. LR., LRS. 577 ce; sächs. BGB, §§ 2514, 2529.
24) Bayr. Ed., §§ 42,43; hess. Ges., § 15.
25) Preuß. ALR. II, 4, §§ 72, 73; Cod. Max. bav. civ. III. c. 10 § 13 n. 1 참조.
26) Lewis, RF(1868), 189f.

2. 상속기대권자의 법적지위

世襲家産이 부여된 가족구성원 중 점유자 이외의 자, 즉 상속기대권자 (Anwärter)는 보통법상 확정된 상속순위에 따라 世襲家産을 계승할 수 있는 물적 기대권만을 가졌다. 이 권리는 살아 있는 자간의 법률행위나 유언처분에 의해서 박탈할 수 없었다. 이러한 사실로부터 결과적으로 상속기대권자는 世襲家産이 귀속되기 이전이라도 세습가산과 관련되는 절차에 개입할 수 있는 권리를 가졌다.

그밖에도 상속기대권자는 보통법상으로나 지방특별법상으로나 일정한 감독권을 가졌다. 예를 들어, 상속기대권자는 언제든지 재산목록의 작성을 요구할 수 있었다[27]. 또한 그들은 세습가산의 합법적 유지를 위해서 필요해 보이는 조치를 요구할 수 있었다. 이러한 보호조치로서는 世襲家産에 속한 채무증서의 법원에의 보관[28], 부적절한 관리에 의해 세습가산의 존속을 위태롭게 하거나[29] 설정행위에 의해서 자신에게 주어진 의무를 이행하지 않은 세습가산 점유자를 상대로 한 법원에 대한 구조 요청[30], 그리고 목적물의 강제관리 신청 등이 있었다[31]. 설정자에 의해서 정해지는 한, 세습가산 점유자에 대한 감독은 세습가산에 관한 대리인 또는 감독관청에 의해서 수행될 수도 있었다[32]. 마지막으로 상속기대권자는 세습가산 점유자의 특정한 법률행위에 있어서 동참권(Mitwirkungsrechte)을 가졌다[33].

---

27) Beseler, SGDP II(1885), 816; Lewis, RF(1868), 154ff
28) Bayr. Ed., § 43 Nr. 2
29) Bayr. Ed., § 71; sächs. BGB, § 613.
30) Bayr. Ed., § 72
31) Bayr. Ed., § 71; braunschw. Ges. v. 1858, § 7.
32) Bayr. Ed., § 51
33) Preuß. ALR. II, 4, §§ 76, 78, 80, 87~95, 113f., 117~119, 128f.; sächs. BGB, §§ 2533~2539

이러한 감독권과 동참권 이외에 상속기대권자에게는 지방특별법에 의해서 특정한 특별용익권(Sondernutzungsberechtigungen)이 주어졌다. 즉, 보상청구권, 독립자금청구권, 부양청구권, 세습가산의 수익으로부터 정기금(Rente)의 취득 등이 주어졌다[34]. 이러한 특별법적 규율을 제쳐놓더라도 세습가산에의 상속으로부터 배제된 공동상속인에 대한 세습가산 보유자의 연금 교부 및 부양 의무가 발생할 수 있었다[35].

3. 세습가산 승계인과 최종보유자의 상속인 간의 분할

세습가산과 자유보유재산(Allodialvermögen)이 상속으로 또는 자유재산을 가진 세습가산 점유자의 파산에 의하여 서로 다른 권리계승자에게 귀속되게 된 경우, 양 재산의 분리가 필요했다. 이러한 세습가산 승계인과 세습가산 최종보유자의 상속인 간의 분할(Auseinandersetzung)에는 레-엔법의 원칙이 적용되었다[36].

최종점유자가 비용을 지출하여 이룩한 세습가산의 특별한 개량에 대해서는 세습가산 승계인이 자유재산 상속인에게 보상해야 했다. 반대로 자유재산상속인은 세습가산의 현저한 손상이나 가치감소에 대해서 세습가산 승계인에게 배상할 의무가 있었다.

프로이센법은 이러한 보통법적인 규율을 명시적으로 따랐다[37]. 그러나 자유재산의 상속인은 세습가산 최종점유자의 "중과실 또는 경과실(grobes oder mäßiges Versehen)"에 의해서 발생한 손상에 대해서만 책임을 졌다[38]. 이에 비해 다른 지방특별법들은 모든 책임을 배상하도록 하였다[39].

34) Bayr. Ed., §§ 46, 60; Bad. LR., LRS. 577 cq.
35) Preuß. ALR. Ⅱ, 4, § 53
36) G. v. Beseler, SGDPⅢ(1855), 821
37) Preuß. ALR. Ⅱ, 4, § 211 i. V. m. Ⅰ, 18, §§ 527 ff.
38) Preuß. ALR. Ⅱ, 4, § 211 i. V. m. Ⅰ, 18, § 560.
39) Bayr. Ed., §§ 73~75; sächs. BGB, § 614.

상당수의 지방특별법은 보통법이나 프로이센법과는 다르게 세습가산 승계인과 자유재산상속인간의 분할에 관해서 원칙적으로 소유권자의 용익권자 또는 그의 상속인에 대한 관계에 관한 민법적 규정을 적용했다[40].

점유자가 사망한 해의 세습가산 果實의 분할에 관해서는 보통법에 따르면 마찬가지로 레-엔법적 원칙이 적용되었다[41]. 그러나 이 경우에 대하여 바이에른법, 작센법, 헤센법 이외에 프로이센 일반란트법도 용익권에 대해서 적용되었던 민법적 원칙을 적용하였다[42].

4. 세습가산 목적물의 양도

세습가산의 비양도성은 그것의 본질에 속했다. 그것은 세습가산 상속에 있어서의 특수성과 더불어 세습가산제의 목적을 달성하기 위한 수단이었다. 世襲家産制의 목적은 재산을 家의 영광과 명예를 유지하기 위해 家와 家名이 사멸될 때까지 출연자 또는 제3자의 후손(비속)들에게 변함없이 계승되어갈 수 있도록 하는 것이었다. 이러한 엄격한 양도금지는 모든 세습가산 출연에 최소한 묵시적으로라도 존재하였는데, 폭넓게 해석되었다. 세습가산 점유자는 세습가산의 전부 또는 일부의 처분이 금지되었을 뿐만 아니라 유동자본을 토지점유로 변화시키거나 반대로 세습가산에 속하는 개체물의 교환을 통해서 세습가산의 실체를 변경하는 것도 금지되었다.

세습가산 점유자의 허용되지 않은 양도는 무효였지만[43], 양도자 자신은 이러한 무효를 주장할 수 없었다. 상속기대권자는 취소소송에 의하여 모든 제3점유자에 대하여 목적물을 매매대금의 보상 없이 반환할 것을 요구할 수 있었지만, 지배적인 보통법상의 이론과 실무에 따르면 이 권리는

---

40) Bayr. Ed., § 74; sächs. BGB, §§ 2529, 2515, 631~636, 75f..
41) Lewis, RF(1868), 413 ff.
42) Preuß. ALR. Ⅱ, 4, § 212, Ⅰ, 21, §§ 143 ff.
43) Lewis, RF(1868), 237 ff

상속한 경우에, 다시 말해서 실제로 세습가산을 승계 받은 시점에 비로소
행사할 수 있었다44). 그러나 상속기대권자가 동시에 양도자의 자유재산
상속인이기도 한 경우에는 자신도 양도자의 행위의 적용을 받아야 했다.
양도에 동의한 자는 자신의 취소권을 상실했다. 그러나 보통법에 따르면
동의는 동의를 한 당사자만을 구속했고 그의 상속인은 구속하지 않았다.
그러나 그가 세습가산 점유자의 자유재산 상속인으로서 예외적으로 점유
자의 행위의 적용을 받아야 하는 경우에는 동의의 구속을 받았다45).

개별 상속기대권자의 취소소송청구권은 그것을 행사할 수 있는 시점부
터 소멸시효기간의 진행이 개시되었다. 그러나 세습가산의 속성 자체는
시효로 소멸하지 않았다. 따라서 보통법상으로는 세습가산의 처분을 영구
히 취소할 수 없도록 만드는 수단은 없었다. 비록 모든 살아있는 상속기
대권자가 동의를 하였더라도 후세에 태어난 상속기대권자가 100년 후라
도 이미 완료된 처분을 취소할 수 있었다46).

대부분의 지방특별법도 세습가산 목적물의 자유로운 처분을 원칙적으
로 배제했다47). 예외적으로 살아있는 상속기대권자의 동의를 얻은 양도는
대부분 허용했다. 그러나 일부에서는 후견인의 동의와 법원 또는 지방영
주의 승인을 추가로 요구했다48). 프로이센에서는 원칙적으로 가족전원의
합의가 필요했는데, 그러한 사실이 법원에서 검증되고 승인되어야 했다.
반면에 손해가 되지 않는 개별 구성물의 양도와 단순한 교환에는 2인의
상속기대권자의 동의로 족하였다49). 바이에른에서는 알려져 있는 모든 상
속기대권자와 세습가산 대리인에 대한 의견문의와 항소법원의 인가가 요

---

44) Lewis, RF(1868), 248 f.; Rosin, (1893), 376 ff.
45) Beseler, SGDP Ⅱ(1885), 823 f.
46) Gierke, HwbStw. Ⅲ, 419
47) Preuß. ALR. Ⅱ, 4, §§ 78 f.; sächs. BGB, § 2534; Bad. LR., LRS. 577 cf.
48) Preuß. ALR. Ⅱ, 4, §§ 46, 76~78; sächs. BGB, §§ 2541, 2535~2539; Bad. LR.,
    LRS. 577 cg.
49) Preuß. ALR. Ⅱ, 4, §§ 46, 76~78

구되었다. 이 인가는 양도가, 채권자가 변제를 촉구하고 상속기대권자에
의해서 다른 방법으로 지불될 수 없는 특정한 세습가산 채무의 상환에 도
움이 되거나 양도가 세습가산에 현저하고 지속적인 수익을 보장하는 경
우에만 주어졌다[50]. 그 경우 매매대가 또는 보상자본은 세습가산의 이익
을 위해서, 특히 과실을 산출하는 목적물의 구입을 위해서 사용할 수 있
었다[51].

강제수용 또는 강제상환은 양도의 금지에 의해서도 배제되지 않았다.
물론 세습가산의 속성을 갖는 배상금의 수령을 전제로 하였다[52].

5. 세습가산에 관한 채무

보통법상으로 세습가산에 저당권, 토지채무 기타 물적 담보의 부담을
지우는 가능성은 양도에 적용되는 원칙에 따라서 규율되었다. 세습가산
목적물의 구속성의 논리적 결과로 세습가산의 점유자는 원칙적으로 담보
의 부담을 질 수 없었다. 자신의 개인적 채무에 대해서는 통상 세습가산
의 果實로만 그것도 자신이 점유하는 시기동안에만 책임을 졌다. 그러나
레-엔채무를 유추하여 일정한 부담은 소위 "세습가산 채무"로서 다르게
취급되었다. 그것은 세습가산 元物자체의 부담으로 취급되었으며 세습가
산 원물과 함께 모든 세습가산 승계인에게 계승되었다. 이에 반해서 자유
재산 상속인은 이 채무에 대해서 책임을 지지 않거나 보조적 책임만 졌
다. 世襲家産債務는 무엇보다도 설정자 자신이 세습가산 목적물의 획득
을 위해서 또는 유류분권자들에 대한 보상을 위해서 세습가산에 부과한
채무였다. 나아가서 나중의 세습가산 점유자가 세습가산 목적물의 유지
또는 회복을 위해서, 부담의 해소를 위해서, 세습가산 채무의 변제를 위해

---

50) Bayr. Ed., §§ 49, 51, 61, 65~67.
51) Bayr. Ed., § 68.
52) Preuß. Enteignungsges. v. 11. Juni 1874, § 17.

서 또는 세습가산 절차의 진행을 위해서 부담한 채무도 여기에 해당되었
다. 설정자는 궁극적으로 그의 상속인들이 세습가산채무를 보다 넓은 범
위에서 수용하는 것을 허용할 권한이 있었다53).

대부분의 지방특별법들은 世襲家産債務에 관한 규정들을 두었다. 그것
들은 많은 경우 추가적인 형식적 요건들을 설정해 놓았다. 예를 들어, 프
로이센법에서는 필수적이거나 사소한 채무의 부담에는 2인의 상속기대권
자의 동의가, 그밖의 경우에는 家의 決議가 필요하였다54). 헤센과 작센의
법에서는 모든 살아있는 상속기대권자의 동의를 얻어야 했으며55), 바이에
른의 고시에 의하면 그밖에도 후견인과 世襲家産 대리인의 동의, 그리고
상급항소법원의 인가까지 필요하였다56).

세습가산채무를 수용할 수 있는 사유에 관해서도 차이가 있었다. 즉, 몇
몇 지방특별법은 보통법에 의해서 요구되는 세습가산의 유지의 목적을
초과하여 세습가산에 부담이 되는 소비대차의 수용을 허용했다. 브라운슈
비크(Braunschweig)법에서는 세습가산 목적물의 영속적인 개량을 위한 채
무의 수용도 허용했고, 바이에른의 고시에서는 세습가산의 이익(Nutzen)
을 위해서, 헤센법에서는 확실하게 家에 유용하고 이익을 위한 것으로 보
여지는 한 채무의 수용을 허용했다57).

이에 반해서 프로이센법은 재난, 불가항력 및 전쟁의 참화로 인해 세습
가산 목적물과 재산목록에 발생된 손해를 제거하기 위해서만 世襲家産債
務의 수용을 허용하였다. 이러한 채무는 세습가산의 수익에만 부담되었으
며 따라서 이것으로만 변제되었다. 이에 반해서 설정자 자신이 수용한 채
무나 특별한 경우에 황폐화된 세습가산의 회복을 위해서 수용한 채무만
이 세습가산 元物에 부담되었다58).

53) Lewis, RF(1868), 292 ff
54) Preuß. ALR. II, 4, §§ 53, 76, 80 ff., 104 ff.
55) Hess. Ges., §§ 19 f.; sächs. BGB, § 2533
56) Bayr. Ed., §§ 54~56.
57) Bayr. Ed., §§ 54 ff.; hess. Ges., § 20

몇몇의 지방특별법은 그밖에도 목적물의 일정 부분이 채무의 부담을 지지 않고 남아 있을 것을 요구하였다. 이렇게 채무의 부담을 지지 않아야 할 재산의 부분이 프로이센에서는 세습가산 설정에 필요한 법정최소기준의 절반에, 헤센과 바덴에서는 그 법정최소기준만큼에 달했다59). 거의 모든 지방특별법에서 점유자는 수익의 일부를 채무변제에 사용할 의무를 졌고, 몇 개의 지방특별법에서는 구속적인 변제계획의 수립과 유지를 규정했다60).

보통법 뿐만 아니라 몇몇의 지방특별법에 의해서도 세습가산 채무에 대해서 세습가산의 원물이 책임을 졌으므로 채권자가 만족을 얻지 못할 때에는 세습가산의 강제경매가 행해질 수도 있었다. 반면에 프로이센, 바이에른, 바덴의 법에서는 이러한 "원물채무(Substanzschulden)" 이외에 목적물의 수익으로써만 책임을 지는 그러한 세습가산채무도 규정했다61). 그러므로 이러한 채무를 원인으로 해서는 세습가산 목적물이 강제경매될 수는 없었고 기껏해야 강제관리될 수 있을 뿐이었다.

그러나 세습가산의 원물에 부담되는 채무에 관해서 몇몇 지방특별법은 강제경매의 가능성을 제한하였는데, 이에 따르면 과실의 경매62) 또는 법률로 규정된 최소한까지의 세습가산 목적물의 경매만이 허용되었다63).

6. 세습가산의 승계

세습가산의 승계는 본질적으로 재산전체에 대한 독일법적인 특별승계

58) Preuß. ALR. Ⅱ, 4, §§ 53, 80 f., 85~87, 101, 104.
59) Preuß. ALR. Ⅱ, 4, § 53; Bad. LR., LRS. 577 ci; hess. Ges., § 20.
60) Bayr. Ed., §§ 7, 69; hess. Ges., §21; preuß. ALR. Ⅱ, 4, §§ 96~103
61) Preuß. ALR. Ⅱ, 4, §§ 53, 76, 80 ff., 104 ff.; Bayr. Ed., §§ 39, 54~62; Bad. LR., LRS. 577 cp, cq, cr, cs.
62) Hannov. Ges., § 35.
63) Bad. LR., LRS. 577 cq.

로서 모든 개별사례에 있어서 설정자의 의사로부터 직접 발생하였다. 모든 개별 상속기대권자는 "父祖의 협약과 규정에 기한 계승(successio ex pacto et providentia maiorum)"이라는 레-엔법상의 원칙에 따라서 법상 당연히 설정자로부터 자신에게 직접 수여된, 선행 점유자들로부터 완전히 독립적인 권리의 힘에 의하여 승계하였다[64]. 이 원칙은 世襲家産法에서 레-엔법에서보다 훨씬 엄격하게 관철되어서 최종점유자의 자손(비속)은 레-엔 승계와는 대조적으로 자유재산의 상속은 거부하면서도 세습가산은 수용할 수 있다. 또한 상속기대권자의 권리는 결코 그의 先代의 행위에 의해서 상실되거나 先代의 무능력에 의해서 영향을 받을 수 없었다[65].

승계능력은 분명하지는 않지만 혼인과 혈통에 의해서 최초의 획득자로부터 연결된 혈통일 것, 남성이고 남계혈통에 속할 것을 전제로 하였다. 그러나 설정자가 임의로 다르게 규정할 수 있었다. 예를 들어, 종종 귀족, 동등한 가문 사이의 혼인으로부터 유래하는 혈통, 특정한 종교의 신봉 또는 시민적 명예의 완전한 보유 등이 요구되었다. 설정자는 남성 이외에 임의의 범위의 여성과 그 자손(비속)에게 동일한 승계권을 부여할 수 있었다. 이것은 종종 남계혈통이 소멸한 경우에 발생했고 그것도 그 가문의 이름과 紋章을 이어받는 것을 조건으로 하는 경우가 많았다[66].

지방특별법을 보면, 작센에서는 남성과 여성이 완전히 동등하였다[67]. 다른 법에서는 설정자에게 여성도 승계인으로 할 수 있도록 허용하였는데, 몇몇 법에서는 남계혈통이 소멸할 경우에 한해서 이차적으로 부여하는 것을 허용한 반면[68], 다른 법에서는 제한 없이 허용하였다. 후자의 경우, 설정자가 그러한 명시적 규정을 두지 않은 경우에 여성을 승계로부터 배제한 법도 있고[69] 세습가산이 여성계통을 따라서 계승되어가도록 한

---

64) Beseler, SGDP Ⅱ(1885), 821 f.; Lewis, RF(1868), 320 ff
65) Lewis, RF(1868), 320, 323 f.
66) Lewis, RF(1868), 348 ff.
67) Sächs. BGB, § 2527.
68) Bayr. Ed., §§ 87, 89 f.; Bad. LR., LRS. 577 ck.

법도 있었다70).

승계순위는 또한 설정자가 설정원인행위에서 규정한 내용에 따라서 정해졌다71). 거기에서 아무 것도 규정하지 않은 경우에는 최종점유자 시대의 통상의 법률상 상속규정이 적용되었다. 그것에 따라서 항상 최종점유자와 가장 가까운 친족관계에 있는 사람이 승계하였는데, 최종점유자와 동일한 친등관계의 사람이 여럿이 있을 경우에는 동시에 여러 사람이 승계할 수도 있었다72). 그러나 통상 설정자는 개별상속을 규정하였다. 그는 이에 관하여 보통법에 따라서 임의로 규정할 수 있었다. 세습가산에 관해서는 長子相續制(Primogenitur)가 원칙이었다. 그것에 따를 경우, 近祖血族優先主義(Parentelenordnung) 원칙에 따라서 가까운 뿌리(선조 Stamm)의 혈족이 먼 뿌리의 혈족에 우선하였고, 同祖血族 內에서는 年長者의 계통이 年少者의 계통에 우선하였다. 무제한의 代襲相續權을 가진 長子(Erstgeburt)의 권리가 인정됨으로써 장남의 아들과 손자가 최종점유자의 차남을 배제하였다. 狹義의 長子相續制(Majorat), 즉 年長者相續制에서는 대습상속권이 의미가 없었다. 여기에서는 친등관계(Grad)에 따라서 최종점유자와 가장 가까운 친등관계에 있는 친족이 승계하였고, 이 경우 친등관계가 동일한 친족이 복수일 경우에는 연장자가 우선하였다. 最年長者相續制(Seniorat)에 의하면, 계통이나 친등관계에 관한 고려 없이 항상 혈족 중에서 최연장자가 상속하였다73).

소수의 지방특별법만이 세습가산에 있어서 복수의 상속인에 의한 동시승계를 허용하였다74). 대부분은 개별상속만을 허용하였다. 몇몇 법률은 설정자에게 임의로 개별상속규정을 선택하도록 위임하였다75). 다만, 그 중에서

69) Preuß. ALR. Ⅱ, 4, § 189; hess. Ges., § 26.
70) Braunschw. Ges. v. 1837, § 23 u. Ges. v. 1858, § 6.
71) Lewis, RF(1868), 353 ff
72) Lewis, RF(1868), 356 ff
73) Eckert, KFD(1992), 106
74) Bad. LR., LRS., 577 cl; sächs. BGB, § 2527.

프로이센법은 농지에 대해서 최연장자상속제(Seniorat)를 채용하는 것을 금
지하였다[76]. 농지의 소유자가 빈번하게 교체되는 것은 경제적으로 바람직
하지 않기 때문이었다고 한다[77]. 다른 법률은 장자상속권(Erstgeburtsrecht)
을 요구하거나 장래에는 장자상속제(Primogenitur)만을 설정하도록 허용
하였다[78]. 모계혈족(Kognaten)이 2차적인 상속권을 가질 경우 그들 사이
의 상속순위규정은 확실하지는 않지만 남계친족에 대해서 적용되었던 것
과 동일한 원칙에 따랐다. 그러나 지방특별법이 그 점에 관해서 다른 규
정을 두기도 하였다[79].

하나의 家에 복수의 세습가산이 있어서 그중 하나가 主된 세습가산으
로서 효력을 가졌고 , 다른 것들은 차남소유권(Sekundogenitur), 3남소유권
등등으로 그 밖의 傍系(Nebenlinien)에 할당되는 경우가 종종 있었다. 그
렇게 가족세습재산을 부여받은 한 계통이 사멸하게 될 경우에는 그 세습
가산은 다음 계통에게 할당되었다. 모든 傍系가 사멸한 경우에 비로소 그
세습가산은 本系(Hauptlinien)로 복귀하였다. 그러나 그 경우에도 그 세습
가산은 다시 복수의 계통이 생길 때까지만 한 사람의 수중에 통합되어 있
을 뿐이었다. 이것은 후손들을 부양하기 위한 차남소유권, 3남소유권 등
의 목적으로 볼 때 자명한 것이었다[80]. 만약 한 傍系가 연장자 계통의 사
멸로 인해서 주된 세습가산을 차지하게 될 때에는 그 傍系는 자신의 세습
가산은 다음 계통에게 물려주어야 했다. 지방특별법상으로 그러한 차남소
유권 및 3남소유권과 관련하여 각 계통이 법률상 규정된 최소한의 재산을
점유하고 있을 것이 전제되어 있었다[81].

---

75) Sächs. BGB, § 2527.; preuß. ALR. Ⅱ, 4, § 142.
76) Preuß. ALR. Ⅱ, 4, § 140.
77) 山田晟, ドイツ法律用語辭典
78) Bayr. Ed., § 87; hannov. Ges., § 31.
79) Preuß. ALR. Ⅱ, 4, §§ 189~202..
80) Lewis, RF(1868), 384 ff.
81) Preuß. ALR. Ⅱ, 4, §§ 143 f.; braunschw. Ges., v. 1837, § 23.

보통법상으로는 세습가산 승계에 관한 설정자의 규정은 변경이 불가능
하였던 반면, 지방특별법상으로는 그것들이 변경될 수 있었다. 이 경우 세
습가산 설정의 변경을 위해서는 세습가산제의 종료를 위해 필요한 것과
비슷한 요건이 필요했다. 프로이센법은 가족의 결의(Familienschluss)을 요
구했고, 브라운슈비크(Braunschweig)법에서는 모든 살아있는 가족구성원
의 일치된 결의와 지방영주의 인가를 필요로 했다[82].

IV. 세습가산의 소멸

보통법에 따르면, 세습가산은 설정자의 철회, 세습가산 목적물의 소멸
또는 세습가산 주체의 절멸, 즉 권리가 있는 가족의 사멸에 의해서만 소
멸될 수 있었다[83]. 설정자의 철회는 설정으로부터 제3자가 아직 어떠한
권리도 획득하지 않은 경우에만 허용되었다. 권리를 가진 가족이 모두 사
멸한 경우에는 우선 설정자의 잠정적 처분이 세습가산의 향후의 운명을
결정했다. 설정자는 남계친족(Mannesstamm)의 사멸에 의해서 세습가산이
소멸하게 될 경우에 특별히 특정한 모계친족의(kognatische) 상속을 규정
할 수 있었다. 그러한 규정이 없을 경우에는 세습가산 목적물의 구속성은
정지하였고 이것은 최종 세습가산 점유자의 상속인의 자유로운 소유권이
되었으며, 이 상속인이 이것을 자유롭게 살아있는 자간에 처분하거나 또
는 死因處分을 할 수 있었다[84].

관계자들의 의사표시에 의해서 세습가산을 폐지하는 것은 보통법상으
로는 허용되지 않았다[85]. 상속기대권자의 세습가산 상속의 포기는 포기자

---

82) Preuß. Ges. v. 1840, § 1; braunschw. Ges., v. 1837, § 24 u. Ges. v. 1858, § 8.
83) G. v. Beseler, SGDP Ⅲ(1855), 825; W. Lewis, RF(1868), 430 ff
84) J. Eckert, KFD(1992), 107~108.
85) G. v. Beseler, SGDP Ⅲ(1855), 823 f.; W. Lewis, RF(1868), 454 ff.

자신만을 구속했으며 그의 자손(비속)과 그밖의 후손들에게 영향을 미치지 못했다[86]. 그러나 대부분의 지방특별법에 의해서는 다른 방법에 의한 세습가산의 폐지가 가능했다. 일부에서는 권리 있는 모든 상속기대권자들의 일치된 의사표시에 의한 폐지를 허용했다[87]. 바이에른 법에 의하면 그 경우에 세습가산 대리인과 비속들(Nachkommenschaft)이 참여해야 했다[88]. 일부에서는 그밖에도 법원의 승인이나[89] 지방영주의 인가가 요구되었다[90]. 몇몇 지방특별법에서는 추가로 내용상의 요건을 정하기도 했다. 바이에른 법에 의하면 세습가산의 폐지를 통해서 "현저하고 지속적인 이익"이 家에게 귀속하거나 폐지가 "어떤 家에 있어서 필수적이게" 하는 "그러한 절박한 상황"이 발생했을 때에만 세습가산의 폐지가 허용되었다[91]. 지방특별법에서는 세습가산의 재산가치가 설정에 필요한 법정 최소한 이하로 감소한 경우[92]와 세습가산의 강제매각[93]도 소멸사유로 규정되어 있었다.

　마지막으로 개별 세습가산뿐만 아니라 법제도 전체가 법률에 의해서 폐지될 수 있다는 데에 의견이 일치되었다[94].

---

86) W. Lewis, RF(1868), 454 f.
87) Preuß. Ed. v. 1807, § 9 u. Ges. v. 1840, § 1; sächs. BGB, §§ 2538 f.; Bad. LR., LRS. 577 cs.
88) Bayr. Ed., §§ 93, 97.
89) Bayr. Ed., § 97; sächs. BGB, § 2541.
90) Bad. LR., LRS. 577 cs.
91) Bayr. Ed., § 97
92) Bayr. Ed., §§ 93 Nr. 3, 95 f.; braunschw. Ges. v. 1858 § 8.
93) Braunschw. Ges. v. 1837 § 25 u. Ges. v. 1858, § 8 Nr. 3.
94) Lewis, RF(1868), 460 ff.

제3절 소결

이상에서 살펴본 바와 같이 근세 독일의 세습가산제는 재산에 대한 구속이 설정자의 私的 의사표시에 의해서 이루어졌다는 점에서 유사한 다른 구속적 재산제도와 차이가 있었다.

세습가산의 법률관계의 본질적 특성은 그것의 양도가 불가능하다는 점에 있다. 이러한 특성은 세습가산 보유자의 법적 지위, 상속기대권자의 법적 지위와 권능, 특히 세습가산이 설정자의 의사에 반하여 양도되었을 경우의 효과에 뚜렷하게 반영되어 나타난다.

근세 독일법상의 세습가산제에서 세습가산 보유자의 지위는 보통법에 따르면 세습가산의 진정한 소유자로서, 다만 상속기대권자의 물적 권리 등에 의한 구속을 받을 뿐이었다. 그러나 바덴민법전과 작센민법전을 제외한 대부분의 지방특별법은 세습가산 보유자에게 진정한 소유자로서의 지위를 인정하지 않았다. 바이에른을 비롯한 몇몇 특별법은 세습가산보유자와 기대권자 사이의 분할 소유권을 인정하였고 프로이센 일반란트법은 세습가산보유자는 이용소유권자에 불과하고 상급소유권은 家자체에 부여했다. 보통법에 의하든, 지방특별법에 의하든 세습가산보유자에게는 세습가산에 대한 점유권과 관리권, 과실수취권은 인정되었다.

상속기대권자는 보통법상으로나 지방특별법상으로나 세습가산을 계승할 수 있는 물적 기대권을 가졌으며, 일정한 감독권과 동참권 또는 개입권을 가졌으며, 경우에 따라서는 부양청구권과 같은 특별용익권도 가졌다.

근세독일법상의 세습가산의 양도금지는 매우 엄격하였으며, 허용되지 않은 양도행위는 무효로서 상속기대권자는 취소소송을 통해 무든 제3자에 대하여 매매대금의 보상 없이 반환할 것을 요구할 수 있었다. 다만 이 권리는 실제로 세습가산을 승계 받은 시점에 비로소 행사할 수 있었다.

다만 대부분의 지방특별법은 살아 있는 상속기대권자의 동의를 얻은 경우에는 세습가산의 양도를 허용했다.

제6장
독일에서의 世襲家産制의 폐지

근세 독일법에서 형성된 세습가산제에 대해서는 프랑스, 스페인 등 유럽의 다른 나라에서와 마찬가지로[1] 독일에서도 이미 18세기부터 비판이 제기되기 시작하였다. 18세기 독일에서의 세습가산제에 대한 비판은 종종 레엔에 대한 비판과 혼재되어 있는 경우가 많았다. 비판자들은 자유주의적 소유권 관념의 시각에서 양 제도가 갖는 봉건성, 전근대성을 지적했으며, 구속적인 보유로부터 발생하는 경제적인 폐해도 비판했다. 세습가산제를 비판한 이 시기 독일의 대표적인 법학자로서는 푸펜도르프(Samuel Pufendorf, 1632~1694), 클라프로트(Justus Claproth, 1728~1805), 하이니츠(Friedrich Anton v. Heynitz, 1725~1802), 쉴레트바인(Johann August Schlettwein, 1731~1802) 등을 들 수 있다[2].

1789년 프랑스혁명이 발발하고 그 결과로 세습가산제, 즉 substitution을 폐지하는 규정이 1804년 제정된 프랑스민법전에 규정되자, 이후 19세기 전반기의 독일에서의 세습가산제에 대한 논의와 입법은 프랑스 혁명, 특히 프랑스민법전의 영향을 강하게 받게 된다[3]. 그러나 19세기 독일에서 세습가산제의 개혁을 위한 움직임은 이를 추진할 자유개혁 및 사회민주 세력의 결집이 효과적으로 이루어지지 못하여 실질적 성과를 보지 못하였다. 세습가산제의 개혁은 20세기 바이마르공화국에 들어가서야 첫 결실을 보게 되고, 실제로 세습가산제의 청산은 나치시대에 와서 확실하게 법적 매듭을 짓게 되지만 세계대전의 발발로 미처 다하지 못한 후속 청산작업은 전후까지도 이어졌다.

---

1) 독일 이외에서 세습가산제를 비판한 대표적 학자인 프랑스의 몽테스키외는 『법의 정신』V.9에서 "세습가산제는 상업에 짐이 된다(Les substitution gênent le commerce.)" 라고 하였다.
2) 이들의 비판의 내용에 대해서는 Eckert, KFD(1992), 156~159 참조.
3) Eckert, KFD(1992), 233; Beckert, UV(2004), 163

제1절 프랑스 혁명과 프랑스 민법전

프랑스 혁명은 그때까지 프랑스에 존재하던 소유권에 대한 구속을 폐지하였다. 앙샹레짐에서의 귀족재산의 집중과 토지분배의 불균등이 본질적으로 substitution 제도에 기초하고 있었는데, 이 제도에 의해서 토지보유가 분할되지 않은 채로 한 세대에서 다음 세대로 이전될 수 있었던 것이다. 혁명 발발 후 3년 후인 1792년 11월의 법률에 의해서 substitution이 폐지되었고 이 규정은 1804년의 프랑스민법전에도 받아들여졌다.

I. 1792년 11월 14일의 법률

이 법률에 의하여 모든 substitution은 즉시 폐지되고, substitution이 설정된 목적물은 법률 시행일(1792.11.14) 당시 그것을 점유하고 있는 자의 소유물이 되었다.

II. 프랑스 민법전

1804년 3월 20일 시행된 프랑스민법전은 제896조에서 substitution을 금지하였다[1]. 금지원칙에 대한 예외로서 동법 제897조[2]와 1048조[3]·1049

---

1) 제896조 수증자·지정상속인 또는 수유자의 대체에 관한 약정은 무효이다.// 수증자·지정상속인 또는 수유자로 하여금 증여재산 또는 상속재산을 보존 및 제3자에게 이전하도록 하는 처분은 그것이 수증자·지정상속인 또는 수유자에 대한 관계에서도 이를 무효로 한다.

조4)는 子가 先位相續人인 경우 손자를 위한 부모의 신탁수증자 대체를, 또한 子가 없어 조카와 질녀의 부모를 선순위자로 지정한 경우, 그 조카와 질녀를 위한 신탁수증자 대체를 허용했다. 입법자는 이 예외규정을 통해 피상속인이 자신의 손자나 조카와 질녀를 그들의 부모가 목적물을 탕진하기 전에 보호함으로써 그들에게 경제적 존립기반을 보장할 수 있도록 허용하고자 하였다5).

---

2) 제897조 본편 제6장에서 부모 및 형제자매에게 유증재산을 제3자에게 처분하는 것을 허용하는 규정은 제896조에 대한 예외로 한다.

3) 제1048조 부모는 자신이 처분할 수 있는 재산의 전부 또는 일부를 생전행위 또는 유언에 의하여 1인 또는 수인의 자녀에게 주면서, 물건을 받은 사람으로 하여금 이미 출생하였거나 앞으로 출생할 그의 1촌의 자녀에 한하여 이를 이전해 주어야 할 부담을 지울 수 있다.

4) 제1049조 사망자가 생전행위 또는 유언에 의하여 상속재산 중 법률의 규정에 의하여 유류분으로 되지 않은 재산의 전부 또는 일부를 그의 형제자매의 1인 또는 수인의 이익을 위하여 주면서, 물건을 받은 사람으로 하여금 이미 출생하였거나 앞으로 출생할 그의 1촌의 자녀에 한하여 이를 이전해 주어야 할 부담을 지우는 처분은 사망자가 자녀없이 사망한 경우에는 유효하다.

5) Eckert., KFD(1992), 203~4; Beckert. UV(2004), 148~9

제2절 프랑스혁명과 프랑스민법의 영향

19세기 초반 독일에서의 세습가산제에 관한 논의에 프랑스혁명이 미친 영향은 세 가지 범주로 나누어서 생각할 수 있다.

첫째로, 프랑스혁명은 소유권의 구속에 관한 독일 법률가들의 논의에 영향을 미쳤다. 즉, 독일 법률가들은 프랑스의 법발전 상황을 주시하면서, 특히 프랑스민법전을 비롯한 프랑스법을 독일 영방국가에 도입하는 것이 가능할지를 신중하게 검토하였다. 보수적 법률가들은 양국간의 상이한 사회 및 정치 상황을 지적하면서 프랑스민법전과 그 안에 규정된 상속법 관련 규정의 도입에 부정적이었다(예 : 후의 프로이센의 법무장관 Kamptz). 반면 세습가산제 반대론자들은 프랑스민법전의 수용을 통해 소유권에 대한 구속을 해제할 수 있을 것으로 기대했다. 이러한 주장은 주로 세습가산제가 거래와 산업발전에 미치는 부정적 효과를 주장하는 경제적 자유주의에 입각한 논거와 소유권의 자유에 근거하여 제기되었다[1].

둘째, 프랑스혁명은 소유권의 구속에 관한 독일의 知的 논의에 영향을 미쳤을 뿐만 아니라 19세기 초기에 직접적으로 실질적인 법적 영향력을 행사하게 되었다. 프랑스가 점령한 라인강 서안 지역에는 프랑스민법전이 현행법으로 적용되었다. 따라서 이 지역에서는 프랑스의 1792년 법률에 따라서 세습가산제가 폐지되었다. 프랑스와 동맹을 맺은 라인연방국가들에서는 프랑스법이 일괄적으로 적용되지는 않았지만, 대부분의 영방에서 프랑스법의 수용문제를 집중적으로 논의하였다[2]. 바덴, 베스트팔렌, 베르

---

1) 상세한 내용은 Eckert, KFD(1992), 246~256 참조.
2) Fehrenbach, (1974), 13

크, 프랑크푸르트, 리페 등에서는 1806년 이후에 실제로 프랑스민법전을 모범으로한 私法을 도입하였다.

그러나 라인연방에서의 법개혁은 기존의 독일의 구속적인 소유권의 개혁에 관한 한 별다른 의미를 지니지 못했다. 프랑스법이 독일 영방국가들에 적용되면서 대부분 귀족들의 특권은 건드리지 않는 내용으로 변형되었던 점이 하나의 이유였다. 다른 한편으로는 나폴레온(Napoleon)이 1806년 이후 라인연방국가들에서도 귀족의 도움으로 자신의 지배를 유지하려고 하였기 때문이었다. 프랑스에서와는 다르게 라인연방에서는 귀족 지도층의 교체가 시도된 적이 없었다. 따라서 세습가산제에 관한 영방국가 내부의 개혁론자들이 의지할 수 있는, 외부로부터의 실질적 압력이 없었다. 오히려 반대로, 나폴레온은 자신의 長子相續制(Majorat) 정책을 통해서 라인연방국가의 귀족들을 지원했다. 또한 독일에서는 프랑스와는 다르게 시민계급이 매우 취약했을 뿐만 아니라 토지보유에 대해서는 관심이 거의 없어서 지배 귀족엘리트층을 대체할 수가 없었다[3]). 따라서 라인연방국가에서는 기존의 세습가산제가 해체되지 않았고 단지 몇몇 나라들에서 마요라트의 법형식으로 변형되었을 뿐이었다. 여기에는 베스트팔렌, 베르크, 아렌베르크, 뷔르템베르크, 바이에른, 프랑크푸르트 등이 속했다. 그러나 이러한 국가들에서도 해방전쟁 이후 비인체제(복고단계)하에서 옛 형태의 세습가산제법이 다시 부활되었다[4]).

셋째로, 정치적으로 독립되어 있던 프로이센도 프랑스혁명의 영향을 받았다. 먼저 프로이센도 프랑스의 발전으로부터 현저한 지적 영향을 받았다. 프랑스 혁명은 시민의 자유와 평등의 이념을 프로이센에도 확산시켰고 절대주의 체제의 정당성을 훼손하는데에도 기여하였다. 또한 나폴레온에 대한 패전의 영향으로 심각한 경제적 위기를 맞게되고 이를 극복하기 위한 정치 경제적 조치가 요구되었다. 이러한 개혁 추진의 요구에 따라

---

3) Fehrenbach, (1974), 147
4) Eckert, KFD(1992), 385~416

1807년부터 쉬타인, 하르덴베르크의 주도하에 일련의 개혁입법이 제정되었고 이 일환으로 세습가산제(Fideikommiss)법도 개혁되었다. 이 일련의 개혁은 그 사상적 배경에 프랑스혁명의 이념뿐만 아니라 아담 스미스(Adam Smith)의 자유주의적 사회상이 자리하고 있어서[5] 구속적 소유권의 경제거래에로의 편입 강화와 신분 구분의 완화를 추구하였다.

1807년 10월 9일자 칙령(Edikt)에 의해서 시민 소유권자도 세습가산제 설정이 가능하게 되었고 세습가산제의 경제거래에의 편입이 강화되었는데, 구속적 토지점유의 상속가능한 임대(Erbverpachtung) 허용(§5), 세습가산에 관한 채무부담 절차의 간소화(§8)[6], 가족의 의결에 의한 세습가산제의 해제 또는 변경의 허용(§9) 등이 규정되었다. 이는 구속적 소유권의 유동화를 위한 의도적인 개혁조치였으나 세습가산제의 폐지에는 훨씬 미치지 못하는 것이었다. 국가의 관료들이 상속가능한 가족지배의 제도적 기초를 만드는데 큰 역할을 하였다. 10월 칙령에 의한 개혁의 특징은 권리의 평등을 증진하기 위해서 세습가산제를 폐지하는 대신 시민들에게도 세습가산의 설정을 허용하는 방책이 강구되었다는 점이었다.

개혁의 성격이 온건하였음에도 불구하고 프로이센에서는 토지의 유동화에 반대하는 정치적 저항이 격렬하게 일어났다. 개혁이 귀족의 경제적 기초를 위협하는 것으로 간주되었다. 당대의 지적 논의에 있어서도 이러한 구속적 토지점유의 경제거래에의 편입에 반대하는 주장에 호응하는 흐름이 있었다. 또한 귀족의 토지점유자들만이 개혁에 반대한 것이 아니고 정치적 낭만주의자들도 세습가산제도의 편을 들었다. 예를 들어, 지도적인 카톨릭 국가학자였던 뮐러(Adam Heinrich Müller)는 世襲家産制를

---

5) 1794년 Adam Smith의 "국부론(Wealth of Nations)"의 독일어 번역본 초판이 출간되었고, Königsberg의 교수였던 Christian Jakob Kraus가 Adam Smith의 사상을 프로이센에 알맞게 적용할 것을 주창하였다. 그는 개인의 자유의 증진과 국가와 경제의 완전한 분리를 새로운 이념으로 제시하였고 농정에 있어서 모든 고래의 중세적 구속을 철폐할 것과 토지의 자유로운 매매를 주장하였다(Eckert, KFD, 366).

6) ALR. Ⅱ. 4, §86 참조.

시민적 개인주의로부터 家를 보호하는 수단이라고 옹호하였다[7]. 그의 옹호론은 물론, 세습가산제법에 대한 과감한 개혁 또는 완전한 폐지를 촉구하는 자유주의적 시민의 목소리와 함께 병존하는, 단지 하나의 입장에 불과했지만, 그의 설명에는 상속법에 관한 논쟁에 있어서 20세기에 들어와서까지도 유력하게 존속했던, 자유경제적 소유권 관념에 대한 회의적 시각이 나타나 있다. 후에 의회의 논쟁에서 카톨릭중심당은 세습가산제를, 귀족의 특권에 대한 지지의 표현으로서가 아니라 가족을 강화하기 위한 것으로서 옹호했다.

세습가산제법의 자유주의적 개혁에 대한 해당 토지소유자의 저항뿐만 아니라 지적 논의에 있어서의 정치적 반대로 인해 더 이상의 법적 개혁은 진전되지 않았다. 구속적 재산을 매각을 통해 화폐세습가산(Geldfideikommiss)으로 전환하는 방안 등 몇 가지의 추가적 개선조치가 고려되었으나 쉬타인 자신도 세습가산제도를 유지하려고 하였다. 그는 대토지점유에 기초한 부유한 귀족이 국가에 필수적이라는 신념에 입각하여 귀족에게 토지를 보장하는 것이 국가에 이익이 된다고 결론지었다[8].

이러한 정치적 조건하에서 상술한 변동 이상의 개혁은 이루어지지 못했고, 1841년까지 의결된 법률들 역시 세습가산보유자의 처분권을 약간 신장시킨 것에 불과하였다[9].

---

7) Müller는 1808~1809년간 겨울에 행해진 "정치의 요소"라는 제하의 강좌에서 귀족적 토지소유제도가 가장 순수한 형태의 소유권으로서, 개인이 아니고 눈에 보이지 않는 가족공동체에 속하며, 보유자에게는 동시에 소유권을 공유하지만, 현존하지 않는 후손과 선대가 대표되어 있다고 주장하였다. Bayer, SF(1999), 235ff.

8) Beckert, UV(2004), 166; Eckert, KFD(1992), 377~8. Eckert는 Stein자신의 가족보유가 1774년에 설정되어 내려온 Fideikommiss였다는 점을 주목할 필요가 있다고 한다.

9) Beckert, UV(2004), 166; "Familienfideikommiss, 가족재단, 그리고 레-엔에서의 가족의결에 관한 법률(1840.2.15)"과 "개별필지의 토지교환의 간소화에 관한 법률(1841.4.13)"을 말하며, 상세한 내용은 Eckert, KFD(1992), 416~421 참조.

제3절 1848년 혁명과 세습가산제법의 변동

1848년은 독일에서의 소유권 제한을 둘러싼 공방에 있어서 매우 중요한 해였다. 전술하였듯이 프랑스혁명과 프랑스민법은 독일의 여러 영방국가들에게 직접 또는 간접적으로 영향을 미쳤으며, 특히 시민들의 정치적 의식의 성숙에 기여하였다. 이러한 시민적 자유주의는 1848년 3월 혁명을 계기로 폭발적으로 표출되었다[1]. 혁명의 결과로 1848년 5월18일에 프랑크푸르트의 바울교회에서 개회된 프랑크푸르트 국민의회는 두 가지 목적을 가지고 있었는데, 하나는 독일국민국가의 건설이요, 다른 하나는 이 국가를 위한 합헌적 질서의 창출이었다[2]. 적어도 자유주의파와 좌파에게는 절대주의적 구조와의 결별, 그리고 법률 앞의 평등과 개인적 자유의 보장이라는 기초위에서 국가와 사회에 관한 자유로운 신질서의 창출이 당면한 과제였다[3]. 세습가산제는 1848년 혁명이 반대하였던 절대주의적 신분국가를 소유권법적으로 상징하는 것이었다.

프랑크푸르트 국민의회에서 세습가산제 문제는 먼저 헌법위원회와 국민경제위원회에서 토론되었고 전체회의에서 1848년 10월과 12월 두차례에 걸쳐 토의를 위한 讀會가 개최되었다. 위원회에서는 세습가산제에 관한 헌법안에 관하여 합의에 이르지 못했다. 보수적 의원들은 그 법제도를 유지하려고 한 반면, 중도 정당들은 독일의 소유권 구속을 어떤 범위에서 어느 정도의 속도로 폐지할 것인가에 관해서 의견이 분열되었다. 의원들은 결국 세습가산제의 신규 설정과 연장을 포함하는 완전한 유언의 자유

---

1) 같은 해 프랑스의 2월 혁명에 영향을 받아 촉발되었다.
2) Eckert, KFD(1992), 448; 이민호, 새독일사(2003), 147; 메리 풀브룩 지음, 김학이 역, 분열과 통일의 독일사(2003), 178~180.
3) Beckert, UV(2004), 167

를 허용하는 안에서부터 모든 세습가산제의 즉시 폐지를 통한, 상속분할에서의 완전한 평등을 확립하는 안에 이르는 몇 개의 법안4)을 심의했다.

법안에 대한 토론에서는 대부분이 소유권에 대한 구속의 금지를 지지하였고 단지 소수만이 세습가산제의 무제한적 유지를 주장하였다. 의원들의 신분에 따라서 주장들을 나누어 보면 귀족신분의 의원 중 57.5%의 다수가 세습가산제의 유지를 주장한 반면 시민계급 의원의 압도적 다수(84.4%)는 폐지를 주장하였다5).

프랑크푸르트 국민의회는 1848년 12월 20일 의결한 제국헌법 기본권편의 제36조에서 세습가산제의 폐지를 규정하였다. 그러나 구체적인 이행을 위한 규정은 개별국가에게 위임되었고 제후가를 위한 특별규정의 도입이 가능했다6). 따라서 국민의회의 의결은 매우 보수적이었다고 평가할 수밖에 없으며, 입헌군주제의 유지라는 목표와 부합하는 것이었다7).

타협의 결과 의결된 프랑크푸르트 국민의회의 헌법은 프로이센을 포함한 거대한 개별국가들의 거부로 독일에서 전혀 법적 효력을 갖지 못하였다. 비록 1848년 혁명이 실패하였고 이와 함께 세습가산제의 폐지 또한 좌절되었지만, 프랑크푸르트 헌법은, 민주적 독일국가의 구조가 헌법제정을 위한 의회에서 토론되고 의결되었다는 점에서, 특히 소유권에 대한 세습가산적 구속의 폐지가 포함되었다는 점에서 매우 의미가 크다. 1848년에 이룩한 민주주의적 출발은 혁명에 뒤이은 復古期에 다시 멈추게 되지만 이 사건은 19세기 후반의 정치적 발전의 중심적 지향점이 되었다. 의회의 토론과정에서 제시되었던 세습가산제에 관한 찬반의 논리는 제국시대가 종료될 때까지 이에 관한 논의에서도 그대로 이어졌다.

---

4) 상세한 것은 Eckert, KFD(1992), 456.
5) Beckert, UV(2004), 167~168
6) "Familienfideikommiss는 폐지된다. 폐지의 방법과 조건은 개별 국가의 입법이 정한다. 통치 제후가의 Familienfideikommiss에 관해서는 영방법률의 규정에 유보된다."(Eckert, (1992), 479)
7) Beckert, op.cit., 172

1848년에는 3월 혁명에 대한 대응으로 몇몇 영방국가에서 입헌군주제 수립을 목표로 하여 헌법제정에 관한 논의가 있게 된다. 프로이센에서는 1850년 1월의 흠정헌법 제40조에서 새로운 세습가산제의 설정을 금지하였다. 기존의 세습가산제가 어떻게 제한 없는 소유권으로 전환되어야 하는가에 관해서는 법률로 정하는 것으로 하였다. 이 헌법은 헌법제정의회가 아니라 국왕 자신이 헌법을 발효시켰다는 점에 특징이 있었지만, 결국 진정한 개혁의 의도로 이루어진 것이 아니라 정치적 전술적 고려에 따른 것이었다[8]. 세습가산제 설정의 금지는 대공국 올덴부르크(1849.2.18), 리페 제후가(1849.9.4), 브라운슈비크 공국(1850.3.19) 등과 같은 개별국가의 헌법에서도 규정되었다[9]. 혁명기의 두드러진 주제는 구속된 소유권의 폐지였음을 알 수 있다.

그러나 이러한 움직임은 오래가지 못했다. 복고기에 접어들자 세습가산제의 폐지를 규정한 헌법조항은 시행을 위한 법률의 제정을 미루거나 헌법자체에서 해당조항을 다시 삭제함으로써 효력을 잃게 된다. 프로이센에서는 1852년 6월 세습가산제에 관한 제40조의 규정을 삭제하고 단지 레-엔의 설정만을 금지한 규정이 도입되는 헌법개정이 이루어졌다. 1850년 헌법 제65조가 프로이센 의회 상원의 일부는 "국왕의 명령에 의해서 장자 또는 직계가 상속할 수 있는 의회에서의 의석 및 발언권이 주어지는 가문의 가장으로 구성되어야 한다"고 규정하였는데, 이 규정이 보수적 세습가산제 옹호자들에게 중요한 논거를 제공했다[10].

---

8) Beckert, op. cit., 173
9) Eckert, KFD(1992), 498~501
10) Eckert, KFD(1992), 516

제4절 19세기 하반기 이후의
세습가산제법의 변동

I. 독일제국에서의 세습가산제의 확산

1850년이후 독일의 산업화과정에서 시장기능이 확대되고 경제적 구조의 근대화가 진전되었음에도 불구하고 낡은 제도로 인식되었을 세습가산제는 놀랍게도 전혀 줄어들지 않았다. 독일제국에서의 세습가산제의 확산 실태를 통계를 통해서 간략하게 개관해본다.

독일제국 전체에서 세습가산제가 설정된 林地는 1900년에 전체 임지 면적의 10.4%이고 1913년에는 11.8%로 증가하였다. 이에 비해 사적보유 임지는 1900년에 전체 임지면적의 36.1%이던 것이 1913년에는 33.7%로 감소하였다[1].

프로이센의 경우, 1918년 세습가산제 재산은 총 1348개, 2,531,000ha로서 프로이센 전체 면적의 약 14분의 1, 즉 7.3%에 해당하였는데, 이 중 Schlesien은 전체면적의 17.3%, Hohenzollern은 16.5%를 세습가산제가 차지하였다. 농지와 임지로 구분해보면, 프로이센 전체 농지의 5.1%, 그리고 전체 임지의 약 13.9%가 세습가산제가 설정되어 있었고, 전체 세습가산제 면적의 46.3%를 임지가 차지하였다. 프로이센에서 세습가산제 설정 면적은 특히 19세기 중엽 이후 꾸준히 증가하여 1850년 516개(전체 면적의 3.6%)이던 것이 1900년에는 1083개(6.3%)로 증가하였는데, 1851년부터 1890년에 이르기까지 많은 수의 레-엔이(159개) 세습가산제로 전환되었다[2].

---

1) Eckert, KFD(1992), 111
2) Eckert, KFD(1992), 112~113

프로이센의 세습가산 보유자들을 구분해보면, 1912년 면적기준으로 왕가
(Regierender Häuser)와 독일제국귀족(Standesherrn), 그리고 그밖의 諸侯家
가 전체(2,449,000ha)의 32.5%를, Graf 귀족이 33.7%, 기타 귀족이 31.6%,
시민이 2.2%를 보유한 것으로 나타났다[3]. 시민의 경우 보유자수로 보면
전체 1160 명중 약12%인 136명이었지만 면적으로는 2.2%에 불과하여 이
제도가 형식상으로는 시민에게도 허용되었지만 여전히 귀족 중심으로 이
용된 소유형태임을 알 수 있다[4].

그밖의 주요한 영방국가들을 살펴보면, Bayern은 1909년에 총 202개,
238,559ha(전체면적의 3.1%)가, Würtemberg는 1919년에 141개, 127,954ha
(전체면적의 6.56%)가, Mecklenburg-Schwerin은 1910년에 전체면적의 약
11%가 세습가산이 설정되어 있었다[5].

세습가산제의 이러한 발전이 특히 1871년 이후의 급속한 산업화와 더
불어서, 그것도 자본의 유동화와 개인적 경제생활의 진전과 동시에 이루
어졌음을 생각해보면 소유형태와 경제적 발전 사이에 잠재적 모순 내지
遊離가 존재하였고 이로부터 정치적 갈등관계에서의 긴장이 고조될 가능
성이 있었음을 알 수 있다. 사실은 이러한 양자의 발전은 서로 밀접한 관
련이 있었던 것으로 볼 수 있다. 즉, 세습가산제의 설정은 토지소유귀족들
이 재산을 장기적 안정적으로 보유하기 위해 행한 시도로서, 산업자본과
상업자본이 경제적 기반을 획득한 상황에서 귀족들이 자신들의 재산상
지위를 확보하기 위한 근거로 이용되었다. 새로 설정된 세습가산제는 시
장의 불확실성과 경제발전에 따라 야기된 개인주의화에 대한 귀족들의
대응이었다[6]. 귀족들의 대토지보유가 궁지에 몰리면 몰릴수록 그들은 자

3) Eckert, KFD(1992), 116~118
4) Beckert, UV(2004), 174
5) Eckert, KFD(1992), 118~122
6) 이러한 점에서 16~7세기의 Fideikommiss의 초기적 확산과 19세기 후반의 확산 사이
   에는 유사점이 존재한다고 한다. 즉, 전자가 정치적 불확실성에 대한 보호수단이었다
   면 후자는 시장의 불확실성에 대한 보호수단이었다. Beckert, UV(2004), 363 n. 28

신들의 소유에 대한 보다 확실한 정치적 보장을 추구했다. 결과적으로 귀
족들은 방어를 위한 투쟁을 하게 되고 이 과정에서 경제적 현실과 법적
현실의 간극은 점점 더 벌어져서 종국에는 정치적 갈등이 첨예화되는 결
과가 초래될 수 밖에 없었다[7].

II. 세습가산제에 관한 사회적 정치적 공방

세습가산제는 1848년 이후부터 바이마르 헌법에 의해 폐지될 때까지
상속법 개혁에 있어서 중심적인 주제였다. 그러나 1848년까지 제시되었던
주장 이외에 새롭게 추가된 논리는 거의 없었다.

법철학적 논의에 있어서는 1848년 이후에도 소유권에 대한 구속을 가
족과 관련하여 정당화하는 주장이 지속되었다. 예를 들어, Carl Friedrich
von Gerber(1823-91)는 「독일 세습가산제논고(1857)」[8]에서 세습가산제가
단지 귀족의 권력유지를 위한 수단이라는 주장을 반박하였다. 그는 시민
적 개인주의 원리와 家의 연속성의 관념을 결합하여 이 제도를 정당화하
였다. Gerber에 따르면, "재산을 획득한 사람"에게 있어서는 "그 재산의
모든 부분에 성실한 노동과 많은 기여를 한 활동의 흔적이 부착되어" 있
으므로 그는 "이 재산을 자신의 인격의 진정한 표현"[9]으로 인식한다. 따
라서 그는 "그것(재산)이 다음 다음의 세대에 흩어져 사라지지 않고, 또
얼마 지나지 않아서 재산의 각 부분이 그것의 유래에 대한 기억 없이 점
유되어지지 않기를"[10] 바라며, 이러한 바람을 세습가산제의 설정을 통해
서 실현한다. 그것을 통해서 설정자는 "자신의 음성이 수백년 후에도 원

---

7) Beckert, UV(2004), 175
8) Gerber, (1857), 53~100
9) Gerber, (1857), 54
10) Gerber, (1857), 54

래대로 들려지기를"[11] 바란다. 이러한 점에서 세습가산제는 "私法的 자유의 요구"로 나타난다고 한다. 동시에 Gerber는 세습가산제에는 "설정자의 인격적 특징을 지니고 있듯이 계승보유자가 이어서 행한 개인적 활동의 표징도 지니는 제도, 그리고 원래부터 家의 역사의 토대로서 의도되었고 또 가문의 과거와 미래의 관계를 예측가능한 방법으로 전달해야하는 제도로서의 보다 심오한 이념이 포함되어 있다"[12]고 보았다. 이러한 여러 세대간의 결합을 통해서 家는 "도덕적으로 고양된 인격"[13]을 획득하게 되고 이것이 비로소 세습가산제를 정당화한다. 가족질서의 역할을 강조한 점에서 전술한 Adam Heinrich Müller의 주장과 가까움을 알 수 있다[14].

프랑크푸르트 국민의회 이후에 세습가산제를 반대하는 자유주의적 주장이 Lorenz von Stein(1815~1890)에 의해서 다시 한번 제기되었다. 그는 세습가산제가 경제적 불이익을 초래하고 노동만이 소유권의 기초가 될 수 있다는 원리에 반한다고 보았다. 뿐만 아니라 그것은 귀족지배의 정치적 구조를 표현한 것으로서 그러한 지배구조에서는 귀족의 사회적 우월적 지위가 소유권의 특권화를 통해서 유지된다고 한다[15]. 그러나 국가시민사회의 기본원리는 모든 구성원의 법적 평등이다[16]. 그것은 정치적 권리에 있어서의 평등 뿐만 아니라 사법에 있어서의 평등도 포함한다. 이러한 관점에서 보면 세습가산제는 국가시민사회와 모순된다[17]. 왜냐하면 그것은 "자신의 영역을 위해서 모든 시민사회를 배제하고, 또 … 모든 제3자, 심지어는 거래법상의 채권자조차 취득할 수 없는 보유를 창조하기" 때문이다[18]. 그러므로 정치적 질서가 국가시민사회로 변동되어감에 따라

---

11) Gerber, (1857), 54
12) Gerber, (1857), 58~59
13) Gerber, (1857), 56
14) Beckert, UV(2004), 176
15) Bayer, SF(1999), 337; Beckert, UV(2004), 176
16) Bayer, SF(1999), 338
17) Bayer, SF(1999), 339

점차적으로 세습가산제도 폐지된다[19].

1848년 이후의 세습가산제에 관한 논의에 있어서 특징적인 변화는 경제적 논거의 비중이 증대한 점이다[20]. 경제학자 August von Miaskowski, Adolf Wagner, Gustav Schmoller 등이 모두 세습가산제에 의해 초래되는 비생산적 토지이용, 토지점유의 양도불가능성이 지니는 비합리성, 재산의 집중과 국민 다수의 사적 토지이용으로부터의 배제 등을 이유로 세습가산제를 반대했다. Anton Menger는 특히 一子相續法은 귀족의 법을 하층 주민계층의 법률관계에 확장시키는 것이라고 비판하였다. 초기 논문에서 농업사회학에 관한 문제를 주로 다뤘던 Max Weber 역시 1904년 프로이센 당국이 세습가산제법의 개혁을 위한 법률초안을 공고한 것을 계기로 소유권의 제한을 비판하였다.

1848년의 프랑크푸르트 국민의회 이후 세습가산제를 둘러싼 정당정치에서의 공방에는 자유주의파와 보수파간의 분명한 戰線이 형성되어 있었다. 19세기 후반기에 들어와서 새롭게 사회민주적 입장이 추가됨으로써 상술한 갈등의 대치국면이 변화하였다. 공방에 있어서 그들의 입장을 단순히 자유주의파 진영으로 분류할 수 없었다. 예를 들어, 사회민주주의자였던 Kautsky는 자유주의자들과 함께 세습가산제를 봉건시대의 잔재로 보아 그 폐지를 주장했지만, 자유주의자들과는 달리 대규모보유농지를 자유소농민들의 私的 소유권으로 전환하는 것에는 반대했다. 그는 세습가산제를 "자본주의적 생산양식에 의한 농업이 도달할 수 있는 최고단계"[21]로 보았다. 자본의 축적이 가능했기 때문이다. 그럼에도 불구하고 세습가산제로 묶여있는 대토지보유는 경쟁의 결여로 인해 효율성이 떨어지는 경우가 종종 있었다. 사회민주주의자들은 대구획의 토지구조를 소농지보

---

18) Stein, (1870), 409.
19) Stein, (1870), 409; Beckert, UV(2004), 177.
20) Beckert, UV(2004), 177
21) Kautsky, (1899), 202

유에 비해 우월한 경영방법으로 보았다. 따라서 그들은 세습가산제에 의해 구속된 대토지보유를 그들이 추구하는 소유의 사회화로 가는 과도적 단계로 보았다[22].

III. 독일민법전과 세습가산제

독일민법전의 제정은 세습가산제 문제를 해결할 수 있는 법적, 정치적 場이 될 수 있었다. 그러나 독일민법전 제정위원회는 자신들의 민법전 초안이 정치적 갈등에 휘말리는 것을 가능한 한 피하려고 하였다. 만약 위원회가 세습가산제라는 소재를 실질적으로 다루려면 스스로 중대한 정치적 논쟁의 한 가운데에 서야 했다. 위원회는 그러한 부담을 안고 민법전에 세습가산제에 관한 규정을 두는 대신에 그것을 란트법에 미루었다 (EGBGB Art. 59). 이는 한편으로는 세습가산제법을 근대화할 수 있는 절호의 기회를 놓친, 아쉬운 일로 해석될 수도 있고, 다른 한편으로는 세습가산제 자체가 아예 새로운 민법전에 등장하지 못하도록 막은 것으로 해석할 수도 있었다. 상속법 편집자였던 Gottfried Schmitt는 Adam Smith의 경제적 자유주의를 지지하는 법사상적 입장에서 세습가산제를 비정상적 법제도로 보았다. 의회가 세습가산제를 금지하는 규정을 포함한 민법전을 채택하였으리라고는 생각할 수 없으므로, 독일민법전이 이를 규정하지 않은 것은 최소한 이 법제도가 일반화되는 것을 저지한 조치로 해석할 수 있다[23]. 그럼에도 불구하고 그러한 평가와는 별도로 세습가산제(Fideikommiss)를 독일민법전이 다루지 않은 것은 특수하고 봉건적인 특별이익에 대해 지나치게 양보한 것이라는 비판이 존재한다[24].

---

22) Beckert, UV(2004), 177~8
23) Beckert, op.cit., 178
24) Eckert, KFD(1992), 592

IV. 프로이센에서의 세습가산제 개혁에 관한 논쟁

독일민법전이 세습가산제에 관해 규정하지 않고 그것을 란트법에 위임함에 따라 이제 그에 관한 법률제정은 개별 란트의 과제가 되었다. 프로이센에서는 1895년부터 1917년 사이에 의회에서 세습가산제법의 통합[25])과 개혁을 둘러싸고 집중적인 공방이 펼쳐졌다. 이 기간동안 프로이센 당국은 3회(1903, 1913, 1917)에 걸쳐서 세습가산제에 관한 법률안을 의회에 제출했다. 그러나 법률안에 대한 심의는 매번 정당간의 입장 차이, 그리고 당국의 입장 변화 등으로 인해 지연되다가 종국에는 중단되었다. 제출된 법률안들은 세습가산제의 폐지가 목적이 아니었고 앞으로 이 제도가 당국의 의도대로 유지될 수 있도록 개혁하는 것이 초점이었다. 이러한 개혁은 보수파가 세습가산제를 더욱 확대할 의도하에 추진하였으나, 부분적으로는 동시에 일정한 집단, 즉 부유한 시민, 비개신교도, 폴란드인을 세습가산제를 설정할 수 없도록 배제할 의도도 있었다. 그밖에도 세습가산의 경영에 적용되는 규정들이 근대 경제거래상의 요구에 보다 잘 대응할 수 있도록 변경되어야 할 필요도 있었다.

1895년부터 1917년 사이의 공방에서 보수주의자들에게 가장 중요한 것은 세습가산제의 설정을 용이하게 하는 일이었다. 따라서 설정시에 납부해야 했던 3%의 인지세를 낮추는 것이 중심적인 관심사였다. 당국의 법률안에는 인지세액을 토지보유의 크기와 지표면의 형태에 따라 차등화함으로써 분명히 경감되어 있었다. 보수주의자들은 세습가산제가 가지는 국가정치적 의미를 근거로 그것의 안정과 확대를 꾀했다. 즉, 세습가산제를 소유한 가문은 국가와 사회에 매우 성실하였고 뛰어난 국가의 관리들을

---

25) 프로이센에서는 Fideikommiss에 관하여 일부에서는 1794년 일반란트법이, 다른 지역에서는 보통법 또는 라인지역 법이 적용되었다. 전술 189~190 참조

제공했다는 것이다.

보수주의자들의 의지에 따르면 중소규모의 세습가산제의 설정이 보다 용이하게 되어야 했다. 이를 위해서 세습가산제를 설정하는 데에 필요한 재산의 수익의 하한선이 현재 이상으로 인상되어서는 안 되었다. 세습가산제 확대에 반대하는 Max Weber는 이에 반해서 수익기준을 인상할 것을 주장하였다. 보수주의 정당들은 소규모 세습가산제를 통해서 농부의 지위가 강화되고 이에 따라서 내부 식민정책의 목표가 달성될 것이라고 주장했다.

1900년경에 프로이센 당국은 세습가산제의 설정이 필요한 논거로 새로운 주장을 내놓았다. 즉, 세습가산제가 란트 동부, 다시 말해서 폴란드 영역에서의 독일주민들의 지위강화를 위해 적합한 도구라는 것이었다. 이로써 세습가산제는 이제 귀족들의 특권보호수단으로서가 아니라 국가적인 논거에 의해서 정당화되었다[26].

세습가산제의 확대는 보수주의자들로부터는 환영을 받았지만 동시에 이 제도를 둘러싼 정치적 갈등을 격화시켰다. 대체로 1910년 이후 구속적 소유권의 확대에 대한 정치적 관심이 증대되었고 이로 인해 극도로 불안이 조성되었다. 이제는 프로이센 당국조차 이 제도가 농민들의 소규모보유를 위협함으로써 국민경제적으로 손해가 된다고 보았다. 이러한 정당성의 위기로 인해 1913년 의회에 제출된 법률안에서는 세습가산제에 대한 2500 ha의 상한선이 제안되었고 세습가산제의 신규설정은 특별한 공공의 이익이 없는 한 郡(Landkreis)의 기존 세습가산제 면적이 전체 토지의 10%를 초과하지 않는 경우에만 허용하도록 규정되었다. 그밖에도 이미 50년 이상 가족보유를 해온 토지점유에 대해서만 세습가산제 설정을 허용하였는데, 이로 인해 산업화과정에서 재산을 획득한 시민들은 세습가산제 설정으로부터 사실상 배제되었다. 이 법률안 중 상술한 제한규정은 귀

---

26) Eckert, KFD(1992), 618

족원의 심의과정에서 여전히 세습가산제를 확대하는 데 여념이 없었던 보수파 의원들에 의해서 대폭 완화되었다. 귀족 대토지보유자들의 소유권 법상의 특권은, 일반적인 정치적 경제적 발전과 완전히 상반됨에도 불구하고, 더욱 확대되게 되었고 결과적으로 세습가산제를 둘러싼 논쟁은 더욱 더 날카로워졌다.

보수주의자들의 목표는 세습가산제의 안정과 확대에 있었음에 반해 자유주의자와 사회민주주의자들은 세습가산제를 시대착오적 제도로 보았는데, 자유주의자의 경우 자유주의적인 실적주의적 사고가 자리 잡게 하기 위해서 폐지되어야만 한다고 보았다. 자유주의자들은 세습가산제의 설정을 통해서 대토지보유에 대한 특별한 보호가 필요한 것은 대토지소유가 명백하게 경제적으로 비효율적이고 따라서 시장의 조건하에서는 존속할 수 없기 때문이라고 지적하였다. 보수주의자들은 "산업자본과 상업자본이 강화되어가는 상황에서 이제 세습가산제에 대해서, 낡은 프로이센과 그 지배적 법적 사회적 질서를 향해서 몰려오는 큰 물결로부터 토지귀족의 낡은 특권을 보호해줄 제방의 역할을 기대했다"[27]. 따라서 이 갈등에서는 서로 다른 경제적 이해관계에 바탕을 둔 가치가 충돌하였다. 토지를 소유한 귀족들은 계속해서 家內에 보존되어야 하는 토지소유권의 유동화에 반대하였고 시장의 특징인 개인적 소유권관념을 부인하였다. 예를 들면, 프로이센의 재무장관이었던 Miquel은 1895년 귀족원에서 토지점유의 상품화를 독일적 법관념에 반하는 것으로 규정하고, 따라서 세습가산제법의 개혁은 가족소유권의 필요성에 대해 새로운 법적토대를 제공하는 것이어야 한다고 주장하였다[28]. 이러한 주장에는 자본주의적 경제원리의 침투에 대한 세습가산 보유자들의 저항이 표현되어 있다. 시장경제적 개인주의와 가족원리를 지향하여 구성된 소유권 개념이 대립하고 있는 것이다[29].

---

27) Eckert, KFD(1992), 665
28) Eckert, KFD(1992), 611
29) Beckert, UV(2004), 183~184

제5절 바이마르 공화국에서의
세습가산제의 폐지

독일의 세습가산제는 그동안 많은 비판이 제기되었음에도 불구하고 보수적 옹호론자들의 저항으로 인해 합리적인 개혁의 기회를 놓친 상황에서 1918년 혁명을 맞게 된다. 프랑스 혁명의 이념, 즉 자유와 평등이라는 민주적 관념과 결합될 수 없는 세습가산제는 이제 더 이상 유지될 수 없었다. 결국 1919년 8월 11일 바이마르 헌법 제 155조 제2항 제2문은 세습가산제(Fideikommiss)의 폐지를 규정하고 이러한 금지의 실행을 개별 영방에 위임했다. 그러나 세습가산제 해체는 이러한 입법의 결과로만 볼 수 없었다. 세습가산제도에 대한 더 이상의 이익이 사라지자 귀족 가문의 구성원 자신이 이 제도를 내부에서 스스로 파괴한 측면이 있었다. 상술하면, 세습가산제는 제도의 존속이 家 전체에 이익이 되는 한도에 있어서만 유지될 수 있었다. 제국시대까지는 이것이 가능했다. 즉, 長子가 재산을 보유하고 이러한 경제적 권력을 바탕으로 자신의 가족을 돌볼 수 있는 지위에 있었다. 자신의 자매를 지위에 걸맞게 혼인시킬 수 있었고 남동생을 국가관료나 군대지휘관으로 봉사하게 할 수 있었다. 자매나 남동생의 입장에서도 세습가산이 자신이 원하는 혼인이나 공직에 대한 요구를 보장해주었기 때문에 세습가산제도가 유지되는 것이 이익이 되었다. 그러나 1918년 혁명이 일어나자 세습가산 보유자라고 하더라도 더 이상 남동생의 공직요구를 충족시켜 주는 것은 불가능하게 되었다. 상황이 이렇게 변하자 장자 이외의 가족들은 장자에 대한 우대를 불공정하게 생각하게 되었고 이를 더 이상 감내할 이유가 없어졌다. 그들은 지분에 따른 세습가산의 분할을 통해 가족재산을 즉시 나누어 갖기를 요구했다. 이렇게 해서

귀족가문의 내적 결속은 와해되었고 이러한 결속을 전제로 하고 또한 이
를 공고하게 해주었던 세습가산제도 성가신 족쇄로 인식되어 귀족가문 스
스로 이를 폐지하기에 이르렀다. 장자 이외의 가족들은 이러한 요구를 개별
가문 차원에서 하는 것에 그치지 않고 남계친족조합(Agnatenverbänden)을
결성하여 입법에도 영향을 미치려고 하였다. 그들은 일차적으로 가족재산
이 해체되는 과정에서 권한 있는 남계친족이 빈 손이 되지 않을 것을 보장
받으려고 하였고, 남계친족조합은 이 과정에서 가족구성원 개인에 대한 보
상을 얻기 위해서 세습가산 보유자가 세습가산제 해체과정에서 가족재산에
대한 자유로운 보유권을 갖게되는 것을 반대하기 위한 투쟁을 하였다. 이러
한 갈등으로 인해 토지를 보유한 가문 내에서 다툼이 빈번하게 일어났다.

I. 바이마르 헌법

바이마르 헌법 제155조의 제1단과 제2단은 다음과 같다.

> 토지의 분배 및 이용은 국가가 감독하고 그 남용을 막으며 또한 모든 독일인에
> 게 건강한 주거를 제공하며 모든 독일의 가족 특히 다수의 자녀를 가진 가족에게
> 그 수요에 상응하는 주거와 家產을 가지게 하여야 한다. 장래 제정할 家產法에
> 있어서는 특히 출정군인을 고려하여야 한다.
> 토지의 취득이 주거의 수요를 충족시키기 위하여, 정주와 경작을 장려하기 위
> 하여 또는 농업의 발달을 위하여 필요할 때에는 수용할 수 있다. 세습가산은 폐지
> 한다.

> Artikel 155
> Die Verteilung und Nutzung des Bodens wird von Staats wegen in einer Weise
> überwacht, die Mißbrauch verhütet und dem Ziele zustrebt, jedem Deutschen eine
> gesunde Wohnung und allen deutschen Familien, besonders den kinderreichen,
> eine ihren Bedürfnissen entsprechende Wohn – und Wirtschaftsheimstätte zu
> sichern. Kriegsteilnehmer sind bei dem zu schaffenden Heimstättenrecht besonders

zu berücksichtigen.

Grundbesitz, dessen Erwerb zur Befriedung des Wohnungsbedürfnisses, zur Förderung der Siedlung und Urbarmachung und zur Hebung der Landwirtschaft nötig ist, kann enteignet werden. Die Fideikommisse sind aufzulösen.

그러나 가족재산의 폐지를 규정한 공화국 법률이나 시행규정은 반포되지 않았다.

바이바르 공화국 헌법 제155조 제2단 제2문의 금지규정은 Fideikommiss를 직접적으로 그리고 즉시 제거한 것은 아니었다. 그보다는 단지, Fideikommiss를 상속법의 일반규정의 적용을 받는 자유로운 소유권으로 전환시킬 의무를 부여하고, 동시에 이러한 목적을 달성하기 위해 필수적인 Fideikommiss와 관련된 권리를 권리자에 대한 보상 없이 폐지할 수 있는 권한을 부여하는, 란트입법에 대한 강제적인 지시를 규정한 것이었다[1]. 란트입법의 이러한 관할권은 EGBGB 제57조 내지 제59조와 제3조에 의해서 란트입법권에게 구속적 재산에 관한 권리에 대해 자율적으로 규율할 수 있고 결과적으로 그것을 폐지할 수도 있도록 위임되어 있었기에 가능했다.

란트입법은 同헌법의 금지규정, 그리고 가능한 한 조속히 폐지한다는 목표와 모순되는 규정을 제정할 수는 없었다. 그러나 이밖에는, 언제까지 어떠한 형식으로 폐지를 완수할 것인지가 전적으로 란트입법의 자유였다[2]. 즉, 바이마르헌법의 위 조항은 언제까지 세습가산제를 폐지해야 하는지 또는 언제까지 폐지에 관한 규정이 반포되어야 하는지에 관해서 어떠한 기한도 정하지 않았다. 마찬가지로 어떠한 방법으로 폐지가 달성되고 실행되어야 하는가에 관해서도 규정하지 않았다. 이렇게 공화국 헌법이 세습가산제 폐지에 관해 구속적인 원칙을 규정하지 않음으로써 일부 란트에서는 폐지에 관한 입법이 매우 더디게 이루어지고 또한 각 란트가 공화국 헌법의 명령을 매우 상이한 방법으로 이행하는 결과가 초래되었다.

---

1) Anschütz, (1912), 724.
2) Kübler/Beutner, (1927), 133

II. 란트입법을 통한 세습가산제의 폐지

각 란트에서의 입법을 통한 세습가산제 폐지의 양태는 크게 세가지로 구분할 수 있다. 바덴과 작센 같이 세습가산제를 즉시 폐지한 경우, 바이에른과 튀링겐의 일부에서와 같이 세습가산제에 대한 현재까지의 구속을 즉시 해제하되 현재의 세대에게는 별도의 수단을 동시에 마련한 경우가 있다. 다른 하나는 프로이센과 이를 모방한 다른 대부분의 란트의 경우인데, 세습가산제를 1회, 또는 일부의 경우 2회의 계승이 이루어질 때까지는 그대로 유지하고 최종 계승자의 수중에 귀속한 경우에 비로소 자유재산으로 전환되며, 이 때 세습가산의 종료기한이 정해지는 경우도 있는데, 이 때에는 계승이 이루어짐과 관계없이 기한이 되면 자유재산이 된다.

1. 프로이센의 폐지입법

프로이센의 세습가산제 폐지입법은 두 단계에 걸쳐서 행해졌다. 그 1단계는 1919.3.10일부터 시행된 가족재산명령이 적용되는 단계로서 1930년까지 지속되었으며 점진적인 폐지를 추진한 것이 특징이었다. 제2단계는 1930.4.22일부터 가족재산법이 시행된 단계로서 세습가산제의 즉각적인 폐지가 이루어졌다.

1) 1919년부터 1930년까지의 프로이센의 폐지입법

1919년 3.10일자로 프로이센 내각은 「가족재산에 관한 규정(Verordnung über Familiengüter : Familiengüterverordnung)」을 공포하였다. 이 규정은 제1조 제1단에서 "가족재산은 폐지되어야 한다"고 정하면서, 동시에 모든 구속적 가족재산, 즉 세습가산 뿐만 아니라 제국귀족의 家襲財産(Hausvermögen), 레엔, 相續世系財産(Erbstammgüter)에 대해서 강제폐지를 피하고자 할 경우 가족결의를 거쳐서 1921.4.1일까지 자발적으로 폐지할 수 있도록 하였다3).

1920년 6.23일에는 「귀족의 신분상 특권의 폐제와 家襲財産의 폐지에 관한 법률(Adelsgesetz)」4)이 시행되었다. 이 법률은 프로이센에 존재하는 모든 家襲財産, 즉, 제국귀족 뿐만 아니라 「가족재산에 관한 규정(Familiengüterverordnung)」의 적용을 받지 않는 영방귀족, 지위가 상실되거나 그와 동등한 가족의 家襲財産의 폐지를 규정했다(제3조). 여기에서도 가족결의를 통해서 1923. 4.1일까지 자발적으로 폐지하는 것이 허용되었다. 또한 이 법률에서는 「가족재산에 관한 규정」에 비해 가족결의절차의 요건을 완화하였다(전원일치 대신 3/4 이상의 찬성).

1920.11.19일부로 「가족재산과 家襲財産의 강제폐지에 관한 규정」5)이 시행되었다. 이 규정에 따르면 자발적 폐지에 관한 가족결의가 법정의 기한까지(원칙적으로 1921년 4월1일까지) 이루어지지 않을 경우 세습가산의 강제폐지가 개시된다(제3조, 제38조 제3단). 그러나 그러한 경우에도 세습가산적 구속이 즉시 배제되는 것이 아니고 세습가산은 적어도 현재까지의 권리로서 한번 더 상속된다. 즉, 세습가산은 1921년 4월 1일 현재의 세습가산보유자가 사망할 때에 우선적으로 상속권을 가진 비속에게 계승되며 그때에 비로소 그 사람의 자유로운 재산으로 전환된다(제1조 제1-2단).

---

3) 이 기한은 1919.10.3일 프로이센 란트의회의 의결에 따라 감독관청이 1921.4.1일 이전까지 가족결의가 접수될 것 등의 일정한 요건 하에 최대 1년까지 연장할 수 있게 되었다.

4) Gesetz über die Aufhebung der Standesvorrechte des Adels und die Auflösung der Hausvermögen(1920.6.23)

5) Verordnung über die Zwangsauflösung der Familiengüter und Hausvermögen (Zwangsauflösungsverordnug)

프로이센의 세습가산제 폐지입법들은 세습가산과 그것에 존재하는 가족구성원의 권리들은 家와 그 구성원의 私的소유권으로서 제국헌법에 따라서 다른 사적소유권자와 기본적으로 동일한 보호를 해줘야 한다는 사실을 전제로 하였다. 동시에 다른 한편으로 세습가산에 창출되어 존재하는 국민경제적 가치와 사회문화적 중요성을 가능한 한 유지하려고 하는 노력이 반영되어 점진적인 폐지를 원칙으로 하였다[6].

2) 1930년 이후 프로이센에서의 세습가산제 폐지의 가속화

이러한 점진적 폐지 원칙이 시행된 결과 1929년1.1일 기준으로 1919년에 존재했던 총 1347개 2,338,180(4.94%)가 구속이 해제되었다[7]. 아직 폐지 절차 중에 있거나 기타 다른 세습재산의 경우에도 그동안의 입법들의 개혁에 의해서 구속성이 상당히 완화되어 있었다. 이러한 점에서만 보면 기존의 점진적 폐지의 방향을 전환할 이유가 전혀 없었다[8]. 그러나 그동안 세습가산제를 혐오하던 계층들의 더딘 폐지속도에 대한 불만이 정치적 압력으로 표출되고, 농업에 대한 보다 많은 투자가 필요하게 된 심각한 경제적 상황에서 이를 위한 여건조성을 위해 구속적 세습재산을 보다 신속하게 폐지해야 한다는 요구가 강해짐에 따라 결국 프로이센의 세습가산제의 폐지정책은 급속한 폐지 쪽으로 방향을 선회하게 되었다[9].

그리하여 1930년 4월 23일 「가족재산과 家襲財産의 폐지를 위해 시행된 법률과 규정의 변경에 관한 1930.4.22日字 법률」[10]이 공포되었다. 이

---

6) Eckert, KFD(1992), 706.
7) Eckert, KFD(1992), 717
8) 1927.12.8일자 프랑크푸르트 신문은 프로이센의 세습가산제 폐지입법들이 전후시대의 여러 가지 등가의 가치들 중 어느 한쪽에 치우치지 않고, 장기적 안목으로 심사숙고해서 입안된 입법기술의 모범이라고 기술하였다.
9) 경제적 상황의 변화 및 1930년의 폐지입법에 이르기까지의 경위 등에 관한 상세한 설명에 관해서는 Eckert, KFD(1992), 717~723 참조.
10) Gesetz über Änderungen der zur Auflösung der Familiengüter und der

법률은 새로운 내용의 조문을 법전화한 것이 아니고 기존의 「강제폐지에
관한 규정」, 「가족재산에 관한 규정」, 그리고 「귀족의 신분상특권의 폐제
등에 관한 법률」을 조문별로 변경한 것으로서, 동 법률의 규정(제47조)에
근거하여 「강제폐지에 관한 규정」이 「강제폐지에 관한 법률(1930.4.22日
字)」로, 「가족재산에 관한 규정」이 「가족재산에 관한 법률(1930.4.22日字」
로 명칭이 변경되어 시행되었다[11]. 새 법률들은 가족재산의 폐지를 가속
화하고 단순화하는 것을 목표로 했다. 따라서 1938년 7월 1일까지 자유
재산으로 전환되지 못한 세습가산은 그 시점에 폐지되고 당시의 보유자
의 자유재산으로 된다고 규정하였다[12]. 새로운 법률에 의해서도 세습가산
의 자발적인 폐지는 가능했지만, 이에 관한 가족결의가 1935년 7월 1일까
지 완료되어 제출되어야만 했다[13].

2. 다른 란트의 폐지입법

프로이센의 예를 따라 세습가산을 점진적으로 폐지한 란트로는 안할트,
헤센, 리페-데트몰트, 메클렌부르크-쉬베린, 메클렌부르크-슈트렐리츠, 올
덴부르크, 뷔르템베르크 등이었고, 바덴과 작센은 세습가산을 즉시 폐지
했다. 중도적인 방법으로, 세습가산제에 대한 현재까지의 구속을 즉시 해
제하되 현재의 세대에게는 별도의 수단을 동시에 마련한 란트로는 바이
에른과 튀링겐을 들 수 있다[14].

Hausvermögen ergangenen Gesetze und Verordnungen vom 22. April 1930.
11) J. Eckert, KFD(1992), 724.
12) 강제폐지에 관한 법률 제8조
13) 가족재산에 관한 법률 제4조 제3단
14) 이에 관한 개괄적인 설명은 Eckert, KFD(1992),728~739 참조.

제6절 나치체제하에서의 세습가산제의 폐지

1933년 나치주의자들이 권력을 장악한 이후 세습가산제의 옹호자들은 나치가 세습가산세의 폐지 움직임을 다시 한번 중단시켜줄 것으로 기대했으나, 의외로 세습가산제의 폐지는 더욱 가속화되었다. 나치주의자들은 사실 토지소유의 구속에 대해서 이데올로기상으로 많은 관심을 가지고 있었고, 이것은 1933년에 의결된 「제국세습농장법(Reichserbhofgesetz)」에서도 표현되었다. 그러나 그들은 귀족들의 대규모의 세습적 토지보유에 대해서는 회의적인 시각을 가지고 있었다[1]. 세습가산제는 본질적으로 귀족을 위한 제도였던 반면에 나치주의자들은 一子相續法(Anerbenrecht)을 통하여 농업인들의 소규모보유토지의 불분할과 농업인들의 영속적인 토지경작을 증진하려고 하였다. 반근대적인 소유권 제한이 나치주의 이데올로기와 일치하였지만 귀족의 특권화는 그렇지 않았다. 1938.7.28日字의 「세습가산 폐지상의 잠정적 조치에 관한 규정」[2]에 의하여 이에 관한 란트의 입법권능이 제국으로 환원되었고, 「세습가산 기타의 구속적 재산의 소멸에 관한 법률(1938.7.6)」[3]에 의하여 모든 세습가산은 1939년 1월 1일까지 폐지되며, 동시에 이 날 이후에 세습가산이 폐지되도록 규정한 란트입법의 효력이 없다고 규정하였다(제1조 제1단). 세습가산의 소멸과 동시에 동재산은 최종 보유자의 자유재산이 되었다(제2조). 그러나 이 최종보유자는 동 재산을 즉시 자유로 처분할 권능은 갖지 못했다. 세습가산적 법률관계의 질서 있는 청산과 전환을 위하여 일종의 보호기간이 개시되었

---

1) Eckert, KFD(1992), 741; Beckert, UV(2004), 185.
2) Verordnung über vorläufige Maßnahmen auf dem Gebiet der Fideikommißauflösung
3) Gesetz über das Erlöschen der Familienfideikommisse und sonstiger gebundener Vermögen(FEG)

는데, 이 기간동안 세습가산법원이 세습가산적 구속의 폐지로 인해 필요한 공적 이익과 사적 권리의 보호 및 보장 조치를 취해야 했다(제11조 제4단). 이 보호기간 동안은 해당 재산의 처분은 금지되었으며, 필요한 보호조치와 보장조치가 행해지고 세습가산법원이 재산보유자에게 세습가산폐지증서를 교부하면 보호기간이 종료하고, 이로서 폐지절차도 종료되었다(제11조 제1단).

1919년 초에 2,314개 약 3,206,000ha의 세습가산 기타의 구속적 재산이 존재하였는데, 이중에서 1938년 1월 1일 기준으로 1,404개(60.67%) 약 1,770,000ha(55.21%)가 폐지가 완료되었고, 224개(9.68%) 약 515,000ha (16.06%)는 폐지절차가 진행 중이었다. 따라서 686개(29.65%) 약 920,000ha (28.7%)의 세습가산 기타의 구속적 재산이 아직도 그대로 남아 있었다[4].

1938년의 「세습재산 등의 소멸에 관한 법률」에 의하여 1939년 1월 1일을 기해 대부분의 세습가산 기타 구속적 재산은 폐지되었고 최종보유자의 자유로운 소유권으로 전환되었다. 그러나 제2차 세계대전이 발발한 1939년 9월1일의 시점에는, 위 법률의 적용을 받는 구속적 재산의 대부분이 아직 보호기간이 진행 중이었다. 전쟁기간중에는 세습가산적 법률관계의 청산과 전환이 어려워졌지만, 그럼에도 불구하고 폐지가 완전히 중지되지는 않았고, 농업이나 임업생산의 증대를 위해 신속한 세습가산의 폐지가 필요한 경우에는 오히려 폐지는 계속되어졌다. 1944년부터는 전쟁수행의 필요상 요청되는 경우 이외에는 세습가산사안과 재단사안의 처리가 보류되었다[5].

---

4) Eckert, KFD(1992), 754
5) Eckert, KFD(1992), 755

제7절 제2차 세계대전 후의 세습가산제

1938년의 「세습재산과 기타 구속적 재산의 소멸에 관한 법률」에 의하여 법적으로 1939년 1월 1일을 기해 세습가산 기타 구속적 재산은 폐지되었고 최종보유자의 자유로운 소유권으로 전환되었다. 따라서 이제 과거의 세습가산을 청산하는 일만 남았는데, 실무에서는 이 일이 종종 쉽지 않은 경우가 많았다. 제2차 세계대전의 발발로 이 작업이 더욱 지연되었고 작업을 완료하기 전인 1945년 독일제국은 붕괴하였다.

I. 점령군 통치하의 세습가산제 폐지입법

제2차 세계대전이 종료한 후 엘베강 동쪽의 소련과 폴란드가 점령한 지역에서는 대토지보유는 즉시 보상 없이 몰수되었으므로 세습가산제도 이와 함께 종료되었다[1].

서부 점령지역에서 미군 역시 대규모토지보유와 세습가산제를 독일 군국주의의 경제적 기반으로 보아 이에 대해 소련 못지 않게 적대적이었다[2]. 1947년 2월 20日附 연합국 관리위원회법률 제45호[3]는 제3조 제2단에서 다음과 같이 규정하였다.

---

1) Eckert, KFD(1992), 757; Beckert, UV(2004), 186.
2) Eckert, KFD(1992), 758
3) Gesetz Nr. 45 des Alliierten Kontrollrats über die Aufhebung der Erbhofgesetz und Einführung neuer Bestimmungen über land — und forstwirtschaftliche Grundstücke vom 20. Feb. 1947

" 지금까지, 예를 들어, … 세습가산과 이와 유사하게 구속적인 재산 …과 같이 특수한 재산유형의 법적 형식으로 보유되어온 모든 다른 농업 및 임업경제상의 토지는 자유롭고 일반적 법률의 적용을 받는 토지소유권으로 된다."

결과적으로 연합국 관리위원회는 세습가산제의 자유로운 재산으로의 전환의 원칙을 다시 한번 뒷받침하였다4).

II. 독일연방공화국에서의 세습가산제폐지에 관한 법

독일연방공화국이 수립되고 독일 기본법(GG)이 발효된 후로는 기본법 제123조 제1항5)에 따라서 과거 독일제국의 세습가산폐지법들이 계속 적용되게 되었다. 독일제국의 붕괴도 점령지법도 1938년의 「세습재산과 기타 구속적 재산의 소멸에 관한 법률」과 이 법률의 시행을 위하여 공포된 시행규정들을 폐지하지 않았다. 또한 이 법률은 독일기본법에도 반하지 않는다. 특히 동 법률은 소유권의 보장을 규정한 기본법 제14조에 반하지 않는다. 이는 1939년 1월 1일을 기해 모든 세습가산의 폐지와 그에 따른 기대권과 유산귀속권의 보상 없는 소멸을 규정한 동법 제1조와 제3조에도 적용된다. 왜냐하면, 이 경우는 독일 기본법의 발효 시점에는 이미 동조의 요건에의 해당여부가 이미 완결되어버린 경우로서 독일기본법 제14조의 규정을 소급시켜서 그에 의해 유효성 여부를 측정할 수는 없기 때문이다.

따라서 독일연방공화국에서는 독일제국의 1938년 세습가산폐지법과 그 시행을 위한 규정들6), 점령기에 제정된 연합국관리위원회의 1947년 2월

---

4) Eckert, KFD(1992), 760~761
5) 독일기본법 제123조 (1) 연방의회가 개회하기 이전의 법은 기본법에 반하지 않는 한 계속 적용된다(Recht aus der Zeit vor dem Zusammentritt des Bundestages gilt fort, soweit es dem Grundgesetze nicht widerspricht.).

20日附 법률 제45호와 그것에 근거하여 제정된 관할구의 세습가산폐지 관련법[7] 등이 함께 적용되었다.

1951년에는 「세습가산법과 재단법의 규정을 변경하기 위한 법률(1951. 12.28)」[8]이 제정되어 시행되었다. 동법은 세습가산의 폐지로 인해 설립된 재단이 보유재산을 일정기간 내에 처분해야할 의무가 있음을 규정한 1938년 세습가산폐지법 제18조를 개정하여 그 기간을 연장하였다(제1조). 이는 가족재단에 재산이 영구히 귀속하여 실제의 농업인들의 소규모 농지보유와 계속적인 토지경작을 저해할 것을 우려한 나치당이 재단보유재산의 일정기간내의 처분을 의무화하였으나, 전후 재단의 보유재산 규모가 현저히 줄어들고 오히려 문화 예술의 진흥, 도서관 운영 및 각종 기록의 보존, 공익적 집회의 개최 등 재단의 순기능이 좋은 평가를 받게 됨에 따라서 이들의 활동을 지원해야 한다는 여론에 따른 것이었다[9]. 동법은 또한 각 州에게 독일제국법령의 세습가산폐지에 관한 규정들을 자유로 변경, 보충 또는 배제할 수 있도록 명시적으로 허용하였다(제4조). 이는 전술한 독일기본법 제125조[10]에 의해서 州가 겪게 될 어려움을 해결하기 위해서 불가피하였다[11].

---

6) 「시행규정(1939.3.20)」, 「가족재단에 관한 규정(1940.5.17)」등
7) 예를 들어 영국군 관할구에서 제정된 1947.5.7日附 「영국군 당국 규정 제84호 (Verordnung Nr. 84 der britischen Militärregierung)」
8) Gesetz zur Änderung von Vorschriften des Fideikommiß − und Stiftungsrechts vom 28. Dez. 1950
9) Eckert, KFD(1992), 765~767 참조
10) Artikel 125[Fortgeltung als Bundesrecht auf dem Gebiet der konkurrierenden Gesetzgebung]
   Recht, das Gegenstände der konkurrierenden Gesetzgebung des Bundes betrifft, wird innerhalb seines Geltungsbereiches Bundesrecht,
   1. soweit es innerhalb einer oder mehrerer Besatzungszonen einheitlich gilt,
   2. soweit es sich um Recht handelt, durch das nach dem 08.Mai 1945 früheres Reichsrecht abgeändert worden ist.
11) Eckert, KFD(1992), 769~770

독일연방공화국에서 세습가산제 폐지에 관한 법을 연방이나 州 차원에
서 새로 제정할 필요는 거의 사라져 갔다. 세습가산제에 의해 구속된 토
지 보유 자체가 서독지역에서는 동독지역에 비해서 상대적으로 적었다.
그래도 1950년대에는 폐지된 세습가산의 청산절차를 이행하기 위해서 각
州의 상급법원의 세습가산부의 처리사안이 적지 않게 밀려들었지만, 그
이후로는 세습가산의 청산이 점차 완료됨에 따라 상급법원에서도 일반
입법에서도 세습가산제에 관한 것은 중요성을 점차 상실하였다.

　이러한 결과로 바덴-뷔르템베르크에서는 1983년에 이제는 의미가 없어
진 「세습가산폐지법과 기타 규정들을 폐제하기 위한 법률」[12]이 제정되기
도 하였다.

---

12) Gesetz zur Aufhebung des Fideikommißauflösungsrechts und anderer Vorschriften
　　vom 21. Nov. 1983

제7장

결 어

제1절 근세 독일의 세습가산제의
형성과정과 제도적 특징

(1) 근세 독일법상의 Familienfideikommiss라는 명칭은 로마법의
fideicommissum(신탁유증)에서 유래하였다. 로마법상의 신탁유증은 공화
정기까지 그 이행을 수탁자의 신의(fides)에 의존하는 도덕적 효력만 인정
되다가 아우구스투스에 의해 소구가능성이 부여됨으로써 법적 제도로 확
립되어 발전해나갔다. 신탁유증에 소권이 도입됨으로써 시민법상의 상속
이나 유증을 받을 수 없었던 무능력자들이 신탁유증을 통해서 이익을 수
령할 수 있게 되었으나 이러한 이점은 고전기가 종료하기 훨씬 전에 사라
져버렸다.

신탁유증은 유증에 비하여 설정 등의 형식적 요건에 있어서 한결 자유
로왔는데, 특히 유증이 항상 상속인에 의하여 이행되어야 했음에 비해서
신탁유증은 상속인이 아닌 사람에게 부과될 수 있었다는 것이 크게 다른
점 중의 하나였다. 따라서 신탁유증의 경우에는 유언에 의한 상속인 이외
의 수익자나 심지어 유언이 없더라도 일정한 이익을 받은 사람에게 이행
책임을 지우는 것이 가능해짐으로써 활용영역을 크게 넓혀 나갔다.

그 영역 중의 하나로 생각할 수 있는 것이 가계신탁유증(fideicommissum
familiae relictum)이었다. 신탁유증은 상속인이 아닌 어떠한 수익자의 부
담으로도 유효하게 이루어질 수 있었으므로, 유언자가 신탁유증에 의하여
재산권을 수여하면서 수익자에게 그(수익자)의 사망시 또는 사망 전에 수
증 받은 재산을 또다시 신탁유증의 방식으로 다른 사람에게 수여할 것을
요구할 수 있었다. 이때 수익자의 범위를 가족으로 제한할 경우 이를 가
족신탁유증이라고 하며, 이론상으로는 재산권이 몇 세대에 걸쳐서 가족내

에서 계승되어 가는 영구구속적인 세습가산설정 수단으로 활용될 수 있었다.

종래의 전통적 견해는, 그것이 인정된 시기에 관하여는 다소 견해가 달라지기도 하지만 로마에서도 영속적인 가계신탁유증이 행해졌고 이것이 가족재산을 후손들의 수중에 남겨놓는 수단으로 활용되었다고 한다. 특히 대륙법체계에 익숙한 학자들은 근세 독일의 Familienfideikommiss의 외형을 제공한 로마법에서도 가산세습의 수단으로서 가계신탁유증이 활용되었음을 당연한 것으로 받아들이는 경향이 있다.

그러나 학설휘찬 등 실제 사료를 실증적으로 분석해보면, 몇 세대에 걸쳐서 가족재산을 계승시켜나가는 가계신탁유증의 사례는 극히 적으며, 오히려 많이 발견되는 영속적 신탁유증은 피해방노예를 수익자로 하는 同姓에 의한 신탁유증으로서, 이 법적 수단은 가산의 세습과는 관계없이 설정자의 이름과 업적 등을 오래도록 기념하기 위한 목적에서 행해졌음을 확인할 수 있다. 작게는 불확정인에 대한 신탁유증의 금지 등, 영속적 가족신탁유증의 설정과 활용에 장애가 되는 법준칙이 상당한 기간 동안 효력을 유지한 점에서, 보다 크게는 로마에서는 장자상속제도가 시행되지 않았고 무유언법정상속에 있어서 분할상속이 원칙이었던 점에서 법적·제도적 요인을 찾아볼 수 있다. 로마사회는 여러 세대에 걸쳐 가문의 혈통과 재산의 연속성을 유지하고, 가문의 영광을 무엇보다도 중시하는 사회는 아니었으며, 명문 귀족가문은 존재했지만 집정관 등의 지도적 지위를 하나의 가문에서 지속적으로 보유한 비율이 상대적으로 낮고 계층간의 이동이 비교적 활발한 개방적인 사회였다. 또한 가문의 단절을 방지하고 명성을 보전하기 위해 로마인들이 선택한 수단은 가계신탁유증이 아니라 입양 등의 다른 방법이었다.

한편, 중세 독일에서는 게르만적 법사고의 특징인 협동공동체 원리(genossenschaftlichen Prinzip)를 바탕으로 전체로서의 家에 재산을 구속시키는 일이 자연스럽게 받아들여졌고, 최근친 상속인의 혈족이의권에 의해서 토지처분의 자유가 제한되는 엄격한 世系財産제도(strenge Stammgutssystem)가 성립하였다. 이후 상업과 화폐경제의 번성, 도시의 발흥 등 경제상황의 변화에 수반하여 토지거래의 수요가 증대됨에 따라 혈족이의권은 도시에서부터 점차로 완화되었고 13세기 중반 이후 世系財産의 해체가 빈번해졌다. 이러한 상황에서 귀족들은 구속적 가족재산의 확보를 위해 나서게 되었는데, 특히 상급귀족들은 상속형제맹약이나 여성의 상속포기와 같은 법률행위뿐만 아니라 자치입법권을 통해서 자신들의 가족세습재산을 보전하는 데 성공했다. 이에 반해 자치입법권이 부여되지 않았던 하급귀족은 공동상속인 단체 등을 통해 양도와 분할 금지 및 특별한 상속 규율을 확보함으로써 구속적 가족재산 체계를 확립하였다.

15세기 후반에 로마법의 본계수가 일어나면서 귀족들의 세습재산의 구속가능성에 의문이 제기되었다. 상급귀족들은 자치입법권을 통해 기존의 세습재산에 관한 특별원칙을 독립적인 신분법에 수용하여 존속시킴으로써 로마법의 영향으로부터 벗어날 수 있었다. 그러나 하급귀족들은 자치입법권이 없었으므로 모든 私法的 법률관계, 특히 가족에 관한 법률관계에 있어서도 로마법의 적용을 받게 되었다. 법원에서도 로마법적 형식을 갖춘 권리나 제도만이 인정되었으므로 하급귀족들은 로마법상의 가족신탁유증제도를 자신들의 세습재산의 비양도성을 보존하는데 사용했다. 처음에는 로마의 가계신탁유증제도를 16세기말 이태리 법학자들이 이해하고 있던 형태로 받아들여 사용하였다. 그 후 스페인에서 확립된 마요라트가 새로운 세습가산제의 형태로 전파되어 이태리와 오스트리아를 거쳐 독일에도 도달하여 활용되게 되었다. 그러던 중에 17세기 중반 크닙쉴트(Knipschildt)가 로마법적 가계신탁유증 관념을 폭넓게 활용하고 스페인과 이태리의 법조실무와 법학의 성과를 반영하여 독일의 세습재산법을 체계화함으로써 근세 독일 세습가산제(Familienkommiss)의 골격을 완성하였다.

세습가산제(Familienkommiss)는 이후 학문적인 연구와 교의의 확립과 병행하여 각 영방의 입법에도 반영되기 시작하였다. 1756년 Codex Maximilianeus Bavaricus Civilis, 1794년의 프로이센 일반란트법, 1811년의 오스트리아 일반민법전을 비롯한 개별 영방법에 그동한 법학에 의해 확립된 세습가산제에 관한 교의가 반영됨으로써 근세 독일의 세습가산제(Familienfideikommiss)가 성립되었다.

(2) 이렇게 성립된 근세 독일 세습가산제의 근원을 무엇으로 볼 것인가에 대해서 게르마니스트들은 근본적으로 독일 古法에서 연원을 찾으며, 세습가산제는 독일의 공동상속인단체 또는 世系財産의 갱신에 불과한 것으로 이해하려고 한다. 이에 대해 이러한 게르마니스트들의 견해는 스페인의 마요라트가 근세 독일의 세습가산제에 미친 영향을 소홀히 한 것이라는 비판이 일반적으로 받아들여지고 있다.

이에 관한 객관적이고 명확한 결론을 내리기 위해서는 스페인 마요라트의 법리에 대한 보다 상세한 고찰, 독일에 전파되고 수용된 과정의 보다 엄밀한 분석이 필요하다고 본다.

여기에서는 우선 로마법의 가계신탁유증과 중세 독일법상의 구속적 가족재산제도, 그리고 근세 독일법상의 세습가산제도의 법리를 비교하여 근제 독일법상의 세습가산제가 어느 쪽의 제도에 더 가깝다고 볼 수 있는지 생각해 본다.

세습가산제도의 법리에 있어서의 핵심적인 내용은 세습가산의 양도가 불가능하다는 점이다. 이러한 양도성의 제한은 세습가산 보유자의 법적 지위를 어떻게 볼 것인가, 또 세습가산의 상속기대권자의 법적 지위는 어떻게 볼 것이며 세습가산이 양도되었을 때 그가 행사할 수 있는 법적 구제수단은 어떠한 법적 성격을 갖는가의 문제와 밀접하게 연결되어 있다.

로마법상으로 가계신탁유증된 재산의 보유자, 즉 최초의 수익자가 재산

의 소유자이다. 그는 가계신탁유증의 효력으로 다음의 수익자에게 재산을
이전해줄 채권적 의무를 부담할 뿐이다. 반면에 다음의 수익자가 될 수
있는 사람은 최초의 수익자의 사망시에 수익자가 될 수 있는 기대권을 가
지고 있을 뿐이었다. 최초의 수익자가 수증자격 없는, 가족이 아닌 외부인
에게 양도하였을 경우 수익자가[1] 주장할 수 있는 권리는 원칙적으로 수
탁자 즉 최초의 수익자에게 인적으로만(in personam) 행사할 수 있었고,
예외적으로 제3자 즉 양수인이 악의이거나 대가를 지불하지 않았을 경우
에만 압류명령(missio in rem)이라는 제3자에 대한 집행수단을 사용할 수
있었다[2].

고대 게르만법상으로는 가족재산은 가족공동체의 합유적 구속의 대상
으로서 가족구성원 개인의 소유에 속한다는 관념은 희박하였다. 가족공동
체구성원 중 아들은 부친, 즉 家長의 생전에 이미 가족재산에 대한 상속
기대권을 가졌으며 이로 인해 家長의 처분권은 제한을 받았다. 家長이 허
용되지 않는 처분행위를 하였을 경우에는 상속기대권자는 제3자인 취득
자에게도 효력을 갖는 반환청구권을 행사할 수 있었다[3]. 이러한 법률관계
의 특성은 시간이 흐름에 따라 合有的 구속의 관념이 다소 약화되는 경우
가 있었지만 중세 독일법상의 혈족이의권에 근거한 엄격 世系財産制度
(Stammgutsystem), 그리고 엄격 세계재산제도가 붕괴한 이후 상급귀족이
상속형제맹약, 상속포기계약, 또는 家門律例 등에 의해 확보한 世系財産
制에도 유지되었다[4].

---

1) 수익자가 되어 신탁유증에 의한 권리를 행사할 수 있는 자의 범위는 최초의 수익자
   (즉, 수탁자)의 사망시에 확정되는 것이 원칙이고 이 범위 내의 사람이면 누구나 행
   사할 수 있었으나, 실제로 채택된 방법은 최근친의 가족원이 재산권을 가족원에게
   되돌려준다는 보증을 보장계약(cautio)으로 하고 권리를 주장하는 방법이었다. 전술
   106~107(가계신탁유증의 실제 운용) 참조.
2) 전술 70~74(신탁유증의 법적효과) 참조.
3) 전술 138 참조.
4) 전술 144~154(상급귀족의 법률행위에 의한 세습재산 설정) 참조.

근세 독일법상 확립된 세습가산제에서 세습가산 보유자의 지위는 보통법에 따르면 세습가산의 진정한 소유자로서, 다만 상속기대권자의 물적권리 등에 의한 구속을 받을 뿐이었다. 그러나 바덴민법전과 작센민법전을 제외한 대부분의 지방특별법은 진정한 소유자로서의 지위를 인정하지않았다. 바이에른을 비롯한 몇몇 특별법은 세습가산보유자와 기대권자 사이의 분할 소유권을 인정하였고 프로이센 일반란트법은 세습가산보유자는 이용소유권자에 불과하고 상급소유권은 家자체에 부여했다5). 근세 독일법상의 상속기대권자는 보통법상으로나 지방특별법상으로나 세습가산을 계승할 수 있는 물적 기대권을 가졌으며, 일정한 감독권과 동참권 또는 개입권을 가졌다6). 근세독일법사의 세습가산의 양도금지는 매우 엄격하였으며, 허용되지 않은 양도행위는 무효로서 상속기대권자는 취소소송을 통해 모든 제3자에 대하여 매매대금의 보상 없이 반환할 것을 요구할 수 있었다. 다만 이 권리는 실제로 세습가산을 승계 받은 시점에 비로소 행사할 수 있었다.

이상과 같이 세습가산 보유자의 법적 지위, 상속기대권자의 법적 지위와 양도금지 위반시 그가 행사할 수 있는 구제수단을 비교해 보았을 때, 독일 근세법상의 세습가산제의 법적 성격은 로마법상의 가족신탁유증 보다는 게르만법 또는 중세 독일법상의 구속적 가족재산제도에 가깝다고 할 수있고, 특히 지방특별법에 규정된 세습가산제에서는 더욱 독일 고유법의 특성이 강화되어 있다.

---

5) 전술 204(세습가산 보유자의 법적지위) 참조.
6) 전술 205~206(상속기대권자의 법적지위) 참조.

제2절 독일 세습가산제의 폐지와 시사점

보통법 이론과 근세의 독일의 대법전에 반영되어 확립된 근세 독일의 세습가산제는 실제로 독일의 귀족계층에 의해서 폭넓게 이용되었다. 그러나 세습가산제에 대해서는 일찍부터 유럽 여러 나라에서, 후손들의 자유로운 처분권을 제한하고 해당 재산을 일반 시장거래로부터 배제함으로써 경제의 침체를 가져올 우려가 있다는 비판이 제기되었다. 인간의 자유와 평등을 기치로 내건 프랑스혁명이 발발되고 그 결과로 구체제의 제도적 요소의 하나로 지목되었던 세습재산제도의 폐지가 프랑스 민법전에 규정되었다. 프랑스 혁명의 이념이 전 유럽으로 확산되고, 특히 독일은 일부지역이 프랑스의 지배를 받는 등 보다 직접적인 영향을 받게 되면서, 프랑스 민법전의 취지를 받아들여 독일의 세습가산제를 개혁 또는 폐지하려는 움직임이 활발해 졌다. 1848년 3월 혁명의 결과 개최된 프랑크푸르트 국민의회에서 세습가산제의 폐지를 규정한 제국헌법을 의결하였으나 이 헌법은 프로이센을 비롯한 강대 영방국가들의 거부로 효력을 발생하지 못했다. 이후에도 세습가산제의 폐지를 둘러싼 정치적 공방은 더욱 활발해지고 격화되었으나 세습가산제의 개혁을 추진할 자유개혁 및 사회민주 세력의 결집이 효과적으로 이루어지지 못하여 세습가산제는 20세기에 들어가서 바이마르 헌법에 의해서 비로소 폐지되게 된다. 이때에도 세습가산제를 폐지할 구체적 입법은 각 란트에게 위임되었으며 대부분의 란트에서는 세습가산제의 점진적인 폐지를 내용으로 하는 입법을 추진하게 된다. 실제로 세습가산제는 이것을, 완전히 폐지하는 입법이 나치체제하에 와서야 행해져서, 1938년 제정된 법률로 1939년 1월 1일을 기하여 폐지되었다. 다만 후속 청산작업이 세계대전의 발발로 미처 완결되지 못하다가 전후에 마무리되게 된다.

명칭은 달랐지만 세습가산제를 통한 소유권의 구속은 18·19세기 유럽의 상속법에 관한 정책에 있어서 주된 쟁점 분야였다. 귀족의 토지재산에 대한 특권의 부여, 상당부분의 토지의 시장거래과정으로부터의 배제, 상속에서의 균등한 토지분배의 배제와 死手(dead hand), 즉 죽은 지 오래된 선조에 의한, 토지소유권의 실질적지배 등이 자유주의자들과 사회주의자들에 의해서 구시대의 제도로서의 세습가산제가 가지는 폐해로 지적되었다. 결과적으로 유럽 대부분의 나라에서 세습가산제를 폐지하거나 개혁하려는 논의와 정치적 운동이 활발하게 전개되어 갔다. 결과적으로 프랑스에서는 프랑스 혁명의 결과 동제도가 폐지되어 프랑스민법전에도 폐지를 규정하게 된다. 세습가산제는 복고시대에 1817.8.25일자 王令과 1826.5.17일자 법률 등에 의해 다시 도입되기도 하지만 프랑스에서는 결국 1848년 2월 혁명 이후 종국적으로 폐지되었다. 이에 비해 독일에서는 앞에서 보았듯이 이보다 70년이 뒤진 1938년에 가서야 종국적으로 폐지되게 된다. 이러한 시기상의 차이는 무엇을 나타내는가?

첫째로, 독일에서의 자유주의적 시민계층의 정치적 지위가 약했고 이것이 일반적으로 정치적 근대화를 지연시켰다는 점을 들 수 있을 것이다. 이는 1848년의 3월 혁명의 결과 성립된 프랑크푸르트 헌법이 좌절된 데서 상징적으로 살펴볼 수 있다. 결과적으로 독일에서는 산업의 근대화는 가속화되었던 반면에 토지를 자본주의적 거래절차로부터 차단시키는 기능을 하는 구속적 소유권법 제도가 동시에 확산되어감으로써 점점 더 갈등이 깊어갔다.

둘째로, 각 나라에서 세습가산제에 관하여 서로 다른 법정책적 논의가 진행되었다는 점을 들 수 있다. 프랑스에서는 혁명을 겪으면서 자유와 평등의 가치가 법적 정치적 논의에 있어서 주도적 위치를 차지하였다. 상속법에 관한 논의에서 독일과는 중요한 차이를 보였는데, 독일에서는 세습

가산제에 관한 논의에서 중요한 주장논거가 될 수 있는 평등의 원리가 프
랑스와 동등한 의미를 지니지 못했다. 물론 프랑스에서도 영향력 강한 구
체제의 귀족 엘리트들은 평등과 개인주의를 거부했다. 이러한 입장의 대
립과 정치적 관계의 복고 시도로 프랑스에서도 한때는 세습가산제(수유자
대체)가 19세기 초반에 일시 부활하기도 하였다.

이에 비하면 같은 시점의 독일에서는 세습가산제에 반대하는 사람들조차
일부는 자유주의적 주장을 비판하였고 국가 차원의 법적 또는 정치적 견지
에서 세습가산제를 옹호하였다. 수아레스(Svarez), 폰 쉬타인(von Stein), 그
리고 헤겔도 그러한 입장이었다고 할 수 있다[1]. 여기에서 세습가산제와
귀족주의적 지배구조와의 사이에 내재하는 밀접한 관계를 확인할 수 있
다. 3월 혁명에 이르러서 비로소 독일에서도 공화주의적 운동이 상당한
세를 얻게 되고 푸랑크푸르트 국민의회에서는 소유권에 대한 제한의 폐
지를 찬성하는 자유주의적 목소리가 다수였다. 그럼에도 불구하고 소수였
던 보수주의자들은 토지에 대한 시장거래에 대해서 회의적이었고 가족주
의 원리를 시민적 개인주의보다 윤리적으로 우월한 것으로 상정하고 공
화주의적인 개혁을 거부하였다. 조직화되지 못한 다수의 목소리는 제도의
개혁으로 연결되지 못했다.

결국 각나라에 있어서의 사상적, 정치적 자유화 및 민주화가 진전되어
간 속도와 세습가산제의 폐지가 진행되어간 정도가 밀접한 연관관계를
가지고 있음을 확인할 수 있다. 그만큼 세습가산제의 역사는 법이론 내지
법제도의 변천으로서의 성격뿐만 아니라 정치적 성격을 강하게 띠고 있
다고 할 것이다.

---

1) 전술 223~226 참조.

참 고 문 헌

국내문헌

김상용, 분할토지소유권의 생성, 발전 및 해체에 관한 소고, 법사학연구 제14호 1993

김주수, 친족·상속법(제6전정판), 법문사, 2002

김원중 역, John H. Elliott 저, 스페인 제국사(1469~1716), 까치글방, 2000

김창성 역, 키케로의 최고선악론, 서광사, 1999

김학이 역, Mary Fullbrrok 저, 분열과 통일의 독일사, 개마고원, 2003.

김현영, 고문서를 통해 본 조선시대 사회사, 신서원, 2003

문숙자, 조선전기의 재산상속, 박사학위논문, 정신문화연구원, 2000.9

윤진수, 상속제도의 헌법적 근거, 헌법논총 제10집, 1999

윤철홍, 소유권의 역사, 법원사, 1995

이경희, 일본민법상 제사재산의 승계에 관한 연구, 가족법연구 제15권 2호(통권 제16호), 2001

이광국 편역, 타키투스의 게르마니아, 서울대학교 출판부, 2005

이민호, 근대독일사연구 - 프로이센 국가와 사회, 서울대학교 출판부,1992

_____, 새독일사, 까치, 2003.

이동명, 宗中에 대한 법적 규율, 민사판례연구[ⅩⅨ] 1977

이진기, 종중재산의 법리에 관한 판례이론의 검토, 가족법연구 제15권 2호(통권 제16호), 2001

정구복, 고문서와 양반사회, 일조각, 2002

정긍식, 16세기 재산상속과 제사승계의 실태, 고문서연구 24집, 2004

_____, 제사용 재산의 귀속주체, 민사판례연구 제22집, 2000

정종휴, 독일과 일본의 총유이론사, 법사학연구 제14호, 1993

최병조, 로마법강의, 박영사, 1999

_____, 로마법·민법 논고, 박영사, 1999

_____, 私法上단체에 관한 일반론 - 단체법론의 역사적 발전과정을 중심으로, 민사판례연구 [ⅩⅨ] 1977, 523 ff.

_____, 로마법상의 채권적 유증의 효력과 카토(Cato)의 법리칙, 서울대학교 법학
　　제39권 제2호, 1998
_____, (번역) 독일법상 소유와 자유의 역사에 관하여(Wolfgang Sellert), 법사학연
　　구 제14호, 1993
최종고, 서양법제사, 박영사, 1986
허승일 외, 로마제정사 연구, 서울대학교 출판부
현승종·조규창, 로마법, 법문사, 1996
_____, 게르만법, 법문사, 2001

동양문헌

石川武 監譯, Karl Kroeschell, ゲルマン法の虛像と實像, 創文社, 1989
四宮和夫, 信託法, 有斐閣, 1989.
田山輝明 監譯, Gerhard Köbler 著, ドイツ法史, 成文堂, 1999.
村上淳一, ドイツの近代法學, 東京大學出版會, 1984
我妻榮·四宮和夫 譯, Lujo Brentano 著, プロシャの農民土地相續制度, 有斐閣,
　　1956
野田龍一, (書評) 田中實 : 人文主義法學時代の分割所有權の一端, 法制史研
　　究 49, 1999, 318~322.
若曾根健治, (書評) 稻元格 : ドイツ中世都市「私」法の實證的硏究, 法制史研
　　究 47, 1997, 331~336.
渡辺節夫, (書評) 服部良久 : ドイツ中世の領邦と貴族, 法制史研究 49, 1999,
　　289~294.

서양문헌

Anschütz, G., Die Verfasungs－urkunde für den Preußischen Staat, Bd. 1. 1912
Arjava, Antti, Women and Law in Late Antiquity, Oxford, 1996
Bayer, Bernhard, Sukzession und Freiheit, Dunker&Humblot·Berlin, 1999
Beckert, Jens, Unverdientes Vermögen : Soziologie des Erbrechts, Frankfurt a. M.,
　　2004

Behrends, Okko, Prinzipat und Sklavenrecht — Zu den geistigen Grundlage der augusteischen Verfassungsschöpfung, in : Rechtswissenschaft und Rechtsentwicklung, hrsg. von Ulrich Immenga, Göttingen 1980, S.

Behrend, T. fr., W. Lewis : Das Recht des Familienfideikommisses, Zeitsch. für Gesetzgebung u. Rechtspflege Bd. 3, 1869

Beinart, B., 'Fideicommissum and modus', Acta Juridica, 1968

'Trusts in Roman and Roman — Ductch Law', Journal of Legal History Ⅰ, 1980

Beseler, Georg v., Die Lehre von den Erbverträgen, Zweiter Theil, 1. und 2. Bd., Göttingen, 1837/40

＿＿＿＿＿＿＿＿, System des gemeinen deutschen Privatrechts, 4. Aufl., 2. Bd., Berlin, 1885

Beseler, Gerhard, Beiträge zur Kritik der Römischen Rechtsquellen Ⅲ, Tübingen, 1913

Biondi, B, Successione testamentaria e donazioni, Milano, 1955

Bonfield, Lloyd(ed.), Marriage, Property, and Succession, Duncker & Humblot, Berlin, 1992

Bornhak, Conrad, Deutsches Adelsrecht, Leipzig, 1929

Brentano, Lujo, Erbrechtspolitik. Alte und neue Feudalität. Stuttgat: Verlag der J.G Cotta'schen Buchhandlung, 1899

＿＿＿＿＿＿, Familienfideikommisse und ihre Wirkungen = Volkswirtschaftliche Zeitfragen, Bd. 33, Berlin, 1911

＿＿＿＿＿＿, Alte und neue Feudalität. Gesammelte Aufsätze zur Erbrechtspolitik, 2. Aufl., Leipzig, 1924

Bruckner, Franz Xaver, Zur Geschichte des Fideicommisses, München, 1893

Brunner, Heinrich, Zur Rechtsgeschichte der römischen und germanischen Urkunde, Bd. 1, Berlin, 1880

＿＿＿＿＿＿＿＿, Grundzüge der deutschen Rechtsgeschichte, 6. Aufl., München und Leipzig, 1913

Buckland, W.W., A Textbook of Roman Law, from Augustus to Justinian, WM. W. GAUNT & SONS,INC., 1990(reprint)

Budinszky, Julius, Abhandlung über einige Rechtsfragen aus dem Gebiete der Fideikommiss — Lehre, Wien, 1862

Bühler, Theodor, Der Kampf um das Fideikommiss im 19 Jahrhundert, in : ZSchwR.

110(NF. 88) (1969), S.131ff

_____, Die Methoden der Rezeption des römisch – gemeinen Rechts in die Erbrechte der Schweiz, in : ZSS(GA) 120, 2003, 1~60

Champlin, Edward, 'Owners and Neighbours at Ligures Baebiani' Chiron 11(1981) 249ff.

_____, Final judgement : Duty and Emotion in Roman wills, 200 B.C. -A.D. 250, Univ. of California Press, 1991

Cohen, Arthur, Der Kampf um die adligen Güter in Bayern nach dem dreißigjährigen Kriege und die ersten bayerischen Amortisationsgesetze, in ZgesStW.,59(1903), S.

Clavero, Bartolomé, Favor maioratus, usus Hispaniae : Moralidad de linaje entre Castilla y Europa, in : "Marriage, Property, and Succssion", ed. by Lloyd Bonfield, Duncker & Humblot, Berlin, 1992

Coing, Helmut, Europäisches Privatrecht, Bd. I (1985) & Bd. II (1989), C. H. Beck, München.

Conrad, Herrmann, Deutsche Rechtsgeschichte Bd. II, Karlsruhe, 1966.

Costa, Dominicus, Entwicklungsgeschichte der deutschen Familien – fideikommisse, München, 1864

Crook, John, Law and Life of Rome, Cornell Univ. Press, New York 1994

Daube, David, Forms of Roman Legislation, Oxford, 1956

_____, The preponderance of intestacy at Rome, in : Tulane Law Review Vol. 39, 1965

Dilger, A., Die Anwendung des Lex Falcidia in Württemberg, in : ZSS 99(RA), 1982

Dulckeit, 'Plus nuncupatum minus scriptum', SZ 70(1953), S.

Duncker, Ludwig, Das Gesammteigentum, Marburg, 1843

Eckert, Jörn, Der Kampf um die Familienfideikommisse in Deutschland : Studien zum Absterben eines Rechtsinstitutes, Peter Lang, 1992

_____, 'Use, Trust, Strict Settlement – Fideikommissähnliche Bindungen des Grundbesitzes in England – ', FS für Karl Kroeschell zum 70. Geburtstag, München 1997

Eck, W., Zum neuen Fragment des sogenannten testamentum Dasumii, ZPE 30, 1978, S.

Eichhorn, Carl Friedrich, Einleitung in das deutsche Privatrecht mit Einschuluß des
    Lehenrechts, 1845

Fehrenbach, Elisabeth, Traditionale Gesellschaft und revolhutionäres Recht. Die Einfü
    h-rung des Code Napoléon in den Rheinbundstaaten. Göttingen:
    Vandenhoeck & Ruprecht, 1974,

Fraydenegg u. Monzello, Otto, Zur Geschichte des österreichischen
    Fideikommißrechtes, in : Reformen des Rechts, FS zur 200-Jahr-Feier der
    Rechtswissenschaftlichen Fakultät der Universität Graz, Graz 1979, S.
    777~808

Freytagh-Loringhoven, Axel von, Beispruchsrecht und Erbenhaftung, in ZSS(GA) Bd.
    28, 1907, 69ff

Frommhold, Georg, Beiträge zur Geschichte der Einzelerbfolge in deutschen
    Privatrecht = Heft 33 der von Gierke hrsg. Untersuchungen zur deutschen
    Staats — und Rechtsgeschichte, Breslau, 1889

_____, Zur Lehre vom Stammgut, Familienfideikommiß und
    Familienvorkaufsrecht, FS für Otto Gierke, S. 59~88, 1911

_____, Grundzüge der Entwicklung der Einzelerbfolge im englischen
    und schottischen Recht, ZSS(GA) 33(1912), S. 86~128

Gardner, Jane F., Family and Familia in Roman Law and Life, Oxford, 1988

_____, Women in Roman Law & Society, Bloomington and Indianapolis,
    1995

Gengler, H. G., Das Deutsche Privatrecht in seinen Grundzügen für Studierende, 4.
    Aufl., Erlangen u. Leipzig, 1892

Genzmer, Erich, 'La genèse du fidèicommis comme institution juridique', RH 40,
    1962, pp. 319~350

Gerber, C.F.W., Zur Lehre von den Lehns — und Familienfideicommiß — Schulden, in
    : Zeitschrift für Civilrecht und Prozeß N.F. Bd. 11, 1854, 183ff.

_____, Beiträge zur Lehre vom deutschen Familienfideikommiß, in :
    Jahrbücher für die Dogmatik des heutigen römischen und deutschen
    Privatrechts Bd. 1, 1857, 58ff.

_____, Die Familienstiftung in der Function des Familienfideikommisses, in
    : Jahrbücher für die Dogmatik des heutigen römischen und deutschen
    Privatrechts Bd. 2, 1858, 351ff.

_____, Nachträgliche Erörterungen zur Lehre von der Autonomie, in : Jahrbücher für die Dogmatik des heutigen römischen und deutschen Privatrechts Bd. 3, 1859, 411ff.

_____, System des deutschen Privatrechts, 17. Aufl., Jena, 1895

Gierke, Otto Hans Richard, Der Verzicht des Fideikommißbesitzers, Jena, 1905

Gierke, Otto v., Das deutsche Genossenschaftsrecht, Bd. Ⅰ, Rechtsgeschichte der deutschen Genossenschaft, Berlin, 1868

_____, Die Genossenschaftstheorie und die deutsche Rechtssprechung, Berlin, 1887

_____, Lehnrecht und Recht der Haus − und Stammgüter, Jherings Jahrbücher für die Dogmatik des bürgerlichen Rechts Bd. 35 1896

Goody, Jack, Family and Inheritance : rural society in Western Europe 1200~1800, Cambridge, 1976

_____, Production and Reproduction, Cambridge, 1976

_____, The Development of the family and marriage in Europe, Cambridge, 1983

_____, The European family : an historico − anthropological essay, Blackwell, 2000

Gradenwitz, Interpolationen in den Pandekten, Berlin, 1887

Grubbs, J. Evans, Law and Family in Late Antiquity, Oxford, 1995

Grubbs, J.E., Constantine and Imperial Legislation on the Family, in : The Theodosian Code, ed. by J. Harries & I. Wood, New York, 1993

Harries, J./Wood, I., ed., The Theodosian Code, Cornell Univ., New York, 1993

Hattenhauer, Hans, Die Entdeckung der Verfügungsmacht, Hamburg, 1969

_____, Freiheit und Pflicht in der Geschichte des Bodeneigentums, in : Die Neue Ordnung 1975, S.

_____, Europäische Rechtsgeschichte, Heidelberg, 1994

Helmholz,R.H./Zimmrmann,R.(ed.), Itinera Fiduciae : Trust and Treuhand in historical perspective, Berlin, 1998

Heusler, Andreas, Institutionen des Deutschen Privatrechts, Bd. Ⅰ(1885)& Ⅱ(1886), Leipzig

Hildebrand, Zimmerle, Das deutsche Stammgutssystem, Kritische Zeitsch. für die gesammte Rechtswissenschaft, Bd.4, 1857

Honsell,H./Mayer－Maly,T./Selb,W., Römisches Recht, 4. Aufl., Berlin usw., 1987

Hopkins, Keith, Death and Renewal, Cambridge, 1983

Hübner, Rudolf, Grundzüge des Deutschen Privatrechts, 5. Aufl., Leipzig, 1930

Impallomeni, G., 'L'efficacia del fedecommesso pecuniario nei confronti dei terzi : La in rem missio', BIDR 70, 1967

_____, Prospettive in tema di fedecommesso, in : Scritti di diritto Romano e tradizione Romanistica, CEDAM, 1996

_____, Successioni. Diritto Romano, in : Scritti di diritto Romano e tradizione Romanistica, CEDAM, 1996

J.F. Gardner/T. Wiedmann, The Roman Household, A Sourcebook, London & New York, 1991

Jhering, Rudolf v., Geist des römischen Rechts auf den verschiedenen Stufen seiner Entwicklung, 3 Teile, 2. Aufl., Leipzig, 1866~1869

Johnston, David, 'Prohibitions and Perpetuities : Family Settlements in Roman Law' ZSS(RA) 102., 1985

_____, The Roman Law of Trusts, Oxford University Press, 1988

_____, Trust and Tombs' ZPE 72, 1988

_____, 'Successive Rights and Successful Remedies : Life Interests in Roman Law' in P. Birks (ed.), New Perspectives in the Roman Law of Property, Oxford, 1989

Jones, A.H.M., The Later Roman Empire 284~602, Volume Ⅰ & Ⅱ, The Johns Hopkins Univ. Press, Baltimore, 1964

Kaller, Paul, Der Sachsenspiegel(In hochdeutscher Übersetzung), München, 2002

Kaser, Max, Das Römische Privatrecht Ⅰ, C. H. Beck, 1971

_____, Das Römische Privatrecht Ⅱ, C. H. Beck, 1975

_____, 'Rechtsgeschäftliche Verfügungsbeschränkungen im römischen Recht', Festgabe Sontis, München, 1977

_____, 'Zum römischen Grabrecht', ZSS(RA) 95, 1978

_____, Römische Rechtsquellen und angewandte Juristenmethode(1986)

_____, Römische Rechtsgeschichte, Göttingen 1986

Max Kaser/Karl Hackl, Das Römische Zivilprozessrecht(2. Aufl.), München, 1996

Kautsky, Karl, Die Agrarfrage. Eine Übersicht über die Tendenzen der modernen Land－wirtschaft und dir Agrarpolitik der Sozialdemokratie. Stuttgart:

J.H.W. Dietz Nachf., 1899.

Kipp,T./Coing, H., Erbrecht, 14. Bearbeitung, Tübingen, 1990

Koch, Elisabeth, Die causa matrimonialis im Hause Amerbach/Fuchs, Berlin, 1981

Koselleck, Reinhart, Preußen zwischen Reform und Revlution. München: DTV/Klett
   − Cotta, 1989.

Kreittmayr, W.X.A., Anmerkungen über den Codicem Maximilianeum Bavaricum
   Civilem, Band Ⅲ, Keip Verlag 2001

   _____, Compendium Codicis Bavarici, Reprint der Ausgabe von 1768,
   München, 1990

Kroeschell, K., Die Sippe im germanischen Recht, ZSS(GA) 77, 1960, 1ff

   _____, Zur Lehre vom "germanischen" Eigentumsbegriff, in : FS für H.
   Thieme, 1977, 34ff.

E. Kübler/W. Beutner, Die Auflösung der Familiengüter in Preußen, 1927

Kunsemüller, Ernst, Zur Entstehung der westfälischen Fideikommisse, Bonn, 1909

Leisemühl, H., Über den Einfluß des französischen Rechts auf Fideicommisse in
   Deutschland, Braunschweig, 1830

Lemercier, P., 'Quelques remarques sur les origines du fidéicommissis et sur le
   fidéicommis d'heredite à l'époque classique', RH 14, 1935

Leonhard, Rudolf, Agrarpolitik und Agrarreform in Spanien, München u. Berlin,
   1909

   _____, Besprechung von Noack, Fridtjof, 『Zur Entstehung des
   Adelsfideikommisses in Unteritalien』, in : JbNatök, 99(1912), S. 677 ff

Lewis, William, Die Succession des Erben in die Schulden des Erblassers, Berlin,
   1864

   _____, Das Recht des Familienfideikommisses, Berlin 1868

Lewis, Zur Lehre von der Successionsordnung des deutschen Rechtes, Kritische
   Vierteljahresschrift für Gesetzgebung und Rechtswissenschaft, Bd.9, 1867, S.

   _____, Zur Lehre von der Autonomie des hohen Adels, in : Zeitschrift für
   Gesetzgebung und Rechtspflege in Preußen, Bd. 3, 1869

Lingenthal. Zachariä v./Carl Crome, Handbuch des französischen Civilrechts. 4 Bde.
   Freiburg: Ernst Mohr's Verlag, 1894/95.

Löning, Edgar, Die Autonomie der standesherrlichen Häuser Deutschlands nach dem
   Rechte der Gegenwart, Halle a. S., 1905

_____, Die Erbverbrüderungen zwischen den Haüsern Sachsen und Hessen und Sachsen, Brandenburg und Hessen, Frankfurt a. M., 1867

Luig, Klaus, Philipp Knipschildt und das Familienfideikommiß im Zeitalter des Usus modernus, in Itinera Fiduciae (Berlin 1998)

Lukowski, Jerzy, The European Nobility in the 18th Century, Palgrave Macmillan, 2003

Maurer, K., Dr. Georg Beseler :System des gemeinen deutschen Privatrechts (Berlin1866), Kritische Vierteljahresschrift für Gesetzgebung und Rechtswissenschaft, Bd.9, 1867, S

Metro, A., 'Denegare petitionem, denegare persecutionem fideicommissi(denegatio actionis e processo fedecommessario)', BIDR 75, 1972

Meyer, H., 'Die Anfänge des Familienfideikommisses in Deutschland', Festgabe Sohm, München, 1914

Miaskowski, August, Die Gebundenheit des Grund und Bodens durch Familienfideikommisse, in : JbNatök. 21(1873), S.

Mitteis,Heinrich/Lieberich,Heinz, Deuches Privatrecht, München, 1976

_____, Deutsche Rechtsgeschichte, München, 1992

Mittermaier, C.J.A., Grundsätze des gemeinen deutschen Privatrechts, Bd.1(1842) & Bd.2(1843), Regensburg

Moshamm, F.A., Versuch einer Entwicklung der rechtlichen Verhältnisse bei deutschen Geschlechts − Fideikommissen, München, 1816

Neurath, J.F.A.C., Von der Regredienterbschaft und den dabey vorkommenden Rechtsfragen, Gießen, 1807

Noack, Frithjoff, Zur Entstehung des Adelsfideikommisses in Unteritalien = Münchener volkswirtschaftliche Studien, hrsg. von Brentano und Lotz, Bd. 113, Stuttgart u. Berlin, 1911

Nöthiger, Rolf, Familienfideikommisse, Stammgüter und standesherrliche Hausgüter und ihre Auflösung, Friedberg − Augsburg, 1932

Pernice, Alfred, Beispruchsrecht und Universalsuccession in deutschen Rechte, Kritische Vierteljahresschrift für Gesetzgebung und Rechtswissenschaft, Bd.9, 1867, S.

Pertile, Antonio, Storia del diritto italiano dalla caduta dell' impero romano alla codificazione, 2. ed., Vol. Ⅱ, Torino, 1893

Pfaff, Ludwig/Hofmann, Franz, Commentar zum österreichischen allgemeinen bürgerlichen Gesetzbüche, 2. Bd. 1. Abt., Wien 1877. Zur Geschichte der Fideikommisse. Separat – Abdruck aus den Excursen über österreichisches allgemeines bürgerliches Recht, Wien, 1884

Phillips, Georg, Grundsätze des gemeinen deutschen Privatrechts mit Einschuluß des Lehenrechts, 3. Aufl. Bd.2, Berlin, 1846

Planitz, H./Eckhardt, K.A., Deutsche Rechtsgeschichte, Graz-Köln, 1971

Pudor, Heinrich, Fideikommiss – Schutz in Deutschland versus Landarbeiterheim – Schutz in Dänemark, Leipzig, 1905

Ranke, Leopold von, Geschichte Wallensteins, Leopold von Ranke's Sämtliche werke : Bd.23, Leipzig, 1872

Rauchhaupt, W.v., Geschichte der spanischen Gesetzesquellen, 1923

Rawson, Beryl(ed.), The Family in Ancient Rome, Cornell Univ. Press, 1986

Rive, J.C.H., Über die Aufhebung der Fideikommiss, als Folge der Einführung des französischen Civil – Gesetzbuches, Köln, 1822

Robinson, The Sources of Roman Law, London and New York, 1997

Robinson, O.F., David Johnston : The Roman Law of Trusts(Oxford 1988), in : ZSS 107(RA), 1990

Röhle, R., 'Praetor fideicommissarius', RIDA[3] 15, 1968

Roscher, Wilhelm, System der Volkswirtschaft : ein Hand – und Lesebuch für Geschäftsmänner und Studienende, Bd. 2. Nationalökonomik des Ackerbaues und der verwandten Urproduktionen : ein Hand – und Landwirte (14. verm. Aufl.) / bearb. von Heinrich Dade, Stuttgart/Berlin , 1886- .

Rosin, Heinrich, Beiträge zum Recht der revokatorischen Klage bei Fideikommissen, JherJb. 32(1893), S.

_____, Kunsemüller : Zur Entstehung der westfällischen Fideikommisse, ZSS 31(GA), 1910

Rudorff, Testamente des Dasumius, Zeitschrift für geschichtliche Rechtswissenschaft Bd. 12, 1845, S.

Saller, Richard P., Patriarchy, property and death in the Roman family, Cambridge Univ. Press, 1994

Salza u. Lichtenau, Karl, Die Lehre von Familien, Stamm – und Geschlechts – Fideikommissen, Leipzig, 1838

Schreiber, Hermann, Vorschickung und Familienfideikommiss im Patriziat der Reichsstadt Nürnberg, Erlangen, 1967

Schulz, Fritz, Classical Roman Law, Oxford, 1951

_____, Principles of Roman Law(translated by Marguerite Wolff), Oxford, 1956.

Schulze, Hermann, Das Recht der Erstgeburt in den deutschen Fürstenhäusern, Leipzig, 1851

_____, Erb — und Familienrecht der deutschen Dynastien des Mittelalters, Halle, 1871

Schweinitz, H. Hermann v., Zum Fideikommißwesen der Gegenwart und Zukunft, Berlin, 1904

Schwerin, C.F./Thieme, H., Grundzüge der deutschen Rechtsgeschichte, Berlin u. München, 1950.

Scott, H.M.(ed.), The European Nobilities in the 17th and 18th Centuries Ⅰ & Ⅱ, London and New York, 1995

Simpson, A.W.B., A History of the Land Law, 2nd ed., 1986

Söllner, A., 'Zur Rechtsgeschichte des Familienfideikommisses', Festschrift Kaser, München, 1976

Stein, Lorenz v., Handbuch der Verwaltungslehre, 3. Theil, Stuttgart, 1870

Stern, Alfred, Geschichte Europas seit den Verträgen von 1815 bis zum Frankfurter Frieden von 1871, 2. Aufl., Bd. 2, Stuttgart/Berlin, 1913

Syme, R., 'The testamentum Dasumii : Some Novelties' Chiron 15(1985)

Tate, Joshua C., New Thoughts on the 'Will of Dasumius', ZSS 122Bd.(RA), 2005

Theisen, Frank, 'Die fideikommissarische Substitution in der Praxis der Romagna des 12. Jh.', Osnabrücker Schriften zur Rechtsgeschichte Bd. 2, 2000

Thomas, J.A.C, 'Perpetuities and Fideicommissary Substitutions', RIDA³ 5, 1958

_____, Textbook of Roman Law, Amsterdam 1976

Thompson, I.A.A., 'The Nobility in Spain(1600-1800)', in : H.M. Scott(ed.), The European Nobilities in the 17th and 18th Centuries Ⅰ, 1995

Torrent, A., Fideicommissum familiae relictum, Oviedo, 1975

_____, The Nature of the Fideicommissum "si sine liberis decesserit", TR 43, 1975

Troje, Hans-Erich, Ein Gutachten von Charles Dumoulin, zur causa matrimonialis im

Hause Fuchs/Amerbach, in : FS Helmut Coing(1982), Bd. 1, S.

Visscher, F. de, Le Droit des tombeaux romains, Milano, 1963

Wacke, A, 'Das fideicommissum a debitore relictum', TR 39, 1971

Wallace ─ Hadrill, A., Family and Inheritance in the Augustan Marriage Laws, PCPS 27, 1981

Walter, Ferdinand, System des gemeinen deutschen Privatrechts, Bonn, 1855

Watkin, Thomas Glyn, A Historical Introduction to Modern Civil Law, 1999

Watson, Alan, The early history of "fideicommissa", INDEX, 1(1970), 179~183

_____, Legal Origins and Legal Change, London and Rio Grande, 1991

_____, The Spirit of Roman Law, Athens & London, 1995

Weber, Max. Die protestantische Ethik 1, hg. von Johannes Winckelmann. Gütersloh: Gütersloher Verlagshaus, 1981 [1920].

_____, Wirtschaft und Gesellschaft. Tübingen: Mohr Siebeck, 1985 [1922]

Weishaupt, Arnd, Die lex Voconia, Köln/Weimar/Wien, 1999

Wehler, Hans ─ Ulrich, Das deutsche Kaiserreich 1871~1918. 4. Aufl. Göttingen: Vandenhoeck und Ruprecht, 1980.

_____, Gesellschaftsgeschichte und Rechtsgeschichte. S. 60~71 in: ders.: Die Gegenwart als Geschichte. München: C. H. Beck, 1995

_____, Modernisierungstheorie und Geschichte. S. 13~59 in: ders.: Die Gegenwart als Geschichte. München: C. H. Beck, 1995.

_____, Deutsche Gesellschaftsgeschichte, 1849~1914. Bd. 3. Minchen: C. H. Beck, 1995

Wesener, Gunter, Bernhard Bayer : Sukzession und Freiheit, in : ZSS(GA) 118, 2001

Wieacker, Franz, 'Erlassschenkung mortis causa und liberatio fideicommissaria' Studi Grosso V, Torino, 1972

_____, Römische Rechtsgeschichte, München, 1988

_____, A History of Private Law in Europe(translated by Tony Weir), Oxford 1995

_____, Zum Wandel der Eigentumsverfassung, in : Zivilistische Schriften (1934~1942), Frankfurt am Main, 2000, 1~8(Zuerst in : Deutsche Juristenzeitung 1934, Sp. 1446~1451).

_____, Wandlungen der Eigentumsverfassung, in : Zivilistische Schriften (1934~1942), Frankfurt am Main, 2000, 9-108(Zuerst in der Reihe : Der deutsche Staat der Gegenwart. Heft 13. Hamburg 1935, 94 S.).

_____, Eigentum und Eigen, in : Zivilistische Schriften(1934-1942), Frankfurt am Main, 2000, 109~122(Zuerst in : Deutsches Recht 5, 1935, S. 496~501).

_____, Familiengut und Erbengemeinschaft, in : Zivilistische Schriften(1934-1942), Frankfurt am Main, 2000, 193~203(Zuerst in : Deutsches Recht 6, 1936, S.).

_____, 'Wandlungen der Eigentumsverfassung' Revisited, in : Zivilistische Schriften(1934-1942), Frankfurt am Main, 2000, 475~491(Zuerst in : Quaderni fiorentini per la storia del pensiero giuridico moderno 5~6, 1976~1977, S.).

Wieling, H.J., Testamentauslegung im römischen Recht, Munich, 1972

_____, A. Torrent : Fideikommissum familiae relictum, in : ZSS(RA) 94(1977), S.

Windscheid/Kipp, Lehrbuch des Pandektenrechts, Bd. Ⅲ, Frankfurt a. M., 1901

Wippermann, Edward, Über Ganerbschaften, Wiesbaden 1873

Wolf, Josef, Trust, Fiducia und fiduziarische Treuhand, Frankfurt a. M. 2005

Wulf, C. de, The Trust and Corresponding Institutions in the Civil Law, Brussels, 1965

Zimmerle, Ludwig, Das deutsche Stammgutsystem nach seinem Ursprunge und seinem Verlaufe, Tübingen 1857

Zimmermann, Reinhard, The Law of Obligation − Roman Foundation of the Civilian Tradition, München 1993

Zorzoli, Maria Carla, Della famiglia e del suo patrimonio : riflessioni sull'uso del fedecommesso in lombardia tra cinque e seicento, in : "Marriage, Property, and Succession", ed. by Lloyd Bonfield, Duncker & Humblot, Berlin, 1992

인 명 색 인

가

가이우스(Gaius) 28, 29, 31, 36, 67, 88, 104, 128
강스메(E. Genzmer) 12
거버(C. F. Gerber) 10, 232
고르디아누스(Gordianus) 34, 53, 82

나

나폴레온(Napoleon) 224
네라티우스(Neratius) 38
네르바 55
노아크(Noack) 10
뇌티거(Nöthiger) 11

다

다수미우스(Dasumius) 98, 102
둔커(L. Duncker) 10
뒤몰랭(C. Dumoulin) 160
디오클레티아누스 50, 125
띠라껠(Tiraquellus) 181

라

레오폴드(Leopold) 1세 148
렌툴루스(Lucius Lentulus) 21, 22, 23
로신(Rosin) 10
루이스(W. Lewis) 10
루이히(K. Luig) 13
리히텐슈타인(K. v. Liechtenstein) 176

마

마리아 페르디난드(F. Maria) 151, 193
마이어(H. Meyer) 11
멜라(Mela) 55
멩거(A. Menger) 234
모데스티누스(Modestinus) 104, 107, 108, 128, 130
모제(Moser) 192
몬젤로(Monzello) 11
몰리나(Molina) 169, 172, 181, 187
몸젠(Mommsen) 103
밀러(A. H. Müller) 225, 233
미아스코프스키(A. v. Miaskowski) 234
미쿠엘(Miquel) 238
미타이스(Mitteis) 9

사 항 색 인

가 ..

이 철 우

1977	전주고등학교 졸업
1981	서울대학교 법과대학 졸업
1986	서울대학교 대학원 졸업(법학석사)
1997	일본 도호쿠대학 대학원 법학연구과 졸업(법학석사)
2007	서울대학교 대학원 졸업(법학박사), 기초법 전공

1987   제31회 행정고시 합격
2009~현재 농림수산식품부 원양협력관

1986	토지소유권의 제한에 관한 연구(서울대학교 석사학위 논문)
1997	영국의 계승재산설정에 관한 법이론의 사적전개(일본 도호쿠대학 석사학위논문)
2007	서양의 세습가산제도에 관한 연구(서울대학교 박사학위논문)

서양의 세습가산제   값 21,000원

2010년 2월 10일   초판 인쇄
2010년 2월 20일   초판 발행

저   자 : 이 철 우
발 행 인 : 한 정 희
발 행 처 : 경인문화사
편   집 : 신학태 김지선 문영주 정연규 안상준 문유리
서울특별시 마포구 마포동 324-3
전화 : 718-4831~2, 팩스 : 703-9711
이메일 : kyunginp@chol.com
홈페이지 : http://www.kyunginp.co.kr
: 한국학서적.kr
등록번호 : 제10-18호(1973. 11. 8)

ISBN : 978-89-499-0675-1 93360